KB272580

인생은 지름길이 없다

하버드대 인생학 명강의

인생은
지름길이
없다

스웨이 지음 | 김정자 옮김

정민
미디어

프롤로그

삶에 끌려 다닐 것인가,
삶을 끌어갈 것인가?

한 철학자는 말했다.
"스스로 마음의 주인으로 사는 사람은 삶에 끌려 다닐 것인지, 삶을 끌어갈 것인지 마음이 정한 대로 행동한다. 마음의 균형을 유지하는 사람의 인생은 희망으로 빛나고, 마음의 균형을 잃은 사람의 인생은 먹구름이 가득하다."

하버드 대학에서는 지식을 쌓는 것만이 전부라고 가르치지 않는다.
겉으로는 치열한 공부 경쟁 속에 휘말려 자신이 누구인지조차 잊어버리며 낮과 밤을 가리지 않고 지식적인 학습에 매달리듯 보이지만, 그들은 지금의 소중함, 도전함으로써 얻는 성취의 행복함, 자신과 삶에 대한 자신감을 배우고 있다.

이 책을 통해서 가장 평범한 노력과 가장 뜨거운 열정을 가르치는 하버드 대학의 지혜와 더불어 자신의 삶을 주도적으로 이끌며 살아가는 방법들을 얻어가길 바란다.

꿈이 바로 앞에 있는데
당신은 왜 팔을 뻗지 않는가

-하버드 도서관 내 격언 중

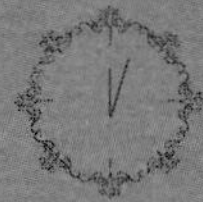

우리는 현실의 삶을 지탱하기 위해 항상 바쁘게 움직이면서 외부 세계를 향해 전력으로 질주하지만,
정작 내면을 들여다보며 자신을 찾고 나만의 정원을 돌아볼 만한 여유는 없다.

-하버드 대학교 심리학과 윌리엄 제임스William James 교수

천천히
모두 다
이루어지리라

첫 번째 성공 습관
평정심 유지하기

평정심을 유지하면 조급함을 완화할 수 있다. 이것은 인생의 소중한 지혜다. 평정심을 유지할 줄 아는 사람은 신체적으로 더 건강하고 성공할 확률이 높으며, 돈 버는 일에 급급한 사람과는 달리 더 큰 삶의 진리를 깨달을 수 있다. 평정심을 유지하기 위해서는 다음과 같은 방법을 실천해보자.

- **양손으로 귀를 막고 호흡에 집중해라 |** 양손으로 귀를 막고 자신의 숨소리에 귀 기울여보자. 시간이 흐를수록 숨소리가 커지면서 주변 환경에서 서서히 분리되었다가 마지막엔 깊은 숨소리만 느끼게 될 것이다. 자, 마음이 편안해지는 게 느껴지는가?

- **온몸으로 심호흡을 느껴라 |** 숨을 크게 들이마시면 정수리에서 들어온 숨이 복부까지 내려갔다가(또는 전신을 가득 채운다), 정수리 가운데 숨구멍으로 빠져나가는 게 느껴진다. 이렇게 심호흡을 열심히 하면 마음이 편안해지면서 기분이 상쾌해진다.

- **요가를 해라 |** 평소 스트레스를 많이 받는 사람은 요가와 명상을 통해 마음을 가라앉히는 연습을 하는 것이 좋다. 이런 훈련은 근육을 이완하고 마음

을 여유롭게 만들어주어 삶의 의미를 되돌아보게 하고 번뇌를 없애준다.

- **일주일에 한 번 산에 가라** | 등산이나 테니스, 달리기 등의 야외활동은 피곤해진 근육에 충분한 휴식과 단련할 기회를 줌으로써 고민을 잊게 만든다. 온 힘을 다해 산 정상까지 오르고 나면 가슴속에 묵혀 있던 고민이 땀과 함께 밖으로 배출되면서 원기가 회복된다.

- **명상음악을 들어라** | 반다리Bandari(스위스 출신 밴드이며 주로 뉴에이지 음악을 한다-역주)와 같은 새소리, 벌레 소리 등 자연의 소리가 가득한 명상음악을 듣는다. 이런 음악을 들으면 마음이 편안해지면서 자연과 하나가 되는 기분을 느낄 수 있다.

- **시를 낭송해라** | 시는 세계에서 가장 오래된 문학 형식으로, 잠들기 전이나 이른 아침에 시를 낭송하면 시어를 통해 영혼의 목소리를 들을 수 있다. 매일 시 낭송을 하다 보면 공허했던 영혼이 충만해지는 기분을 느낄 수 있다.

 # 마음을
어지럽히지 마라

인생을 살아가면서 바쁘다는 함정에 빠져서는 안 된다. 바쁘다는 말을 입에 달고 사는 사람들은 이를 핑계로 소중한 인생을 낭비하며, 때로는 삶의 방향까지 잃어버리곤 한다.

어느 날 목수가 일을 하다가 실수로 아끼는 시계를 톱밥이 수북이 쌓인 바닥에 떨어뜨렸다. 그러자 그는 재수가 없다고 소리를 지르며 시계를 찾기 위해 톱밥을 뒤졌다. 함께 일하던 동료들도 손전등까지 비춰가며 시계를 찾았지만 반나절이 지나도록 시계는 코빼기도 보이지 않았다. 그런데 동료들이 식사를 하러 나가자 조용히 작업장으로 들어온 목수의 아들이 손쉽게 시계를 찾아내는 것이 아닌가! 목수는 기쁘면서도 놀란 마음을 감추지 못하고 물었다.

"도대체 어떻게 시계를 찾은 거니?"

"저는 그냥 바닥에 조용히 앉아 있었을 뿐이에요. 그랬더니 '똑딱똑딱'

소리가 들려와서 시계가 어디 있는지 금방 알아낼 수 있었어요."

광부들은 온종일 땅속 깊은 갱도에 들어가서 일하는데, 어느 날 갑자기 조명이 나가서 깜깜한 어둠 속에 갇히는 사건이 발생했다. 순간 당황한 광부들은 출구를 찾기 위해 손으로 벽을 더듬으며 정신없이 움직였지만 출구는커녕 방향도 제대로 찾기 어려웠다. 이에 기진맥진해진 광부들은 자리에 앉아 숨을 고르며 휴식을 취했다. 그때 한 사람이 이런 제안을 했다.

"출구를 찾아 무턱대고 헤매느니 이렇게 앉아서 바람의 방향을 느껴보는 게 어때요? 바람은 출구에서 불어오잖아요."

그의 제안대로 광부들은 한자리에 오랫동안 앉아 있었다. 처음에는 아무것도 느껴지지 않았는데 시간이 흐르자 감각이 조금씩 예민해지면서 바람이 얼굴을 미세하게 어루만지는 것이 느껴졌다. 그렇게 그들은 바람이 불어오는 방향으로 움직였고 마침내 무사히 갱도를 벗어날 수 있었다.

화려한 뉴욕 시 중심에 사는 젊은 부부가 있었는데 시간이 흐를수록 스스로 움직이는 기계 같다는 생각에 휩싸였다. 그들은 언제나 바쁘게 움직였지만, 매일 다람쥐 쳇바퀴 돌듯 똑같은 일상을 반복했다. 도시에서는 온갖 종류의 레저와 오락을 즐길 수 있었지만, 맥도날드나 KFC와 같은 패스트푸드처럼 잠시 위장을 만족시켰다가 얼마 지나지 않아 아무런 여운도 남기지 않고 사라졌다. 그래서 부부는 시골에 가서 마음을 편하게 먹어보기로 했다. 그들은 차를 타고 남쪽으로 달리던 중 한적한 구릉지에 도착했다. 야트막한 산 옆으로 통나무집이 눈에 들어왔는데 집 앞에 현지인으로 보이는 남자가 앉아 있었다. 남편이 그에게 다가가 물었다.

"이렇게 인적 드문 곳에 살면 외롭지 않나요?"

"외롭지 않으냐고요? 전혀요! 푸른 산을 바라보고 있으면 산이 기운을 불어넣어 주는 게 느껴져요. 그리고 산골짜기에는 생명의 비밀을 품은 나뭇잎이 울창하고, 파란 하늘에는 시시각각 변하는 구름이 아름다운 성을 만들어주죠. 졸졸 흐르는 시냇물은 제 마음에 속삭이는 노래 같아요. 또한 항상 제 무릎에 기대어 앉는 강아지의 눈에서는 충직함과 믿음이 엿보이죠. 집으로 돌아오는 아이들을 보고 있으면 옷은 더럽고 머리카락은 헝클어졌지만, '아빠'하고 부를 때는 언제나 입가에 미소가 걸려 있어요. 제 어깨에 살포시 올라와 있는 아내의 두 손은 어떤 슬픔과 역경 속에서도 저를 지지해줘요. 이러한 모든 것에서 저는 자애로운 신의 존재를 느낀답니다. 외롭지 않으냐고 물었나요? 아니요! 전혀 외롭지 않아요!"

매일 하루에 몇 분씩 고요한 시간을 가져보자. 조용히 앉아서 편안하고 차분한 상태를 즐기다 보면 분명히 큰 깨달음을 얻을 수 있을 것이다.

Lesson Point

바쁜 가운데도 시간을 쪼개서 흔들리는 마음을 가라앉히고 내면을 바라볼 수 있는 사람만이 마음의 안정을 찾고 깊은 사고를 할 수 있다.

하버드 심리학 수업

조용히 자연의 숨결을 감응할 수 있는 사람만이 인생의 아름다움을 느낄 수 있다. 심리학에서 '감응'이란 자신의 행동이나 상태가 변화해서 외부 세계에 영향력을 발휘하게 되는 것을 뜻하며, 신진대사가 정상적으로 이루어지려면 이렇게 감응할 수 있는 능력이 필요하다.

 # 마음을 비워야
신속하게 행동할 수 있다

인생은 산을 오르는 것과 같다. 가벼운 몸과 마음으로 정상까지 빠르게 올라 아름다운 풍경을 감상하는 사람들도 있지만, 무거운 가방을 메고 등산로를 헤매다가 피곤에 절어 정상은커녕 주변 풍경도 모두 놓쳐 버리는 사람들도 있다.

어느 날 오후, 한 바그다드 상인이 인적 없는 산길을 가는데 어디선가 신비한 소리가 들려왔다.

"길가의 돌멩이 몇 개를 가져가 보세요. 내일 아침에 보면 기분이 좋아질 거예요."

상인은 돌멩이 따위로 기분이 좋아질 일은 없을 거라고 생각하면서도 호기심에 길가에 흩어진 돌멩이 몇 개를 골라 주머니에 넣고 길을 떠났다.

다음 날 아침, 상인은 문득 어제 일이 떠올라 호주머니에 넣어 두었던 돌멩이를 꺼내보았다. 자세히 보니 그것은 돌멩이가 아니라 다이아몬드였다! 하나, 둘, 셋, 넷…… 빨갛고 파란빛을 띤 다이아몬드를 확인한 상인은 기뻐서 어쩔 줄 몰랐다. 이것만 팔아도 엄청난 부자가 될 것이었다. 하지만 상인은 이내 더 많은 돌멩이를 가지고 오지 않은 자신이 원망스러워 땅을 치고 후회했다. 실망감이 몰려오자 조금 전까지 느꼈던 즐거움은 어느새 사라져 버렸다.

만족할 줄 아는 사람은 더 큰 행복을 거머쥘 수 있다. 상인은 돌멩이가 다이아몬드라는 사실을 알았을 때 크게 기뻐했지만, 더 많은 돌멩이를 챙겨오지 않은 것을 후회한 순간 기쁨은 자취를 감추고 말았다. 이처럼 기쁨은 탐욕스러운 자의 것이 아니라 만족할 줄 아는 자의 것이다.

사람들이 고통을 느끼는 이유는 영원히 만족할 줄 모르고 자신의 것이 아닌 것까지 넘보기 때문이다. 가슴속에 불만이 쌓여 가는데 비워내지 못하면 영원히 피곤할 수밖에 없다. 진정으로 마음을 내려놓아야 사심 없이 마음껏 기뻐할 수 있으며 번뇌에서 벗어날 수 있다.

마음을 비워야 신속하게 행동할 수 있다! 마음의 무거운 짐을 버려야 가볍게 정상까지 오를 수 있으며, 경치도 감상할 수 있다는 사실을 명심하자.

Lesson 04 고통은 서서히 삭이고, 즐거움은 천천히 즐겨라

눈코 뜰 새 없이 바쁘게 살아가는 현대 사람들은 여유를 즐길 단 몇 분의 시간도 쉽게 허용하지 않는다. 따라서 아무리 아름다운 절경도 스쳐지나가는 그림에 불과하며, 우리에게 남는 것은 분초를 다투는 긴박한 일과 그로 인한 긴장감뿐이다.

어느 날, 젊은 나이에 사장이 된 남자가 새로 구입한 차를 몰고 좁은 주택가 골목을 지나가고 있었다. 그때 골목에서 한 소년이 길 한가운데로 튀어나왔다. 깜짝 놀란 사장은 사고가 나지 않게 차의 속도를 줄였는데 소년이 갑자기 돌을 던져왔다. 화가 난 사장은 차에서 내려 소리쳤다.

"뭐야! 무슨 짓이야? 정말 못된 아이구나! 차 수리비가 얼마나 드는지 알아? 도대체 이유가 뭐지?"

그러자 소년이 간절한 눈빛으로 말했다.

"선생님, 정말 죄송합니다. 사실 어떻게 해야 될지 몰라서 그랬어요. 제가 돌을 던진 것은 아무도 차를 세워주지 않아서 그런 거예요. 사실은 형이 휠체어에서 떨어졌는데 부축할 힘이 없어요. 제발 부탁인데 형을 휠체어에 다시 앉혀주시면 안 될까요? 떨어지면서 많이 다친 것 같아요.”

소년의 말에 감동한 사장은 소년의 형을 부축해 휠체어에 앉히고 손수건으로 상처를 닦아주었다. 이후, 사장은 차를 수리하지 않고 타기로 했다. 돌에 맞아 찌그러진 부위를 볼 때마다 도움이 필요한 사람들이 돌을 던질 때까지 기다리지 않고 먼저 주변에 관심을 가져야겠다는 결심을 떠올리기 위해서 말이다.

사람은 트랙 위를 달리는 경주마가 아니다. 미친 듯이 앞만 보고 달리다간 종착지의 흰 선 말고는 아무것도 보지 못한다. 매 순간 긴장 속에서 살필요는 없으며, 바쁜 걸음을 멈추고 주변 풍경과 사람들을 둘러보는 여유가 필요하다.

일본의 한 관광지에는 이런 도로 표지판이 있다고 한다.

'천천히 가면서 풍경을 감상하세요.'

그 표지판이 설치된 도로는 유명 관광지로 가기 위해 반드시 지나가야 하는 길목인데, 빼어난 절경을 자랑하는데도 주목하는 사람이 없었다. 관광객은 대개 빠듯한 일정을 소화해야 하고 관광지로 가기 위해 길에서 보내는 시간을 아깝게 생각하기 때문이다. 그런데 표지판이 설치되자 사람들은 주변 풍경을 인식하기 시작했고, 아름다운 모습에 마음을 빼앗겼다. 시간이 흐른 뒤 이 도로는 관광지보다 더 유명세를 떨치게 되었다. 그리고 또 하나 놀라운 점은 표지판을 설치한 뒤로 교통사고가 한 번도 일어나지 않았다는 사실이다.

천천히 가면서 풍경을 감상하라는 말처럼 느림의 미학을 통해 우리는 비로소 삶의 즐거움과 아름다움을 느낄 수 있다. 사실, 짧고도 긴 인생에서는 행복한 순간도 있지만, 고통스러운 순간도 존재한다. 고통 앞에서 사람들은 하늘을 원망하며 울부짖지만 그런다고 쉽게 떨쳐지지 않는다. 반면 행복한 순간에는 시간이 쏜살같이 흘러가는 것처럼 느껴진다.

결국 어떤 고통스러운 순간이나 행복한 순간도 시간과 함께 지나가기 마련이며, 억지로 애쓴다고 잡을 수 있는 게 아니다. 풍경을 감상하듯이 고통은 서서히 삭이고, 즐거움은 천천히 즐길 수 있을 때 인생은 우리로 말미암아 영원해질 수 있다.

Lesson Point

인생이라는 여행길을 빠르게 지나갈 필요는 없다. 인생에 두 번의 기회는 오지 않기 때문이다. 천천히 걸으며 주변의 아름다운 풍경도 감상해보는 건 어떨까?

하버드 심리학 수업

느리게 생각하기는 심리학의 기대효과Expectancy effects와 유사하다. 어떤 일이나 사람에 대한 기대가 태도나 행동에 미치는 효과를 기대효과라고 한다. 관리자는 이를 이용해 새로운 임무에 대한 직원들의 기대심리를 유발하여 업무에 대한 흥미와 긍정적인 태도를 이끌어낸다.

세상과 담을 쌓는 사람은 어리석다. 혼자 살 수 있는 사람은 없으며
인간관계는 반드시 필요하기 때문이다.

-하버드 대학 졸업생 랄프 왈도 에머슨Ralph Waldo Emerson 교수

Chapter 02

완벽한
사람은 없지만,
완벽한
단체는 있다

 # 두 번째 성공 습관
마음 열기

은둔형 외톨이는 자신과 외부 세계를 분리하고 사회활동에 거의 참여하지 않으며, 필요한 일이나 공부, 쇼핑을 제외하고 대부분의 시간을 집에 틀어박혀 지내며 타인과의 교류를 거부한다. 이들은 친구가 없고 항상 외로움을 느끼며, 심각한 경우 사회활동 자체를 두려워한다.

외로움은 부정적인 심리상태이며 사람의 몸과 마음을 힘들게 하고 인간관계에도 나쁜 영향을 미친다. 그렇다면 은둔형 외톨이에서 벗어날 수 있는 방법은 없을까?

- **'마피아 게임'을 즐겨라 |** 마피아 게임처럼 여러 사람이 참여하는 게임을 하다 보면 함께 판단하고 행동해야 할 일이 많아져 자연스럽게 그들과 어울리게 된다. 그러면 서서히 마음이 열리고 사람들과 쉽게 친해질 수 있다.

- **친구에게 편지를 써라 |** 외롭다고 느껴지면 주소록을 보며 오랫동안 못 만났던 친구에게 편지를 쓰거나 안부 전화를 걸어보자. 또는 친구들과 만나 식사를 하는 것도 좋다. 그러면 어느새 외로움은 사라지고 따뜻한 우정과 온기를 느낄 수 있을 것이다.

- **친구와 수다를 떨어라 |** 사람들과 잘 어울리는 성격은 원만한 인간관계를 기

반으로 하며, 원만한 인간관계는 상대방에 대한 이해를 바탕으로 한다. 따라서 친구와 어떤 문제에 대해 토론을 하거나 수다를 떨며 서로의 생각을 나눌 기회가 많을수록 좋다.

- **온라인으로 일기를 쓰거나 소소한 일상을 기록하라** | 현재 은둔형 외톨이거나 사람들과의 교류를 원하지 않는다면 인터넷을 이용해서라도 속마음을 표현하고 감정을 발산하는 것이 좋다. 그 안에서 사람들의 관심과 온정을 느끼다 보면 실제 세계를 향해 서서히 나아갈 용기를 얻을 수 있을 것이다.

- **나무에게 속마음을 털어놓아라** | 집에서 키우는 화분이나 집 근처의 나무를 하나 골라 '친구'라 생각하고 속상했던 일들을 털어놔보자. 그러면 가슴이 후련해지면서 부정적인 감정이 해소될 것이다. 또한, 묵묵히 이야기를 들어주는 나무를 보며 편안함과 안정감을 느낄 수 있다.

- **좋아하는 일을 찾아라** | 약해진 마음을 추스르고 싶다면 목표를 세우고 좋아하는 일을 찾는 것이 중요하다. 자신이 왜 사는지 확실히 아는 사람은 외롭지 않으며, 추구해야 할 목표가 있고 좋아하는 일이 있는 사람은 외로움을 두려워하지 않는다.

 # 고독에서 벗어나려면 마음을 열어라

아무도 오지 않는 적막한 산에 갇혀 고독에 몸부림치고 있는가? 지독한 고독에서 벗어나려면 제 발로 걸어 나오는 길밖에 없다.

5년 전, 남편과 사별한 마리는 깊은 슬픔과 절망에 빠졌고 지독한 고독감으로 괴로운 나날을 보내야 했다. 남편을 보내고 한 달쯤 지났을 때 마리가 친구에게 울며 말했다.

"앞으로 뭘 해야 할지 모르겠어. 이제 어떻게 살지? 이 고독을 어떻게 견뎌야 할까?"

친구는 마리를 위로했다.

"네가 지금 고독한 것은 불행한 일을 겪었기 때문이야. 50대에 접어들자마자 남편을 잃었으니 슬픈 게 당연하지. 하지만 시간이 지나면 이 아픔과 외로움도 점점 사라질 거야. 그러니 슬픔을 딛고 일어나 새로운 인생을 살아야 해. 앞으로 또 다른 행복이 찾아올 거야."

친구의 말이 끝나기 무섭게 마리는 소리쳤다.

"내게 행복한 미래가 있을 리 없지. 난 더 이상 젊지도 않고, 아이들은 이미 내 품을 떠나 가정을 이루었어. 나 혼자 즐거울 일이 뭐 있겠어?"

그렇게 마리의 심각한 자기연민은 몇 년이 지나도 줄어들지 않았다.

어느 날, 친구가 마리에게 말했다.

"새로운 인생을 시작해 봐. 친구도 사귀고 좋아하는 취미도 가져보는 거야. 더 이상 지난 과거 때문에 약해지지 마."

마리는 친구의 말을 듣지 않았다. 스스로 만들어낸 고독의 늪에서 벗어나기란 생각보다 어려웠다. 하지만 자기 때문에 괴로워하는 자녀들의 모습을 보고 마음을 고쳐먹었다. 그렇게 결혼한 딸의 집으로 이사해 가족들과 함께 생활하게 되었다.

딸네 집에서의 생활은 생각만큼 평탄치 못했다. 혼자 살면서 괴팍해진 그녀의 성격 탓에 모녀는 사사건건 부딪혔고, 사이가 나빠져서 원수만도 못한 관계가 되었다. 마리는 아들네 집으로 이사를 했지만 결과는 비슷했다. 결국 마리의 아들과 딸은 공동으로 집을 구입해서 어머니를 혼자 살게 했다. 이에 그녀의 외로움은 더 깊어졌다.

마리는 세상에 홀로 남겨졌다는 생각에 애통함과 슬픔에 빠져들었다.

"모든 가족이 나를 포기했어. 아무도 이 늙은 어미와 살려고 하지 않아."

캘리포니아 주 오클랜드에 위치한 밀즈Mills 대학의 린 화이트Lynn White 박사는 연설에서 현대인의 고독에 대해 이렇게 말했다.

"20세기에 가장 유행하는 질병은 고독이다."

하버드 대학의 데이비드 리스먼David Riesman의 말을 인용하면, "우리는 모두 '고독한 군중'이다. 인구가 늘어나면서 누가 누구인지 구분하지 못하게 되었다. 사람들은 '구속 받지 않는' 세상에 살게 되었다. 그리고 정부와

기업의 경영 모델에 따라 여러 지역을 돌아다니며 일하게 되었고, 영원한 우정은 더 이상 찾아보기 힘들다. 요즘 사람들은 어느 때보다 쿨한 시대에 살고 있다. 새로운 빙하시대가 찾아왔다고 해도 과언이 아니다."

고독은 흔한 심리상태다. 고독한 사람들은 정신적인 스트레스와 심리적인 압박감을 느끼며, 심각한 경우 삶에 대한 의지와 믿음마저 상실해버린다. 하지만 인생을 살다 보면 누구에게나 고독한 순간이 찾아오며, 너무 두려워할 필요는 없다. 그것 역시 인생이 우리에게 주는 선물이기 때문이다.

하버드 대학에서는 학생들에게 이렇게 가르친다.

"지독한 고독에서 벗어나려면 스스로 마음의 문을 열어야 한다. 아무도 오지 않는 적막한 산에 갇혀 있다면 제 발로 걸어 나와야 한다. 사람들과 깊은 관계를 맺고 싶다면 자기만의 우주에서 빠져나와 사람들과 만나야 한다."

Lesson Point

고독은 현대 사회에서 유행하는 심리적인 질병이다. 괴팍함과 이기심, 무관심으로 마음의 벽을 높이 쌓는다면 스스로 독방에 가두는 것이나 마찬가지다. 자기만의 세계에서 용감히 걸어 나와 단단하게 얼어붙은 벽을 부수고 태양이 비추는 따뜻한 곳으로 나가보자.

하버드 심리학 수업

인간의 사회성이란 군집성을 의미한다. 또한, 다른 사람과 교류하고 집단을 형성하려는 의지를 뜻한다. 심리학자 윌리엄 맥두걸William McDougall은 인간이 타고난 고유의 특성 중 하나가 바로 친구를 사귀고 함께 있으려는 성향이라고 주장했다. 이는 그것이 좋거나 옳다고 생각해서도 아니며, 유용하다고 판단해서도 아니다. 그저 인간의 본능이기 때문이다.

Lesson 03 마음의 소리에 귀를 기울여라

자폐는 마음의 병이다. 자폐증 환자는 스스로 자신을 고립시키고 인간관계를 형성할 기회를 차단해 버린다. 이는 자기 자신뿐 아니라, 가족과 친구들까지도 병들게 한다. 자폐증을 치료하려면 자신이 만든 굴레에서 벗어나 세상 밖으로 당당히 나아갈 수 있어야 한다.

KFC 매장에서 계산원으로 일하는 앤은 매일 저녁 퇴근시간만 되면 고독해진다. 앤은 언제나 혼자 저녁을 먹고, 그러고 나면 소설책을 읽으며 시간을 보낸다. 뉴욕이라는 대도시에는 수백만 명이 살고 있지만 앤에게 관심을 기울이는 사람은 단 한 명도 없다. 그녀는 도시의 차가운 무정함 앞에서 놀란 토끼처럼 자기만의 동굴에 웅크린 채 밖으로 나가기를 두려워하게 되었다.

오랫동안 혼자만의 세계에 갇혀 지내던 앤은 친구를 사귀는 방법을 몰랐다. 매일 밤 홀로 침대에 누워 깊은 고독을 느끼면서도 다른 사람들은 어떻게 지내는지 알지 못했다.

그러던 어느 날, 앤은 인사과 과장 린다로부터 호출을 받았다. 감정표현에 서툴렀던 그녀는 린다를 만나면 어떤 인사를 건네고, 질문에 어떤 대답을 해야 하는지 갈피를 잡지 못했다. 앤은 린다와 면담하는 내내 불안해했고 제대로 말을 할 수 없었다. 다른 사람의 의중을 잘 헤아리는 린다는 앤에게 의미심장한 말을 건넸다.

"당신이 원한다면 내가 도움을 줄 수 있어요. 우선 소설책일랑 덮어두고 저녁마다 아카데미에서 수업을 들어봐요. 당신이 열심히 노력하면 광고부로 승진할 수도 있을 거예요. 그러니 아카데미에서 디자인과 그래픽 수업을 들으며 실력을 키우는 게 중요해요. 절대 저녁 내내 집안에 틀어박혀 있어서는 안 돼요."

린다의 말에 용기를 얻은 앤은 곧장 아카데미로 달려가 필요한 수업을 듣기 시작했다. 시간이 흐르면서 앤은 자연스럽게 친구를 사귀고 자신의 의견을 표현하는 법을 배웠다. 그리고 스스로 노력한다면 원하는 일을 할 수 있을 것이란 희망도 품게 되었다. 그녀는 다른 사람들이 어떻게 말하고 행동하는지 유심히 관찰하고 따라하면서 그들의 일부가 되어 갔다.

앤은 어느새 단조롭고 고독했던 생활에서 벗어나 많은 친구들과 어울리게 되었다. 그녀가 양호한 인간관계를 형성할 수 있었던 비결은 간단하다. 과거에 자기만의 소우주에 갇혀 외부와의 소통을 거절했던 자신의 모습을 완전히 바꾸었기 때문이다.

자폐는 마음의 병이며, 자폐증 환자는 은둔형 외톨이로 불리기도 한다. 이들은 스스로 자신을 가두고 다른 사람과의 관계를 거부한다. 또한 현실을 마주하지 못하고 언제나 도망 다니기 바쁘다.

사춘기는 자폐증이 나타나기 쉬운 시기다. 신체적인 변화가 일어나는 사춘기에는 자의식이 아직 미성숙한 상태라 주변 환경에 민감하게 반응하고 자기 통제력이 부족하기 때문이다. 이때 큰 충격을 받거나 인격적인 모욕을 당하면 세상에 대한 불신과 두려움이 커져서 외부 세계와 단절하고 자기만의 세계로 도망치기 쉽다.

자폐증은 일종의 자기방어 기제에 가깝다. 사춘기 청소년들은 공개적인 모욕을 가장 치욕스럽게 생각하는데, 그런 상황에 처하게 되는 일이 많다. 예를 들면, 교우관계가 좋지 않아서 왕따를 당하거나, 친구들에게 약점을 잡혀서 심한 놀림을 받은 학생들에게서 종종 자폐증 현상이 나타난다.

자폐증은 한 사람의 행복을 송두리째 빼앗아 갈 수 있는 심각한 마음의 병이다. 따라서 자폐증에 빠져 자기만의 세계에 갇혀 있다면 마음의 소리에 귀를 기울이고 외부 세계로 발을 내디디려는 노력이 필요하다. 한 걸음의 용기를 낼 수 있다면 다시 친구들과 우정을 쌓고 사람들 틈에서 새로운 행복을 찾을 수 있을 것이다.

Lesson Point

자폐증 환자는 외부와의 소통을 차단하고 자기만의 세계에서 환상을 그리며 스스로 위안을 찾으려 한다. 이때 진심 어린 우정이나 양질의 책이 그들을 구원하고 밖으로 나오게 하는 매개체가 될 수 있다.

 # 꽁꽁 닫혀 있던
마음의 빗장을 풀어라

은둔형 외톨이는 안톤 체호프Anton Chekhov가 작품에서 묘사한 사람처럼 자신을 꽁꽁 감싼 채 살아가기에 항상 고독하다. 마음의 빗장을 풀고 문을 활짝 열어야 태양의 기운을 듬뿍 받을 수 있다.

로만 부인은 엄청난 재산을 가진 귀부인으로 미국 애틀랜타 외곽에 화원을 조성했다. 큰 규모를 자랑하는 화원은 아름다운 풍경으로 여행자들의 시선을 사로잡았다. 여행자들은 로만 부인의 허락도 얻지 않고 함부로 화원에 들어가 경치를 감상했다.

젊은이들은 풀밭에서 자유롭게 춤을 추고, 아이들은 꽃밭에서 나비를 잡으러 뛰어다니며, 노인들은 연못가에 앉아 낚시를 즐겼다. 그리고 화원 한쪽에 텐트를 치고 낭만적인 여름밤을 보내는 여행자도 있었다. 로만 부인은 창가에서 서서 제멋대로 화원에 들어온 사람들이 신나게 노래를 부르고 춤을 추며 웃고 떠드는 모습을 지켜보았다. 그들을 볼수록 화가 치밀어 올랐던 그녀는 하인을 불러 화원 앞에 표지판을 설치했다. 표지판에는 이런 문구를 새겼다.

'이 화원은 개인 사유지이니, 허락 없이 함부로 들어오지 마세요.'

하지만 표지판은 전혀 소용이 없었다. 급기야 로만 부인은 하인을 시켜 화원 입구를 지키며 사람들의 출입을 막게 했다. 그러나 이 역시 잡음만 일으켰고 울타리를 넘어 화원으로 들어오는 사람들을 막아낼 재간이 없었다.

이리저리 머리를 굴리던 로만 부인은 좋은 생각이 떠올랐다. 그녀는 즉시 하인을 불러 새로운 표지판을 만들게 했다. 새로운 표지판에는 이런 문구를 집어넣었다.

'화원을 찾아오신 분들에게 주의사항을 알려드립니다. 화원에 사는 독사에게 물리지 않도록 안전에 주의해 주세요. 독사에 물렸을 때는 30분 안에 응급처치를 해야 하며, 그렇지 않으면 생명이 위급해질 수 있습니다. 참고로 이곳에서 가장 가까운 병원은 차로 50분 거리에 있습니다.'

새로운 표지판의 효과는 확실했다. 매일같이 찾아오던 사람들이 새로운 표지판을 보고 발길을 돌렸기 때문이다. 하지만 몇 년 뒤, 아무도 찾지 않는 로만 부인의 화원은 수풀이 우거지고 독사가 우글대는 황량한 곳으로 변해버렸다. 그리고 홀로 적막한 화원을 지키던 로만 부인은 화원에서 신나게 뛰어놀던 사람들을 그리워하게 되었다.

로만 부인은 스스로 마음의 문을 닫아버림으로써 고독해졌다. 일반적으로 은둔형 외톨이는 타인에게 무관심하고 감정표현에 서툴다. 이들은 잘 웃지 않으며 항상 걱정이 있거나 심각한 표정을 하고 있다. 이는 무의식적으로 '귀찮으니까 내게 다가오지 말아줘!'라는 메시지를 보내는 것과 같다. 그러면 사람들은 이들에게 가까이 다가가지 않고 서서히 멀어진다.

그 뒤에는 어떻게 될까? 마음의 문을 완전히 닫아 버린 은둔형 외톨이는
어느새 즐겁고 행복한 삶에서 동떨어진 채 극도의 외로움에 빠져버린다.

하버드 대학 심리학과의 한 교수는 근심에 빠져 허우적대는 학생에게
이렇게 말했다.

"현대 미국인의 냉담과 고독은 스스로 선택한 결과다."

그는 마음의 빗장을 풀고 사람들에게 진심으로 다가갈 때, 비로소 고독
에서 벗어날 수 있다고 충고했다.

Lesson Point

사람들은 누구나 마음속에 아름다운 화원을 가지고 있다. 사람들이 이곳에서 꽃과
나무를 심을 수 있도록 허락하고 함께 즐긴다면, 마음의 화원은 영원히 황폐해지지
않고 아름다운 풍경을 유지할 수 있을 것이다. 마음의 빗장을 풀고 문을 활짝 열어야
태양의 기운을 듬뿍 받아 화원을 가꿀 수 있다.

하버드 심리학 수업

이탈형 성격을 가진 사람은 타인과 친해지는 것을 거부한다. 겉으로는 이기적으로
보이지만, 사실은 인간관계에 민감하게 반응하며, 집단에서 이탈함으로써 안정감을
찾으려 한다.

Lesson 05 남을 도울 줄 아는 사람이 크게 성공한다

사람의 능력은 한정적이지만, 다른 사람들과 협력할 줄 아는 사람은 자신의 부족한 능력을 보완해 원하는 목표를 달성할 수 있다.

다섯 손가락이 누가 가장 중요한 손가락인지를 놓고 논쟁을 벌였다. 엄지손가락이 말했다.

"난 우리 중에 가장 굵고 힘이 세. 검지, 중지, 무명지, 소지 너희들은 새 발의 피야!"

엄지의 말을 듣고 있던 검지가 따졌다.

"엄지는 너무 굵고, 중지는 쓸데없이 길지. 무명지는 너무 얇아서 문제고, 소지는 지나치게 짧아. 내가 가장 적당하지."

중지도 질세라 목소리를 높였다.

"이 중에서 나보다 긴 손가락 있으면 나와 봐. 이 긴 손가락으로 할 수 있는 게 얼마나 많다고!"

조용히 있던 무명지도 한마디 했다.

"다들 짜증나. 왜 아무도 나한테 이름을 안 지어주는 거야!(무명지無名指는 '이름이 없는 손가락'이란 의미다-역주) 너희들이랑 더 이상 같이 있고 싶지 않아."

그때 멀리서 신비한 소리가 들려왔다.

"다들 그만 싸우거라. 이 야구공을 옮길 수 있는 손가락을 최고로 인정하는 게 어떠냐?"

손가락들은 별거 아니라며 떠들어댔다. 그리고 다섯 손가락이 차례로 시도해보았다.

엄지는 허리를 곧게 펴고 자신의 큰 몸으로 공을 잡아보려 했지만 아무리 애를 써도 공은 잡히지 않았다. 검지가 엄지를 비웃으며 말했다.

"정말 가관이군. 내가 하는 걸 봐."

하지만 검지가 있는 힘을 다해도 성공하지 못했다. 이후로 무명지가 시도를 했고, 중지와 소지도 공을 잡으려 해봤지만 번번이 실패로 돌아갔다. 그렇게 다섯 손가락이 실패의 쓴맛을 보고 있을 때 소지가 좋은 생각을 내놓았다. 바로 서로 힘을 합쳐 공을 들어 올리는 것이다! 그리하여 다섯 손가락은 공을 가뿐히 옮길 수 있었다.

이는 비단 '손가락'만의 문제가 아니며, 우리 모두의 문제이기도 하다. 세상 만물은 긴밀히 연결되어 있으며 서로 인과관계를 맺고 있다. 인간은 혼자 살 수 없는 존재이며, 혼자서 모든 일을 처리할 수도 없다. 특히 현대 사회에서 세상과 담을 쌓고 산다는 것은 더욱 있을 수 없는 일이다. 사람들과 손을 잡고 서로의 부족한 점을 보완하며 힘을 합친다면 모두가 이득을 얻을 수 있다.

매년 가을이 되면 기러기 떼가 브이(V)자 대형으로 무리지어 남쪽으로

이동한다. 기러기들은 먼 거리를 이동하면서도 선두만 바뀔 뿐 V자 대형
은 그대로 유지한다. 선두를 이끄는 리더는 앞에서 길을 트며 무리를 이끄
는데 상대적으로 바람의 저항을 많이 받기 때문에 양옆에 진공지역이 형
성된다. 그 진공지역에 자리를 잡은 동료 기러기들은 비교적 적은 저항을
받으며 비행을 할 수 있게 된다. 그리고 그들이 만들어낸 양옆의 진공지역
에 또 다른 동료 기러기들이 자리를 잡기를 반복하다 보면 그 뒤로 거대한
V자 대형이 만들어진다. 그렇게 기러기들은 함께 대형을 이뤄 비행함으
로써 최소한의 힘으로 먼 거리를 날아갈 수 있는 것이다.

　사람도 서로 힘을 합친다면 기러기 떼와 유사한 효과를 볼 수 있다. 마
음의 문을 열고 포용하는 태도만 있다면 혼자서는 이룰 수 없는 꿈도 거뜬
히 실현할 수 있을 것이다.

Lesson Point

'남을 도울 줄 아는 사람이 크게 성공한다'는 말이 있다. 아이가 나무에 오를 수 있게
도와주면 맛있는 과일을 맛볼 수 있다. 마찬가지로 다른 사람에게 흔쾌히 도움의 손
길을 내밀 줄 아는 사람은 더 많은 과일을 손에 넣게 될 것이다.

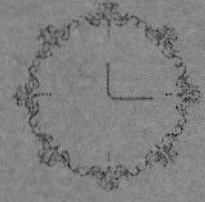

내가 세상에 유일무이한 존재라는 사실에 감사하고 내 안의 능력을 마음껏 발휘하라.

-하버드 대학 심리학과 보리스 시디스Boris Sidis 교수

Chapter 03

내가 세상에
유일한 존재라는
사실에 감사하라

 세 번째 성공 습관
타인에게 끌려 다니지 않기

동조Conformity란 집단의 압력을 받은 개인의 생각과 행동이 대다수 집단이 원하는 방향으로 변하는 것을 의미한다. 동조성은 독립성과 반대되는 개념이며, 동조성이 강한 사람은 자기 주관이 부족하고 다른 사람의 의견에 쉽게 동화된다.

타인에게 끌려 다니지 않고 자기 주관을 지키기 위해 다음과 같은 방법을 사용할 수 있다.

- **어떤 일을 하기 전에 우선 스스로 왜 해야 하는지 물어라** | 동조하기 좋아하는 사람은 언제나 타인의 판단에 의존하며 깊이 생각해 보지도 않고 다른 사람을 따라한다. 이런 사람들은 어떤 일을 할 때 무턱대고 시작하지 말고, 스스로 그 일을 왜 해야 하는지 생각해 보는 연습이 필요하다. 이것저것 스스로 따지고 생각하다 보면 서서히 동조심리에서 벗어나 자기만의 주관을 가질 수 있게 된다.

- **인터넷으로 다양한 정보를 수집하고 이해한 뒤에 행하라** | 동조성이 강한 사람은 하려는 일에 대한 이해가 부족하기 때문에 다른 사람을 따라하는 경우가 많다. 따라서 일을 시작하기 전에 인터넷으로 정보를 수집하고 충분히 이해하려

는 노력이 필요하다. 그러면 다른 사람을 그대로 모방하는 일은 피할 수 있다.

- **사고력을 키워라 |** 동조하길 좋아하는 사람은 스스로 생각하는 습관이 없다 보니 생각하기를 싫어한다. 따라서 평소에 퀴즈를 풀거나 추리소설을 읽으며 사고력을 키우는 것이 좋다.

- **주말이나 휴일에 주도적으로 친구들과 약속을 잡거나 함께 여행을 떠나라 |** 주말이나 휴일에 주도적으로 친구들과 약속을 잡아 영화나 연극을 보거나 교외로 여행을 떠나보자. 이런 활동을 통해 스스로 생각하고 결정하다 보면 독립성이 향상되고, 자기만의 주관을 형성하는 데도 큰 도움이 된다.

- **다큐 프로그램을 자주 시청하라 |** 평소 사회의 여러 면모를 담은 다큐 프로그램을 시청하면 살면서 겪을 수 있는 다양한 갈등과 문제를 접하고 해결책을 배울 수 있다. 그러면 세상을 바라보는 안목이 넓어지고 옳고 그름을 판단하는 능력도 커진다. 따라서 맹목적으로 다른 사람을 따라하는 일은 크게 줄어들 것이다.

- **전화로 선배나 부모에게 조언을 구해라 |** 어른 말 들어서 손해 볼 것 없다는 옛말이 있다. 사회 경험이 부족하면 동조심리가 강해진다. 이를 피하기 위해 수시로 선배나 부모에게 전화해 조언을 구하는 것은 좋은 방법이다.

 내 목소리에 귀를 기울이고
나의 길을 가라

청년 로버트 허친스는 작가, 목수, 가정교사, 판매원 등의 일을 하면서도 공부를 병행하여 예일 대학을 졸업했다. 그리고 8년 만에 그는 미국의 4대 명문으로 손꼽히는 시카고 대학의 총장으로 임명되었다. 놀라운 점은 당시 그의 나이가 30세에 불과했다는 사실이다!

사람들은 그를 '천재'라 칭하면서도 한편으로는 나이가 어리고 경험이 부족해 교육철학이 미성숙하다며 깎아내렸다. 그러한 여론에 가세해 매스컴까지 나서서 그를 공격했다.

그러던 어느 날, 로버트의 친구가 그의 아버지에게 말했다.

"오늘 아침 신문 사설에 로버트를 비난하는 글이 실렸는데, 너무 공격적이라서 깜짝 놀랐어요."

그러자 아버지가 대꾸했다.

"괜찮단다. 그들이 아무리 독한 말을 해도 죽은 개에게 발길질하는 사람은 없다는 사실만 기억하면 돼."

예일 대학 전 총장을 지낸 드와이트Dwight는 말했다.

"이자가 미국 대통령으로 당선된다면 우리 사회는 공공연하게 매춘과 폭력이 난무하며 시비의 기준이 모호해질 것입니다."

이 말이 아돌프 히틀러Adolf Hitler에 대한 비난으로 들릴지도 모르겠다. 하지만 드와이트가 비난한 대상은 미국 민주주의의 선구자이자 '독립선언문'의 작성자로 유명한 토마스 제퍼슨Thomas Jefferson 대통령이다.

여기에서 볼 수 있듯이, 아무도 가지 않는 길은 광활한 평원과 같다. 다른 사람에게 휘둘려 방향을 잃은 사람은 행복의 길에 도달하지 못할 것이다.

진정한 성공은 크기로 결정되는 게 아니라 자아실현을 위해 얼마나 노력했는지에 따라 결정된다. 또한, 자기 목소리에 귀 기울이고 자기만의 길을 걸어간 사람을 성공했다고 할 수 있다.

유전학적으로 보면, 인간의 존재 자체가 자연계의 가장 위대한 기적이다. 지금까지 인간과 같은 존재는 없었으며, 앞으로도 없을 것이다. 따라서 우리는 각자의 개성을 유지하기 위해 노력해야 한다. 이는 잠재력을 극대화하고 자신감을 높일 수 있는 비결이자, 인생의 가치를 실현하는 길이다.

하버드 대학에서는 학생들에게 이렇게 가르친다.

"최악의 상황은 바로 자신을 잃어버리는 것이다."

미국의 작곡가 어빙 베를린Irving Berlin이 조지 거슈윈George Gershwin에게 "너 자신으로 살아라!"라고 충고한 이야기는 꽤 유명한 일화다. 베를린이 거슈윈을 처음 만났을 때 그는 이미 세계적으로 명성이 자자한 작곡가였고, 거슈윈은 무명의 청년 작곡가였다. 당시 베를린은 거슈윈의 음악적 재능을 알아보고 당시 임금의 3배나 되는 돈을 제시하며 비서가 되어 달라고 청했다. 하지만 동시에 이런 충고를 덧붙였다.

"내 제안을 받아들이지 말게. 만일 내 아래로 들어온다면 아무리 잘해도 제2의 어빙 베를린밖에 안 될 걸세. 하지만 자네의 길을 계속 걸어간다면 언젠가 최고의 작곡가로 추앙받을 날이 올 거네."

거슈윈은 베를린의 충고대로 그의 제안을 거절하고 자기만의 음악 세계를 만들어냈다. 그리하여 마침내 미국 최고의 작곡가가 되었다.

우리는 모두 세상에 단 하나뿐인 존재임을 명심하자. '나는 나'일 뿐이다. 타인의 시선과 기준으로 나를 옭아매거나 맹목적으로 남을 따라할 게 아니라, 자신을 믿고 '나다움'을 유지하자.

Lesson Point

꿈을 꾸고, 그것을 실현하기 위해 꾸준히 노력하며, 자기만의 주관을 유지하는 것은 모든 성공한 사람들의 성공법칙이다. 용감히 자신이 나아갈 길을 선택하는 사람은 강한 의지를 가지고 있다. 그렇기에 자신을 갈고 닦으며 무수한 시련을 극복하여 성실하고 과감하며 창의적인 인재가 될 수 있는 것이다.

하버드 심리학 수업

바넘 효과Barnum effect는 1948년 심리학자 바넌 포러Bertram Forer 실험을 통해 증명한 심리학 현상이다. 포러에 따르면, 사람은 누구나 보편적으로 가지고 있는 성격이나 심리적 특징을 자신만의 특성으로 여긴다고 한다. 이런 바넘 효과에서 벗어나려면 자신을 객관적으로 인식하고 자기만의 독특한 특징을 찾기 위해 노력해야 한다.

 # 주관을 가지고
내 인생의 주인이 되어라

우리는 가난이 아니라, 주관이 없는 것을 두려워해야 한다. 외부의 압박을 견디지 못하고 이리저리 흔들리다 보면 결국에는 자기 주관도 없이 남의 장단에 춤을 추게 될 것이다.

대학에서 국문과를 전공한 청년이 심혈을 기울여 소설을 완성한 뒤 유명 작가에게 평을 부탁했다. 그때 마침 작가는 눈병에 걸렸고, 청년은 자신의 작품을 소리 내 읽어주었다. 그리고 소설의 마지막 구절까지 읽은 청년이 잠시 숨을 고르고 있을 때 작가가 "끝난 건가?"라고 물었다. 그의 질문은 마치 이야기가 더 이어지길 바라는 말투였다. 작가의 질문에 자극을 받은 청년은 순간적으로 영감이 샘솟았다.

그는 다급하게 이야기를 이어갔다. 그리고 다시 마지막 문장에 이르렀는데 작가는 미련이 남는다는 듯한 말투로 물었다.

"끝난 건가?"

그 말에 청년은 이야기를 마치지 못하고 다시 이어갔다. 청년은 쉬지 않고 억지로 새로운 이야기를 만들어냈고 소설은 끝나지 않았다. 그때 갑자기 울린 전화벨 소리가 청년의 낭독을 중단시켰다.

전화통화를 마친 작가는 무슨 급한 일이 생겼는지 서둘러 집을 나가야 한다고 했다. 청년은 소설이 다 끝나지 않았다며 아쉬워했다.

"소설은 내가 처음에 끝났는지 물었을 때 이미 끝났어야 했네. 왜 공연히 사족을 덧붙여 내용의 질을 떨어뜨렸나? 끝나야 할 때 끝나지 않은 이야기는 맥락을 잃고 말았네. 특히 자네가 결단력을 상실한 뒤부터 소설은 간결함을 잃고 어수선해졌지. 그렇게 해서는 독자를 감동시킬 수 없네."

청년은 억지로 이야기를 만들어 소설을 늘린 자신의 행동이 후회스러웠다. 그는 작품에 자신감을 갖지 못하고 타인의 의견이나 평가에 쉽게 흔들린 자신에 실망했다.

시간이 흘러 또 다른 작가를 만날 기회가 생긴 청년은 지난날 자신이 저지른 부끄러운 일에 대해 털어놓았다. 그런데 그는 뜻밖의 이야기를 들려주었다.

"자네는 대단한 임기응변 능력을 가졌군. 그 짧은 순간에 새로운 이야기를 만들어 낼 수 있다니 정말 대단해! 자네는 위대한 작가로 성장할 천부적인 재능을 가지고 있네. 계속 노력한다면 틀림없이 작가로 성공할 걸세!"

하버드 대학에서는 학생들에게 이렇게 가르친다.

"사람들이 자주 저지르는 잘못 중 하나는 자신을 끝까지 믿지 못하고 권위자의 말 한마디에 자신을 바꿔버리는 데 있다."

주관이 없는 사람은 이리 붙었다 저리 붙었다 하는 기회주의자와 같다.

자기만의 원칙과 견해가 없으며, 자신이 무엇을 할 수 있는지, 앞으로 무엇을 할 것인지 알지 못한다. 사람은 경험으로부터 자유로울 수 없다. 하지만 자기 주관 없이 타인의 의견에 민감하게 반응한다면 성공과는 영원히 멀어지게 될 것이다.

세상은 각종 조언으로 넘쳐난다. 종교, 사회, 가정, 회사, 유명 인사들은 우리가 어떤 사람이 되어야 하는지, 어떻게 살아야 하는지에 관해 다양한 생각을 제시한다. 그러나 외부 세계의 '조언'과 나의 '생각'이 일치할 수도 있지만, 대부분 그렇지 않다.

어떻게 살아야 할지 결정하는 순간 우리는 자신의 정체성을 찾게 된다. 사실 세상에서 내가 가야 할 길을 알려줄 수 있는 것은 오직 자신뿐이다.

쉽게 닿을 수 없는 천국에 사는 하나님에게 어떻게 살아야 할지 묻기보다는 자기 자신에게 묻는 편이 더 낫다. 우리가 해야 할 일은 오직 자신의 원칙을 지키는 것이다. 내 마음의 소리에 귀를 기울이고 과감히 앞으로 나아가자.

Lesson Point

나는 내 운명의 주인이자, 내 영혼의 안내자다. 어떤 인생을 살 것인지는 내 손에 달려 있다. 자신을 믿고 내 인생의 주인공으로 산다면 어떤 시련도 극복하고 성공의 길로 나아갈 수 있을 것이다.

하버드 심리학 수업

내 운명의 주인으로서 인생을 오롯이 내 것으로 만들기 위해서는 자기만의 포지셔닝이 필요하다. 하버드 대학의 마이클 포터Micheal Porter 교수는 경쟁사회에서 방어만 제대로 한다면 치열한 전쟁을 피할 수 있다고 강조했다. 즉, 자기만의 특별한 포지셔닝으로 효율적으로 방어한다면 어느새 성공이 눈앞으로 다가온다는 말이다.

남의 말에 휘둘리지 말고 내 인생의 설계사가 되어라

나는 내 인생의 설계자다. 미래를 설계할 수 없는 사람은 인생의 의미도 찾을 수 없다. 내가 바라는 꿈을 실현하기 위해서는 때로 '귀머거리'가 돼야 한다.

어느 날, 고탑 앞에서 높이 올라가기 대회가 열렸는데 경기에 참가하는 두꺼비들 주변에 구경꾼들이 몰려왔다. 경기가 시작되자 구경꾼들은 야유를 퍼부었다.

"두꺼비들한테는 어림도 없지! 분명히 실패하고 말거야."

그 소리를 들은 많은 두꺼비들은 자신감을 잃었지만, 그런 와중에도 열심히 탑을 오르는 두꺼비가 있었다. 구경꾼들은 쉬지 않고 떠들었다.

"아주 힘들어 보이는구먼! 탑 꼭대기까지 오르기는 글렀어!"

그 말에 맥이 빠진 대다수의 두꺼비들은 체념한 채 오르기를 중단했다. 하지만 단 한 마리의 두꺼비만은 무엇에도 아랑곳하지 않고 정상을 향해 쉼 없이 오르고 있었다. 그 결과, 모두가 중도에 경기를 포기할 때에도 강인한 의지로 끝까지 오르기를 포기하지 않은 단 한 마리의 두꺼비만이 탑 꼭대기에 이를 수 있었다.

많은 두꺼비들은 경기에서 승리한 두꺼비의 비결이 궁금했다. 그러나 사실 비결은 그 두꺼비가 귀머거리라는 데 있었다!

루트비히 판 베토벤Ludwig van Beethoven의 바이올린 연주 실력은 형편없었다. 심지어 자신이 만든 곡을 연주할 때조차 실력은 크게 나아지지 않았다. 그는 선생으로부터 항상 "넌 절대로 작곡가가 될 수 없어."라는 말을 들었다.

엔리코 카루소Enrico Caruso는 아름다운 목소리로 유명한 오페라 가수다. 하지만 카루소의 부모는 그가 기술자가 되길 원했고, 그의 선생도 "그런 목소리로는 절대 가수가 될 수 없어."라며 혹평했다.

찰스 로버트 다윈Charles Robert Darwin이 『진화론evolution theory』을 발표하고 의사의 길을 포기했을 때 그의 아버지는 비난을 퍼부었다.

"옳은 일은 내팽개치고 한다는 게 고작 온종일 개나 쥐 따위를 잡으러 다니는 짓이라니!"

다윈은 자서전에서 이렇게 밝히기도 했다.

"어릴 때, 나를 알던 모든 선생과 어른들은 나를 그저 평범한 아이로 생각했다. 명석하다는 이야기는 전혀 들은 적이 없다."

월트 디즈니Walt Disney는 신문사 편집장으로 있을 때 창의력이 부족하다는 이유로 해고당했으며, 디즈니랜드Disneyland를 설립하기 전까지 몇 차례나 파산 위기를 겪었다.

알버트 아인슈타인Albert Einstein은 4살 때 말을 했고, 7살 때 겨우 글자를 익혔다. 그의 선생은 아인슈타인을 이렇게 평가했다.

"이 아이는 반응이 느리고 친구들과 잘 어울리지 못해요. 게다가 머릿속에는 이상한 공상으로 가득 차 있어요."

그는 결국 학교를 졸업하지 못하고 퇴학당했다.

프랑스 화학자 루이 파스퇴르Louis Pasteur는 대학에 다닐 때만 해도 특출한 학생이 아니었다. 그의 화학 성적은 22명 중 고작 15등에 불과했다.

아이작 뉴턴Isaac Newton의 아버지는 언제나 뒤처지기만 하는 백치 아들을 둔 것을 원망스럽게 생각했다. 뉴턴이 예술학교 입학시험에 3차례나 낙방했을 때, 그의 숙부는 절망하며 탄식했다.

"교육 받을 능력도 안 되는 아이라니!"

『전쟁과 평화War and Peace』의 작가 레프 톨스토이Leo Tolstoy는 대학 시절 성적 미달로 자퇴를 권유받았다. 당시 담당 교수는 이렇게 평가했다.

"지능도 많이 떨어지고 공부에 대한 흥미도 부족해요."

위의 인물들이 '자신의 길'을 끝까지 고집하지 않고 다른 사람의 말에 휘둘렸다면 위대한 업적을 이룰 수 있었을까?

하버드 대학에서는 학생들에게 이렇게 가르친다.

"스스로 자기 인생의 설계자가 되어라. 내 미래를 결정할 수 있는 유일한 사람은 바로 나 자신이다. 다른 사람의 말이나 판단에 흔들리는 사람에게는 무미건조하고 보잘 것 없는 인생만이 기다리고 있다. 자기 삶에 열정과 꿈을 품은 사람만이 더 높이 올라 갈 수 있으며 빛나는 인생을 누릴 수 있다."

자기 인생의 목표와 방향을 설정할 수 있는 유일한 사람은 나밖에 없다는 사실을 명심하고 다른 사람의 평가에 신경 쓰지 말고 용감히 나만의 길을 걸어가 보자.

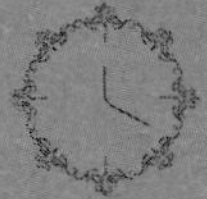

현재 좌절하고 있다면, 눈이 보이지 않고, 귀가 들리지 않고, 말을 할 수 없는 상황에서도
행복해지기 위해 노력했으며, 책을 써서 많은 사람들에게 용기를 준 헬렌 켈러Helen Keller를 생각하라.

-하버드 대학 격언

원망은
이제 그만,
원망 없는
세계를 만들어라

 # 네 번째 성공 습관
원망하지 않기

원망을 품는 것은 부정적인 행동방식이며, 부정적인 정보를 표출하는 것이다. 원망하는 마음이 커지면 심리상태가 부정적으로 변하며, 무겁고 침울한 기분이 가중된다. 따라서 원망이 생길 때마다 아래와 같은 방법으로 감정을 조절해 보자.

- **원망하고 싶을 때 풍선껌을 씹어라 |** 어떤 일에 대한 원망을 멈추기 위한 가장 좋은 방법은 주의력을 다른 곳으로 돌리는 것이다. 마음이 어지럽고 생각이 복잡하다면 풍선껌을 씹어보자. 껌이 입을 차지하고 있으니 원망하는 말을 입 밖으로 내뱉지도 못하며, 풍선을 만들고 터뜨리면서 부정적인 감정이 해소되어 마음이 한결 편안해질 것이다.

- **'없는 것'이 아니라 '있는 것'에 집중해라 |** 원망이 많은 사람은 자신이 아무것도 가지지 못했다고 생각한다. "난 예쁘지도 않고, 연봉도 그저 그래." 이런 말은 해봤자 기분만 나빠지고 자신감도 떨어질 뿐이다. '없는 것'이 아니라 '있는 것'을 생각하는 습관을 들여 보자. 현재 가지고 있는 것들을 하나씩 생각하다 보면 마음의 안정을 찾을 수 있을 것이다.

- **기분이 나쁠 때는 물가를 산책하라 |** 연구에 따르면, 사람은 엄마의 뱃속 즉, 양

수에서 지냈던 기억이 있어서 천성적으로 물과 가까워지고 싶은 욕구를 가진다. 따라서 원망하는 마음이 들기 시작할 때 물가를 산책하면 몸과 마음이 편안해진다. 머리가 복잡하고 고민이 많을 때도 푸른 나무와 흐르는 물을 보면 가슴이 뻥 뚫리면서 순간의 여유를 느낄 수 있다.

- **주말에는 레스토랑에서 근사한 식사를 해라** | 레스토랑에서 근사한 식사를 하면 맛있는 음식을 맛보는 것은 물론이고, 특별한 선물을 받는 느낌이 들어서 기분이 즐거워진다. 이럴 때는 원망이 생겨도 감정을 키우지 않게 된다.

- **여가시간에는 운동이나 여행, 독서 등을 즐겨라** | 스스로 바쁘게 움직이면 원망할 시간이 없을 것이다. 여유가 많다면 운동이나 여행, 독서 등을 즐겨보자. 분명히 새로운 세계를 발견할 것이다.

- **감사하는 마음을 가져라** | 세상에 나를 위해 무언가를 베풀어야 할 의무를 가진 사람은 없다. 따라서 나를 위해 애써주지 않았다는 이유로 상대를 원망할 필요는 없다. 원망보다는 감사하는 마음을 가져보자.

 원망하는 마음을
다른 것으로 채워라

원망은 잘못된 심리암시이자 부정적인 심리암시에서 비롯된다. 언제나 원망만 하는 사람은 모든 문제를 부정적으로 바라본다. 인생은 아름답지 않으며, 이상은 결코 실현될 수 없다는 생각에 자연스럽게 부정적인 감정이 생겨난다.

지금까지 많은 철학가와 교육자는 원망하지 않는 것이 중요하다고 강조해 왔다. 원망하지 않는다는 것은 자기암시를 통해 부정적인 심리를 긍정적으로 바꾸는 것이다.

하버드 대학을 졸업하고도 인생이 잘 풀리지 않은 한 청년은 자신감을 잃고 뉴욕의 유명한 심리학자 조셉 머피Joseph Murphy를 찾아갔다.

"제가 하는 일마다 엉망진창이에요. 결국 건강도 친구도 재산도 모두 잃었죠. 왜 제가 손을 댔다 하면 문제가 생기는지 모르겠어요."

"자네의 잠재의식을 이용해 보게. 무한한 지혜가 자네를 정신적, 물리적

으로 올바른 방향으로 인도하고 자네의 건강을 회복시키며 마음의 안정
과 평화를 되찾아 줄 걸세."

머피는 청년에게 암시 방법을 알려주었다.

"무한한 지혜가 나를 인도하여 건강을 회복시킬 것이다. 내 몸과 마음이
조화를 이루어 아름다움과 사랑, 평화로움을 가져다 줄 것이다. 올바른 행
동과 신성의 의지가 내 삶을 제어할 것이다. 내 미래는 인생의 진리를 바
탕으로 펼쳐질 것이다. 나의 잠재의식을 믿으며 내가 원하는 대로 모두 이
루어질 것이다."

오랜 시간이 흘러 머피는 청년으로부터 편지를 받았다.

"하루에도 몇 번씩 선생님이 말씀하신 암시를 반복해서 생각했어요. 그
랬더니 어느새 그러한 암시가 제 무의식에 각인되었고, 점차 좋은 결과로
나타나기 시작했어요. 그때 제 이야기를 들어주셔서 정말 감사드립니다.
그날 이후로 제 인생은 완전히 달라졌어요. 선생님의 암시는 정말 효과적
입니다."

사실 인생은 마음먹기에 따라 달라질 수 있다. 개인의 능력과 꿈, 희망
등은 다른 사람에게 지배당할 수 없다. 긍정적인 암시는 긍정적인 심리상
태를 가져오고, 이는 세상 만물을 긍정적으로 바라볼 수 있게 해준다.

어떤 심리암시인지에 따라 우리의 기분과 행동은 달라진다. 같은 사물
을 대할 때에도 부정적인 면을 보는 사람이 있고, 긍정적인 면을 보는 사
람이 있다. 사막에서 물이 든 병을 보고 긍정적인 사람은 '아, 다행이다. 물
이 반이나 남았어.'라고 생각하며 기뻐하지만, 부정적인 사람은 '이런, 물
이 반밖에 없잖아.'라고 생각하며 절망한다.

긍정적인 사람은 분명히 물병을 들고 희망을 품은 채 사막을 횡단할 수
있을 것이다. 하지만 부정적인 사람은 인생은 어차피 불공평한 것이고, 자

신은 언제나 재수가 없는 편이었다고 체념하며 사막을 건널 수 있을 거란 믿음을 잃고 말 것이다.

성공학의 대가인 나폴레온 힐Napoleon Hill은 이렇게 말했다.

"성공하고 부자가 되는 것은 자아의식에서 시작된다."

여기에서 자아의식이란 위에서 이야기한 심리암시를 뜻한다.

원망은 일종의 잘못된 심리암시이며, 이는 부정적인 생각을 만들어낸다. 시련이 닥쳤을 때, 자책하며 모든 것을 포기하거나 불공평한 운명을 탓하느니, 머피 교수가 청년에게 말해준 방법을 사용해 보는 건 어떨까? '내 인생은 올바른 방향으로 발전할 것이고, 아무리 힘든 역경도 극복해 낼 수 있다.'는 긍정적인 자기암시를 걸어보자.

Lesson Point

사람들 마음속에는 저마다 내면의 아이가 살고 있다. 아이에게 이렇게 말해주자. "네가 긍정적인 마음으로 생각하고 행동한다면 상황은 좋아질 거야. 하지만 부정적인 마음을 갖는다면 모든 것을 잃게 될 거야." 이렇게 끊임없이 긍정적인 암시를 할 수 있다면 인생이 달라질 것이다!

 # 불행은 인생
최고의 교과서

『맹자孟子』에 이런 말이 있다.

'하늘이 장차 누군가에게 큰일을 맡기려 할 때는 먼저 그 마음과 뜻을 흔들고, 그 몸을 힘들게 하고, 그 육체를 굶주리게 하고, 그 생활을 곤궁하게 하여 하는 일마다 어지럽힌다. 이는 그의 마음을 두들기고 참을성을 길러 지금까지 하지 못했던 일을 잘 할 수 있게 하기 위해서다.'

이는 아무리 가난하고 순탄치 못한 운명을 타고났다 해도 원망할 필요가 없다는 의미다. 시련은 나를 강하게 단련시켜 더 나은 미래를 가져다주기 위한 과정일 뿐이기 때문이다.

독일 본Bonn의 가난한 집에서 태어난 소년이 있었다. 아버지는 궁정 가수였지만 무능력한 술주정뱅이였다. 소년은 어릴 때부터 음악에 소질을 보였고, 아버지는 그런 아들이 음악 신동이 되어 큰돈을 벌어다 주길 바라는 마음으로 연습을 혹독하게 시켰다. 소년은 아버지로부터 사랑을 받아

본 기억이 없다. 찢어지게 가난한 집, 폭력적인 아버지, 사람들의 주목을 끌지 못하는 실력으로 소년은 불우한 어린 시절을 보내야 했다.

소년이 유일하게 위안을 받을 수 있었던 대상인 어머니도 그가 17살 되던 해에 세상을 떠났다. 소년은 어린 나이에 무거운 삶의 무게를 견뎌야 했다. 다행히 소년은 계속 작곡 공부를 했고 마침내 그의 음악 인생의 첫 번째 성공을 손에 넣었다. 하지만, 운명은 그의 귀를 멀게 함으로써 다시 한 번 인생을 나락으로 떨어뜨렸다. 검투사가 검을 잃어버린 것과 같이 청력을 잃은 음악가의 삶은 절망밖에 남지 않았다.

더 이상 음악을 듣지 못하게 된 그는 그야말로 하늘이 무너지는 것 같은 충격에 휩싸였다. 하지만 곧 마음을 가다듬고 난관을 극복하기로 마음먹었다. '나는 절대 운명에 굴복하지 않을 거야.'라고 생각한 그는 마침내 밝고 따뜻한 느낌의 〈교향곡 제2번〉을 작곡해냈다.

이야기의 주인공은 루트비히 판 베토벤이다. 그는 평생 혹독한 운명과 싸워야 했지만 결코 굴복하지 않았으며, 힘겨운 역경을 딛고 일어나 후세에 길이 빛날 음악을 만들었다. 베토벤은 말했다.

"나는 세상에 아름다운 음악을 들려주고 싶다는 생각뿐이었다. 그리고 개구쟁이처럼 많은 선생들을 만나며 세상을 이해하게 되었다."

인생을 살다 보면 온갖 장애물을 만나게 된다. 이에 불행한 일을 당했다며 탄식하고 실패자를 자처하는 사람들은 자신의 삶이 도자기처럼 깨지기 쉽다고 생각한다. 그리고 일이 순조롭게 풀리는 주변 사람들을 보면 불공평한 운명을 탓하며 분노하고 질투한다. 하지만 인생이 어떻게 될지는 끝까지 지켜봐야 안다. 아무리 짓궂은 운명도 마음먹기에 따라 달라질 수 있기 때문이다.

그러기 위해서는 앞날에 대한 불필요한 걱정이나 자기연민에서 벗어나야 한다. 성숙한 태도로 운명과 정면으로 맞서 싸울 때 비로소 최후의 승리자가 될 수 있다. 바로 잡을 수 있는 일이 있다면 즉시 실행으로 옮기고, 설사 일이 잘 풀리지 않는다 해도 불공평한 운명을 탓하거나 원망하는 마음을 가질 필요는 없다.

평생 원망만 하는 것보다는 자신을 정확히 평가해 보는 시간을 가져보자. 역경 앞에서 자신감을 가지고 객관적으로 자신을 돌아볼 줄 아는 사람만이 인생의 장애물을 뛰어넘을 수 있다.

Lesson Point

되는 일이 하나도 없다고 느껴진다면 이렇게 자문해 보자. "나한테 문제가 있는 건 아닐까?" 스스로 나의 결점을 찾지 못할 때는 가족이나 친구에게 부탁해도 좋다. 결점이 무엇인지 알았다면 바로 고치자. 그리고 절대 원망하지 말라. 원망한다고 변하는 것은 아무것도 없으며, 기분을 더 침울하게 만들 뿐이다.

하버드 심리학 수업

사람들은 자기 용서를 통해 자신의 잘못이나 결점은 쉽게 용서하지만, 다른 사람에 관해서는 그러지 않는다. 이런 심리적인 작용으로 사람들은 습관적으로 남을 원망하고 자기 자신에게 문제가 있다는 사실은 인정하지 않는다.

남을 바꾸려 하지 말고 스스로 먼저 변해라

누군가 말했다. "하고 싶은 일을 적극적으로 하는 사람은 인생의 최고 경지에 오른 자다. 원망하는 것은 아무것도 하지 않는 것과 같다. 이는 책임과 의무를 회피하는 일이며, 스스로 타락의 길로 빠지는 지름길이다. 그리고 애초에 원하던 바도 아니다."

살면서 역경에 처하더라도 원망만 해서는 아무런 도움도 되지 않는다. 이는 일을 더 나쁜 방향으로 몰고 갈 수도 있다.

작은 점포를 운영하며 사업을 키울 기회를 노리던 청년이 있었다. 그는 매일 아침 일어나면 '오늘은 좋은 기회를 잡을 수 있게 해주세요'라고 기도했다. 하지만 아무리 시간이 흘러도 기회는 찾아오지 않았다. 이에 그는 자신이 큰 사업을 운영할 능력을 가지고 있는데도 기회가 주어지지 않는다며 원망의 마음을 품게 되었다. 그는 시장을 연구하기는커녕 여유롭게 정원을 거닐며 산책을 즐겼다. 그러자 점포를 찾는 손님들의 발길도 뜸해졌다. 그러던 어느 날, 그는 스스로에게 물었다.

"나는 왜 내 꿈과 목표를 잘 알지도 못하는 업종에서 찾고 있지? 왜 내가 잘 아는 의약업으로 성공할 생각은 못했을까?"

그는 하늘을 원망하던 마음을 접고 자신이 좋아하는 일을 해서 성공해 보자고 결심했다. 그는 손님들의 환심을 사기 위해 서비스의 질을 높이는 방법을 연구했다.

"근처에 사는 손님이 전화로 물건을 주문하면, 저는 전화를 받는 즉시 점원에게 지시를 내릴 겁니다. 그리고 '네, 손님. 수면제 20알, 장뇌유 1병 그리고 더 필요한 건 없나요? 그나저나 오늘 날씨가 참 좋네요. 요즘 건강은 좀 어떠세요?' 라며 최대한 길게 통화를 이어가는 거죠. 그 사이 점원에게 물건을 최대한 빨리 찾아 배달을 하도록 하는 거예요. 손님은 전화로 약을 주문을 하고 저와 이런저런 이야기를 나누는 중간에 이렇게 말할 겁니다. '잠시만요. 누가 왔나 봐요. 초인종이 울리네요.' 수화기를 들고 기다리면 잠시 후에 이런 말이 들려오겠죠. '방금 점원이 제가 주문한 약을 가져왔네요! 어쩜 이렇게 빠를 수가 있죠? 믿기지가 않아요. 정말 놀랍네요!' 최고의 서비스를 제공한다면 물건은 불티나게 팔릴 겁니다. 그러면 다른 약국에서도 왜 유독 우리 약국에만 사람들이 바글거리는지 알아내기 위해 저를 찾아오겠죠."

이것이 바로 찰스 월그린Charles R. Walgreen의 성공비법이다. 그는 이 방법으로 작은 동네 약국을 미국 전역에 수천 개의 체인점을 가진 거대 기업으로 키워냈다. 그리고 미국에서 점유율 2위의 의약 소매기업으로 성장했으며, 지금도 꾸준히 성장하고 있다.

그의 의약 사업이 성공할 수 있었던 비결을 한 문장으로 말하면 다음과 같다.

"원망하는 마음을 내려놓고 성실하게 노력하면 기회는 자연스럽게 찾아올 것이다."

사실 많은 사람들이 원망하며 시간을 허비하던 월그린과 비슷한 삶을 산다. 다른 사람이 성공한 모습을 보면 질투하고 원망하며, 자신을 하찮은 존재로 깎아내린다. 그리고 어떤 희망도 품지 않는다. 하지만 기회는 스스로 만들어가는 것이다. 원망의 마음을 내려놓고 현재 자신이 할 수 있는 일에 집중한다면, 기회는 저절로 찾아올 것이다.

Lesson Point

인생이 내 뜻대로 풀리지 않는다고 원망만 하고 있다면 상황은 아무것도 변하지 않는다. 공연히 시간만 낭비하는 것이며, 스스로를 나락으로 떨어뜨릴 뿐이다. 원망의 늪에서 허우적거릴 시간이 없다. 원망의 마음을 내려놓고 한 걸음씩 성실히 나아가다 보면 어느새 원하던 길에 도달해 있을 것이다.

하버드 심리학 수업

미국의 저명한 목사 월 보웬Will Bowen은 세계적으로 '불평 없는 세상A Complaint Free World' 캠페인을 시작했다. 그는 사람들에게 불평이나 원망을 하지 말 것을 강조하며 사람들에게 보라색 팔찌를 차고 있다가 불평하는 마음이 생기면 팔찌를 다른 쪽 팔로 옮기라고 했다. 캠페인은 팔찌를 옮기지 않고 21일 동안 지속되면 끝난다. 원망하는 마음을 털어내고 싶다면 이 캠페인에 참여해 보는 건 어떨까?

Lesson 05 자신을 돌아볼 지혜와 용기를 가져라

평소 불평불만이 많은 사람은 무슨 일이 생길 때마다 이런 말을 입에 달고 산다.

"왜 항상 내가 상처받아야 하지?"

하지만 모든 문제는 외부 요인과 내부 요인의 영향으로 발생한다는 사실을 잊지 말자. 사실, 대부분 문제의 원인은 자기 자신에게 있다.

콜스는 친구에게 늘 볼멘소리로 불평을 늘어놓았다.

"사장은 나를 거들떠보지도 않아. 그러니 내게 좋은 기회가 올 리가 없지. 내일 당장 책상을 엎고 사표를 던지고 말거야."

친구는 침착하게 물었다.

"회사 업무는 완전히 익힌 거야?"

"아니, 아직."

"네가 책상을 엎고 나오는 건 언제든지 할 수 있어. 회사가 어떻게 돌아가는지 완벽하게 배운 다음에 사표를 내는 게 어때? 공짜로 공부할 수 있는 기회로 여겨 봐. 뭐라도 하나 배우고 관두는 게 좋잖아.”

콜스는 친구의 말대로 늦게까지 사무실에 남아 공부를 했다. 그리고 일 년 뒤, 친구가 물었다.

“지금쯤이면 많이 배웠겠다. 이제 회사를 나올 수 있겠어?”

“최근에 사장이 나를 보는 눈이 완전히 달려졌어. 내게 중요한 프로젝트를 맡기고 승진도 시켜줬지 뭐야. 어느새 내가 사장의 오른팔이 되어 있네. 생각해보니 나만 눈치 채지 못했을 뿐, 내게 문제가 많았더라고. 좀 더 일찍 알았더라면 좋았을 걸.”

친구가 건넨 조언 덕에 콜스는 자신을 반성하고 원망하는 마음을 떨쳐 낼 수 있었다. 그가 최선을 다해 노력하자, 애초에 불만을 가졌던 문제도 자연스럽게 해결되었다.

문제가 생길 때마다 원인을 외부로 돌린다면 우리는 영원히 ‘투덜이’밖에 안 된다. 원망하는 마음이 솟아날 때 이렇게 자문해보자. ‘혹시 내가 잘못한 부분은 없는가?’ 그렇게 나를 돌아보는 시간을 가지는 것이 중요하다. 이것이 바로 자기반성이다.

『논어論語』 이인里仁편에 이런 말이 있다.

“현명한 사람을 보면 그와 같이 되기를 생각하고 현명치 못한 사람을 보면 스스로 반성해야 한다.”

즉, 자기반성을 통해 자신을 돌아보고, 하늘을 원망하거나 남을 탓하지 말며 자기 안에서 문제의 원인을 찾으라는 뜻이다.

원망을 잘 하는 사람은 환경이나 남의 탓을 잘 한다. 외부적인 원인은 과장되게 부풀리고 내부적인 원인은 가볍게 넘기려 하거나 모르는 척하기 일쑤다. 자기반성이 몸에 밴 사람은 내부에서 문제를 발견하는 즉시 원망하는 마음을 떨쳐버린다. 몸이 아플 때 의사에게 진료를 받고 원인을 파악한 후 약을 처방받으면 다시 건강해지는 것과 같다.

자기반성 방법은 간단하다. 하루 5분이면 충분하다. 5분 동안 오늘 무엇을 했고 사람들과 어떤 대화를 나눴는지 생각해보고, 나의 말과 행동이 다른 사람을 곤란하게 만들지 않았는지 돌아본 뒤에 혹시 그랬다면 앞으로 비슷한 일이 있을 때 어떻게 해야겠다는 생각을 해보는 것이다. 그리고 스스로 이런 질문을 던져보자.

"오늘 나는 최선을 다했는가?"

가정에서든 직장에서든 최선을 다해 살았는지 뒤돌아보자. 최선을 다해 살지 않았다면 앞으로 어떤 문제가 발생했을 때, 남을 원망하지는 못할 것이다.

Lesson Point

자기반성에는 자신의 부족한 부분을 볼 줄 아는 지혜와 자신을 냉철하게 분석할 수 있는 용기가 필요하다. 또한, 자신의 약점을 극복하고 자신과 화해할 줄 아는 넓은 아량이 필요하다. 자기반성을 게을리 하지 않는 사람은 자신의 문제를 스스로 개선하기 때문에 남을 탓하거나 운명을 원망하지 않는다.

하버드 심리학 수업

자기반성은 인간의 뛰어난 의식이자 행복으로 이끄는 에너지다. 심리학에서 자기반성은 자아의식을 통해 자신의 말과 행동을 성찰하고, 자신을 평가, 통제, 교정하는 것을 일컫는다. 자기반성은 '자아비판'과는 다르지만, '자아긍정'을 포함한다. 또한 자신을 긍정적이고 유쾌하며 건설적인 방향으로 인도하는 사고과정이다.

인생은 원래 불공평하다. 이에 익숙해져라.

-하버드 대학 출신의 마이크로소프트Microsoft 설립자 빌 게이츠Bill Gates

세계는 긍정적이며, 나도 그렇다

 # 다섯 번째 성공 습관
심리적인 균형 유지하기

마음의 균형은 자신의 생각과 감정을 통제하여 스스로 양호한 심리상태를 유지하는 것이다. 마음의 균형을 유지하기 위해서는 다음과 같은 방법을 사용할 수 있다.

- **유산소 운동을 해라** | 마음의 균형을 잃은 사람은 자전거 타기, 경보, 조깅, 수영 등의 유산소 운동을 통해 정신을 일깨울 수 있다. 유산소 운동을 하면 심장 박동이 빨라지고 혈액순환을 촉진하여 부정적인 감정과 체내의 나쁜 기운을 모두 배출시킨다. 그러면 심리적인 문제도 자연스럽게 해결된다.

- **사회 활동이나 동호회 활동에 참여해라** | 마음의 균형이 깨졌을 때는 지역사회의 공익 활동이나 인터넷 동호회 활동 등 단체 활동에 많이 참여하는 것이 좋다. 이런 활동을 통해 다양한 사람을 만나고 새로운 경험을 하며 기분이 좋아지는 것을 느낄 수 있을 것이다.

- **글을 써라** | 매일 자신의 감정을 글로 쓰다 보면 직장이나 학교에서 동료나 친구에게 화를 내거나 반대로 그들에게 상처를 받으며 쌓이는 스트레스를 해소할 수 있다. 특히 감정 표현에 서투르고 문제나 고민이 있어도 남들에게 잘 말하지 않는 사람들에게 큰 도움이 된다.

- **밝고 선명한 색의 옷을 입어라** | 미학자들은 색이 사람의 심리에 크고 작은 영향을 미칠 수 있다고 말한다. 평소 사람의 기분을 유쾌하게 만드는 선명한 색이나 마음을 안정시키는 밝고 따뜻한 색 계열의 옷을 입어보자. 이런 색의 옷을 입으면 시각적으로도 즐겁고 심리적으로도 진정시키는 역할을 하여 자연스럽게 불편했던 감정을 해소시켜 준다.

- **마음의 방을 만들어라** | 사람들은 모두 마음의 방을 필요로 한다. 마음의 방이 있다면 언제든지 그 안에서 쉬거나 마음의 안정을 취할 수 있을 것이다. 조용히 자리에 앉아 상상력을 최대한 발휘해 마음의 방을 만들어 보자. 그곳은 아름다운 풍경이 펼쳐진 곳일 수도 있고, 멋있는 시가 가득한 곳일 수도 있다. 그 방 안에서는 언제든지 마음을 편안히 쉴 수 있을 것이다.

- **스스로 위로하라** | 다른 사람을 질투하거나 의심하는 등 마음의 균형이 무너지기 시작했다면 이렇게 생각해 보자. "이번에는 실패했군. 하지만 괜찮아. 토머스 에디슨Thomas Alva Edison같은 천재도 무수한 실패의 경험을 가지고 있다고!" 스스로 위로하다 보면 마음의 안정을 회복할 수 있을 것이다.

 현실을 인정하고
나를 받아들여라

살다 보면 불공평한 일들을 많이 보고 겪는다. 회사에서 묵묵히 자신의 일에 최선을 다하는 사람보다 아첨을 잘 하는 사람이 더 빨리 승진하고, 평사원보다 사장의 조카에게 더 좋은 기회가 주어진다. 그리고 야근까지 해가면서 회사에 충성을 바쳐도 돌아오는 소리는 업무시간을 잘 활용하지 못한다는 핀잔뿐이다. 이럴 때마다 '공평'을 강조하며 사장에게 따져봤자 그 피해는 고스란히 내 몫으로 돌아온다.

30대에 이미 최고의 경지에 올라 전 세계적으로 명성을 떨치던 소프라노가 있었다. 그녀는 이상적인 남자와 결혼해 화목한 가정을 꾸렸다.

한번은 해외에서 독창회를 열었는데 순식간에 입장권이 다 팔렸다. 독창회 당일 공연도 열화와 같은 환호 속에서 끝났다. 공연을 마치고 남편과 아들과 함께 극장을 나서자 그녀가 나오기만을 기다리던 관중들에게 둘러싸였다. 사람들은 그녀에게 몰려들었고 온갖 미사여구와 칭찬을 쏟아냈다. 대부분 음악대학을 졸업하자마자 명성을 얻어 해외에서 독창회를 열게 되어 축하한다는 말과 돈 많은 남편에 토끼같이 귀엽고 사랑스러운 미소를 가진 아들이랑 살아서 부럽다는 말이었다. 사람들의 말을 듣던 그녀는 별다른 반응을 보이지 않았다가 주변이 조용해지자 입을 열었다.

"우선 저와 제 가족에게 좋은 말씀을 해주신 분들께 감사드리며, 여러분 모두와 이 행복을 나누고 싶네요. 하지만 여러분은 한쪽 면만 보고, 다른 면은 보지 못하고 있어요. 여러분이 사랑스러운 미소를 가졌다고 한 제 아이는 사실 말을 하지 못한답니다. 그리고 하나밖에 없는 제 여동생은 평생 철창으로 둘러싸인 병실에 갇혀 지내야 하는 정신분열증 환자이지요."

소프라노의 말에 사람들은 할 말을 잃었고, 민망함에 말없이 서로를 쳐다볼 뿐이었다. 그때 소프라노는 정적을 깨며 평온한 말투로 이야기했다.

"이제 아시겠어요? 신은 공평해요. 신은 한 사람에게 모든 것을 주지도, 모든 것을 빼앗아 가지도 않아요."

신은 과연 공평한 걸까? 평생 이 문제를 화두로 삼는 사람들이 있다. 그들은 항상 불공평한 인생을 원망하며 탄식한다. 죽을 때까지 하늘을 원망하고 남 탓을 하느라 세월을 낭비한다. 사실, 인생이 공평하든 공평하지 않든 선택의 여지는 없다. 인생이 무엇을 선사하든 그것을 활용하는 것은 내 몫이다. 인생을 내 마음대로 할 수는 없지만, 맞서 싸워볼 수는 있을 것이다.

인생은 공평하고 합리적인 일들로 이루어져야 한다고 생각하는 사람들이 많다. 살면서 이런 말들을 들어봤을 것이다. '이건 너무 불공평하잖아, 나는 안 되는데 왜 너만 할 수 있어?' 우리는 언제나 모든 일이 공평하고 합리적으로 이루어지길 바라며, 불공평한 일을 겪고 나면 부정적인 심리 상태로 변한다. 물론, 세상이 공평해지길 바라는 것은 잘못된 게 아니다.

다만, 불공평한 일을 겪을 때마다 부정적인 심리상태로 변한다면 문제다.

사실 절대적인 공평은 있을 수 없다. 기분이 썩 좋지는 않지만 이는 받아들일 수밖에 없는 사실이다. 하지만, 인생이 불공평하다는 객관적인 사실을 인정한다고 해서 반드시 부정적인 마음이 생기는 것은 아니다. 사실을 인정하고 받아들일 때 우리는 비로소 편안한 마음으로 자신의 인생을 설계할 수 있기 때문이다.

Lesson 03 나를 가로막는다는 이유로 질투하지 마라

질투는 열등감의 하나로 볼 수 있다. 자신감 넘치는 사람은 자기보다 잘난 사람을 봐도 질투하지 않는다. 반면, 열등감으로 똘똘 뭉친 사람은 언제나 자기 자신을 부정하고 자신이 남들보다 못하다는 생각에 사로잡혀 있기 때문에 질투심이 많다.

과수원 호두나무 옆에 복숭아나무 한 그루가 자라고 있었다. 질투심이 많은 복숭아나무는 호두나무에 주렁주렁 달린 열매를 볼 때마다 기분이 좋지 않았다.

"왜 호두나무는 나보다 열매가 많이 열리지? 내가 호두나무보다 못난 점이 뭐야? 신은 정말 불공평해! 내년에는 내가 더 많은 복숭아를 맺을 거야! 내 능력을 보여주지!"

"공연히 남을 질투해서는 안 되지."

복숭아나무 근처에 있던 나이 많은 자두나무가 타일렀다.

"네 눈에는 호두나무의 굵고 튼튼한 나무줄기와 강인한 나뭇가지가 보이지 않느냐? 생각해 보렴. 저렇게 많은 열매가 달리면 네 허약한 가지가 견딜 수 있을 성싶은지. 네 분수를 알거라!"

하지만 질투심에 눈이 먼 복숭아나무에게는 어떤 충고도 귀에 들어오지 않았다. 그는 대지에 뿌리를 더 깊이 내리고 흙에서 흡수한 수분과 영양분을 필사적으로 위로 올려 보내어 최대한 많은 꽃을 피우게 했다.

이듬해, 복숭아나무가 원하던 대로 가지마다 열매가 빽빽이 열렸다. 과즙으로 꽉 찬 복숭아의 무게가 늘어날수록 복숭아나무의 나뭇가지는 점점 아래로 쳐졌고, 나중에는 숨조차 편히 쉬지 못하는 지경이 되었다. 하지만 복숭아나무는 호두나무처럼 열매를 주렁주렁 매달고 뽐낼 수 있다는 욕심에 포기하지 못하고 억지로 버텼다.

그러던 어느 날, 무게를 감당하지 못한 복숭아나무는 '우두둑' 소리를 내며 꺾어지고 말았다. 복숭아 열매는 다 익지도 못한 채 바닥에 굴러 떨어져 서서히 썩어갔다.

본질적으로 말하면, 질투는 나와 같은 꿈과 희망을 품은 사람을 보았을 때 생기는 부적절한 부적응 감정이다. 다시 말해, 질투는 다른 사람에게 패배했다는 사실을 인정했을 때 나타나는 반응이며, 결여된 자아 정체감을 표현하는 것이다. 화려한 생활과 높은 사회적 지위를 부러워하고 값비싼 물건을 손에 넣고 싶을 때, 나는 불가능한데 남들은 가능하다는 사실로 인해 심리적인 결핍이 생긴다.

이때 사람들은 깊이 생각해 보지도 않고, '왜 남들은 다 가능한데 나만 불가능하지?'라고 푸념을 늘어놓는다. 자신의 능력이 부족한 것은 인정하지 않고 잘난 사람들을 시기하거나 스스로 못났다고 생각하며 심각한 열등감에 빠지기도 한다.

윌리엄 셰익스피어William Shakespeare의 명작『오셀로Othello』의 주인공도 열등감이 강한 사람이었다. 이간질하는 말을 곧이곧대로 믿고 사랑하는 여인을 죽인 뒤 후회 속에 몸부림치다 결국 자살로 짧은 생을 마감한다.

열등감은 질투심과 쌍둥이 형제처럼 닮았다. 자신이 남들보다 못하다는 생각에 열등감이 나타났고, 나보다 잘난 사람을 인정하고 싶지 않은 마음에서 질투심이 생겨났다. 하지만 질투심은 열등감과 완전히 같다고 볼 수 없다. 질투심은 이성을 잃게 만든다는 점에서 더 공포스럽다. 질투심에 눈이 멀어 돌이킬 수 없는 지경까지 이르면 상상할 수 없는 결과를 초래할 것이다. 지옥에서 활활 타오르는 불꽃처럼 모든 것을 태워 재로 만들어버릴 수도 있다. 즉, 질투심은 자신은 물론이고 주변 사람들까지 갉아먹는 구더기와 같고, 열등감보다 훨씬 더 큰 피해를 유발한다.

열등감에 빠진 사람이 질투하는 것은 남들보다 더 잘난 사람이 되고 싶기 때문이다. 자신이 남들보다 뒤처진다는 사실을 발견했다면, 질투심을 불태우며 남의 밥에 재를 뿌릴 게 아니라 남들보다 뛰어난 자기만의 장점을 찾기 위해 노력해야 할 것이다. 상대를 짓밟고 괴롭히기보다는 자신의 가치와 소양을 높이는 게 중요하다.

영국의 시인 존 드라이든John Dryden은 '질투는 마음의 병'이라고 했다. 질투가 나를 가로막고 부정적인 감정을 유발한다면, 새로운 목표를 설정하여 이 백해무익한 이상 심리를 해소할 돌파구를 찾아보도록 하자.

 # 변화의 힘은
믿음에서 나온다

상점을 운영하던 아버지가 세상을 떠나자 가업을 물려받아 공동으로 운영하던 쌍둥이 형제가 있었다. 모든 것이 순탄하게 흘러가던 어느 날, 상점에서 10달러가 없어진 뒤부터 형제의 인생은 큰 변화를 맞이하게 되었다. 쌍둥이 형이 금전등록기에 10달러를 넣어 놓고 손님과 외출을 하고 돌아와 보니 돈이 사라진 것이다! 형은 즉시 동생에게 물었다.

"여기 있던 돈 못 봤어?"

동생은 모르겠다고 답했다. 하지만 형은 동생에 대한 의심을 거두지 않고 핏대를 세워가며 끈질기게 추궁했다.

"돈에 발이라도 달렸어? 10달러를 본 적도 없다는 게 말이 돼?"

형은 동생이 돈을 가져간 게 틀림없다며 우겼다. 그렇게 시작된 형제의 갈등은 점점 골이 깊어졌다. 그날 이후 형제는 서로 말도 섞지 않았고, 함께 살려고 하지도 않았다. 상점 중앙에 벽돌을 쌓아 벽을 만들고 각자의 길을 가기로 마음먹었다.

20년의 세월이 흘렀지만 형제의 적대감은 조금도 사라지지 않았고, 오히려 나날이 심각해졌다. 이런 부정적인 감정은 두 사람의 가정은 물론이고 그들이 속한 지역사회로까지 영향을 미쳤다.

그러던 어느 날, 한 남자가 외지 번호판을 단 차를 타고 형의 상점을 찾았다. 그는 상점으로 들어서자마자 이렇게 물었다.

"상점에서 일한 지 오래되셨나요?"

이에 형은 평생 상점에서 일을 했다고 답했다.

"사실은 제가 고백할 게 있어서 찾아왔습니다. 20년 전 저는 하는 일 없이 빈둥거리며 방탕하게 살았습니다. 그러다가 우연히 이 마을에 머물게 되었는데 돈이 없어 며칠 동안 배를 쫄쫄 굶어야 했죠. 그래서 이 상점에 몰래 들어와 금전등록기에 들어 있던 돈 10달러를 훔치고 말았습니다. 그때 훔친 10달러 때문에 지금까지 심한 양심의 가책에 시달렸습니다. 지금이라도 용서를 구하고 싶어 이렇게 찾아왔습니다."

남자의 자초지종을 듣던 형의 얼굴에서는 하염없이 눈물이 흘렀다. 그는 목이 멘 목소리로 부탁했다.

"이 이야기를 옆 상점에 가서 한 번 더 말해줄 수 있을까요?"

형의 부탁을 받고 옆집으로 간 남자는 똑같이 생긴 사람이 자신의 이야기에 똑같이 대성통곡을 하는 모습을 보고 깜짝 놀랐다. 그렇게 장장 20년 동안 원수처럼 으르렁거리던 쌍둥이 형제의 원한은 눈 녹듯이 사라졌다.

의심은 고질병과 같아서 완전히 제거할 수 없고, 시시때때로 우리의 마음을 어지럽힌다. 근거 없는 의심은 자신의 주관적인 생각이나 타인의 언행에 대한 비논리적인 의심과 추측을 바탕으로 한다.

살면서 누구나 오해를 받아본 경험은 있을 것이다. 이때 중요한 것은 최대한 빨리 오해를 푸는 일이다. 제때 오해를 풀지 못하면 추측으로 발전하고 결국 걷잡을 수 없는 결과를 초래하게 되기 때문이다. 가장 좋은 방법은 내게 의심을 품은 상대와 허심탄회하게 대화를 나누며 사실을 바로잡고 오해를 푸는 것이다.

누군가를 의심하게 됐다면 시간을 두고 냉정하게 생각해 봐야 한다. 그런 뒤에도 여전히 의심이 풀리지 않는다면 의심을 품은 상대와 솔직하게 마음을 터놓고 대화를 해보는 것이 좋다. 상대를 오해한 거라면 즉시 해소될 것이고, 오해가 아니라면 대화를 통해 상대의 생각을 이해하려는 노력이 필요하다. 또한 자신의 의심이 맞았다면 상대와 차분한 대화를 통해 해결 방안을 찾을 수 있다.

Lesson Point

의심을 버리고 상호 이해와 소통을 통해 신뢰를 쌓을 때 우리는 비로소 갈등과 오해를 해소할 수 있다. 이것만이 의심이라는 주술에서 풀려날 수 있는 유일한 방법이다.

Lesson 05 삶에 끌려 다닐 것인가, 삶을 끌어갈 것인가?

세상에는 행복한 사람과 불행한 사람이 있다. 본질적으로는 둘 다 같은 사람이지만, 자신의 마음을 다스릴 수 있는지 여부에 따라 전혀 다른 사람으로 구분된다. 즉, 마음을 평온하게 유지할 수 있는 사람은 행복하지만, 그렇지 않으면 불행해진다.

살다 보면 비이성적인 요소의 영향을 많이 받는데 이때 자신의 마음을 통제하지 못하는 사람은 나쁜 결과를 초래하고 만다. 오랫동안 인류를 괴롭혀 온 비이성적인 요소로는 질투, 분노, 공포, 우울, 긴장, 초조, 의심 등이 있으며, 사람들은 일상적으로 이런 감정을 느끼며 살아간다.

어두운 밤에 사막을 횡단하는 두 사람이 있었다. 물과 식량이 바닥난 상황에서 쉬지 않고 움직인 두 사람은 지칠 대로 지쳤다. 두 사람은 떨어지는 체력을 보충하기 위해 잠시 쉬어가기로 했다. 한 사람이 물었다.

"뭐가 좀 보이나요?"

그러자 나머지 한 사람이 말했다.

"죽음의 그림자가 보여요. 사신이 저를 향해 한 걸음씩 다가오는 것 같아요."

처음 질문을 했던 사람이 웃으며 말했다.

"제 눈에는 밤하늘을 가득 수놓은 별빛이 보이네요. 별빛을 보고 있으니 제가 돌아오기만을 손꼽아 기다리는 아내와 딸의 얼굴이 떠올라요."

얼마 후, 죽음의 그림자가 보인다고 했던 사람은 정말 숨을 거두고 말았다. 사막을 벗어나지 못할 거라는 절망에 빠져 스스로 목숨을 끊은 것이다. 하지만 별빛을 보며 처자식을 떠올린 사람은 별자리를 보며 사막을 벗어날 수 있었다.

사람들은 살면서 수많은 문제에 직면하는데, 이런 문제를 처리하는 과정에서 심리적인 불균형이 출현한다. 심리적인 불균형이 나타나면 '심리적 보상'이 필요하다. 동서고금을 막론하고 위대한 인물들의 성공 비결은 심리적인 균형을 잘 유지한 데 있다. 이들은 심리적인 불균형이 출현하면 '심리적 보상'을 통해 균형을 회복하고 내적 에너지를 보충했다.

그렇다면 '심리적 보상'은 어떻게 이루어지는 걸까?

첫째, 번뇌에서 자유로운 인생은 없다는 사실을 인식해야 한다. '심리적 보상'은 이성과 지혜를 기반으로 한다. 사람은 오욕칠정의 다양한 감정을 가지고 있으며, 불쾌한 일을 겪으면 당연히 기분이 상한다. 이성과 지혜가 부족한 사람은 원망과 불평을 늘어놓고 어디를 가나 사람들을 붙잡고 하소연하기에 이른다. 그렇게 하면 고통에서 벗어날 수 있을 거라고 생각하지만 시간만 낭비할 뿐, 상황은 전혀 개선되지 않는다. 이성과 지혜를 두루 갖춘 사람은 용감히 현실을 인정하며, 그로 인한 고통이 한 번에 사라질 거란 환상을 품지 않는다. 그리고 애초에 그러지 말아야 했다는 식으로 자신의 행동을 후회하지 않고, 누구에게나 일어날 수 있는 일이라고 생각하며 하늘을 원망하지 않는다. 이렇게 정신적인 스트레스를 줄여서 평정심을 되찾는다. 그 후, 사건을 객관적으로 분석하고, 자신의 경험을 총동원하여 문제를 해결하기 위해 적극적으로 노력한다.

둘째, 좌절과 실패를 맛보았다면 '정신승리법'으로 극복한다. 예를 들어, 실패한 일을 두고 '실패는 성공의 어머니'라고 생각하며 스스로 위로하는 것이다. 또는 사람들에게 오해를 사거나 비방을 들으면 '사람은 원래 욕을 먹으면서 성장한다'고 생각한다.

셋째, '심리적 보상'에서 자기위안은 지나친 자기 합리화나 잘못을 위한 변명과 다르다. 자신의 결점과 잘못을 객관적으로 평가하고, 자신에게 엄격한 잣대를 들이댈 수 있는 사람이 되어야 한다.

한 철학자는 말했다. "스스로 내 마음의 주인인 사람은 삶에 끌려 다닐 것인지, 삶을 끌어갈 것인지 마음이 정한 대로 행동한다. 마음의 균형을 유지하는 사람의 인생은 희망으로 빛나고, 마음의 균형을 잃은 사람의 인생은 먹구름이 가득하다."

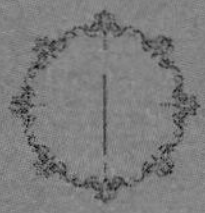

자신의 주인이 되면 인생의 모든 법칙이 변할 것이다. 고독해도 더 이상 외롭지 않고, 빈곤해도
더 이상 가난하지 않으며, 연약해도 더 이상 약하지 않을 것이다.

-하버드 대학교 헨리 데이비드 소로Henry David Thoreau 교수

타인의 가치관에 갇혀 살지 마라

 # 여섯 번째 성공 습관
가치관 수립하기

사람들은 누구나 정도의 차이는 있지만 허영심을 가지고 있다. 허영심은 부정적이고 왜곡된 심리다. 성숙한 사람은 이러한 허영심을 통제해 건강한 방향으로 발전시키고, 명예, 지위, 이해득실, 체면 등에 관한 올바른 인식을 수립할 수 있다. 허영심을 극복하기 위한 방법은 아래와 같다.

- **친구와 함께 자신의 장단점을 써보자** | 허영심을 극복하기 위해서는 자신의 장단점을 객관적으로 평가할 줄 알아야 한다. 따라서 친구와 함께 자신의 장단점을 써보면 부족한 점이 무엇인지 파악할 수 있으며, 자신감을 키울 수 있다.

- **자신에게 사용할 최대 금액을 정해라** | 허영심이 강한 사람은 남들과 비교하길 좋아하며, 남들이 사는 물건은 자기도 가져야 성이 풀린다. 매달 자신에게 사용할 최대 금액을 정해 놓고 그 액수 안에서 자유롭게 사용한다면, 허영심을 억제하는 데 큰 효과가 있을 것이다.

- **퀴즈나 지적 능력을 키울 수 있는 시험에 자주 참여하라** | 허영심이 강한 사람 중에 지적 능력이 뛰어난 사람은 드물다. 그들에게 언뜻 비치는 열정도 허영심을 충족시키기 위한 것에 불과하다. 퀴즈 대회나 백일장, 수학경시대회

에 많이 참여해 보면, 자신의 부족한 점이 무엇인지 알게 된다. 자신의 부족한 점을 채워나가는 과정을 통해 서서히 허영심에서 벗어날 수 있을 것이다.

- **정기적으로 빈곤 체험을 해라** | 정기적으로 빈곤 지역에서 생활하며 자신의 삶을 돌아보면, 얼마나 사치스럽게 살아왔는지 깨닫게 될 것이다. 허영심이 얼마나 무의미하고 위험한 것인지 알게 된다면 건강한 가치관이 자연스럽게 뿌리를 내릴 것이다.

- **거짓말 하지 말라** | 허영심에 빠진 사람들은 많든 적든 거짓말을 잘한다. 거짓된 말로 자신의 허영을 과시하길 좋아하기 때문이다. 따라서 거짓말을 하지 않는 것은 허영심에서 벗어날 수 있는 가장 좋은 방법이다. 사실을 과장하거나 미화시키지 않고 있는 그대로 이야기하려고 노력해 보자. 솔직함을 계속 유지할 수 있다면 허영심도 쉽게 떨쳐버릴 것이다.

- **허영심 없고 소박한 사람과 친구로 지내라** | 허영심 없고 소박한 사람과 친구로 지내면 그에게 좋은 영향을 받아 허영심에서 벗어날 수 있다.

타인과의 비교는 화를 부른다

어느 날, 하느님은 모든 생물들이 다시 태어난다면 무엇으로 살고 싶어 할지 궁금해졌다. 그래서 그들에게 다시 태어난다면 무엇으로 다시 태어나고 싶은지 편지를 쓰게 했다. 그런데 편지를 본 하느님은 깜짝 놀라고 말았다. 편지에는 다음과 같은 내용이 적혀 있었다.

고양이: 다시 태어나면 쥐가 되고 싶어요. 저는 주인의 생선을 몰래 훔쳐 먹다가 맞아 죽었어요. 그런데 쥐는 주방을 이리저리 돌아다니며 마음껏 먹고 마셔도 아무런 일도 일어나지 않더라고요.

쥐: 다시 태어난다면 고양이가 되고 싶어요. 우리는 맛있는 쌀을 먹을 수는 있지만 평생 쌀독에 갇혀 살아야 해요. 무엇에도 구애 받지 않고 자유롭게 돌아다닐 수 있는 고양이가 너무 부러워요.

돼지: 다시 태어나면 소가 되고 싶습니다. 소의 삶이 고단하긴 해도 명성

이 높기 때문입니다. 우리는 게으르고 멍청한 동물로 알려져서 욕을 할 때조차 '돼지 같이 멍청하다'고들 하니 매우 기분이 나쁩니다.

소: 다시 태어나면 돼지가 되고 싶어요. 우리는 풀만 먹고도 날마다 우유를 제공해야 해요. 게다가 힘든 일을 하는데도 누구 하나 칭찬해 주는 사람이 없죠. 돼지는 가만히 앉아서 포동포동하게 살이 오를 때까지 마음껏 먹고 마실 수 있으니 신선놀음과 다를 바가 없더라고요.

매: 다시 태어나면 닭이 되고 싶어요. 닭은 목마르면 물을 마시고, 배고프면 쌀을 먹고, 졸리면 잠을 자요. 그러고도 주인의 보살핌을 받죠. 우리는 일 년 365일 세상을 떠돌며 노숙을 하고, 비바람을 맞으며 살아야 해요. 게다가 사냥꾼의 화살을 피해 다니느라 만성피곤에 시달리고 있어요!

닭: 다시 태어나면 매가 되고 싶어요. 매는 자유롭게 하늘을 날아다니며 토끼나 닭을 잡아먹어요. 우리는 새벽만 되면 알람처럼 소리를 지르고 알을 낳아야 해요. 그리고 언제 잡아먹힐지 몰라 매일 벌벌 떨며 살아야 하죠.

인간의 대답은 더 흥미로웠다.

남자: 다시 태어나면 여자가 되고 싶어요. 여자는 마음껏 응석을 부리고 떼를 쓸 수 있어요. 그리고 한 가정의 아내, 한 나라의 태후나 공주가 되어 남자를 치마폭 아래 꿇어앉히고 지배할 수도 있죠.

여자: 다시 태어난다면 남자가 되고 싶어요. 남자는 모험을 즐기고 거침없이 행동할 수 있어요. 그리고 한 가정의 남편, 한 나라의 왕이나 왕자가 되어 여자를 부릴 수 있죠.

하느님은 크게 노했다.

"모두 남들과 비교하기 바쁘고 자신에 대해서는 잘 알지 못하고 있구나."

그는 모든 편지를 찢으며 말했다.

"모두 예전 그대로 태어나게 하라."

사람들은 습관처럼 남들과 비교한다. 이웃, 친구, 친척은 물론이고 형제자매들과도 끊임없이 비교한다. 그리고 남들과 차이가 날수록 더 크게 화를 낸다.

사실 남들이 정말 나보다 잘났는지 어떻게 알겠는가? 사람은 저마다 장단점을 가지고 있으며, 완벽한 사람은 존재하지 않는다. 중요한 것은 우리 마음이다.

지혜로운 사람은 어떤 상황에서도 삶에 감사하며 행복하게 산다. 변화를 받아들일 줄 아는 사람은 그 속에서 행복을 찾으려 노력하지만, 변화를 받아들이지 못하는 사람은 불행하다. 이들은 다른 사람들과 끊임없이 비교하며 맹목적으로 따라하려 들기 때문이다.

자신의 불행을 원망하며 자신이 갖지 못한 것만 볼 것이 아니라, 마음을 가라앉히고 자신이 가지고 있는 것이 무엇인지 돌아보는 게 중요하다. 내가 가진 것들에 감사하는 마음만 있으면 충분히 행복해질 수 있다.

Lesson Point

다른 사람의 장점과 성공 비결을 분석하고 그것을 자신의 것으로 만들어라. 남들과 비교하며 누가 더 잘났는지 따지지 말고, 겸허하게 상대의 장점을 배우는 자세가 중요하다. 상대가 누구든 자세히 관찰한다면 분명히 배울 만한 점을 발견할 수 있기 때문이다. 이것이 바로 성공의 열쇠다.

 # 나에게
맞는 것이 최고!

곰이 족제비를 만나 말했다.

"내 집은 너무 작아. 일어서면 천장에 머리가 닿고, 잘 때 뒤척이기라도 하면 벽에 몸이 부딪히지."

그러자 족제비가 말했다.

"내 집은 너무 커서 찬바람이 쌩쌩 불고 굴러다녀도 공간이 남을 정도야. 그리고 벌레들까지 들어와 나를 물어."

"그럼 서로 집을 바꾸는 건 어때?"

곰은 말이 나온 즉시 족제비의 집으로 갔다. 그런데 족제비의 집은 손 하나도 안 들어갈 만큼 작았고, 곰은 결국 집 밖에서 추위에 떨며 잠을 청해야 했다.

곰의 집으로 간 족제비는 자신의 집보다 백배는 더 커 보이는 집을 보고 깜짝 놀랐다. 큰 집에 있다가 천적이라도 들어오면 꼼짝 없이 잡아먹힐 게 뻔했다. 겁이 난 족제비는 감히 곰의 집으로 들어가지도 못하고 나무 위로 올라가 잠을 청했다.

다른 사람에게 잘 맞는다고 해서 자신에게도 잘 맞으리란 보장은 없다. 인생은 수많은 선택의 연속이다. 어떤 선택을 하든 자신에게 맞는 것을 고르는 것이 중요하다. 이때 남들에게 과시하고 싶은 마음은 내려놓는 게 좋다.

어느 날, 바닷가에 낚시를 하러 온 사람들 옆으로 관광객이 풍경을 감상하고 있었다. 그때 낚시꾼 하나가 1미터가 넘는 대어를 낚았다. 그런데 대어를 잡자마자 낚시 바늘을 빼고 살려주는 것이 아닌가!

옆에서 지켜보던 사람들은 깜짝 놀랐고 낚시꾼의 대범함에 감탄했다. 그리고 얼마 후 낚시꾼은 다시 한 번 70센티미터나 되는 대어를 잡았다. 그런데 이번에도 역시 잡자마자 물고기를 바다로 방생했다. 그리고 세 번째로 30센티미터 정도의 작은 고기를 잡았다. 사람들은 낚시꾼이 다시 고기를 놓아줄 거라고 생각했다. 하지만 이번에는 고기를 어망에 집어넣는 게 아닌가? 이유가 궁금해진 사람들이 낚시꾼에게 물었다.

"왜 큰 고기는 놓아주고 작은 고기는 어망에 집어넣는 거죠?"

그러자 낚시꾼이 답했다.

"저희 집에 있는 가장 큰 접시가 30센티미터거든요. 너무 큰 고기는 접시에 담을 수 없잖아요."

사람들은 저마다 다른 크기의 접시를 가지고 있다. 중요한 것은 자신이 만족할 수 있는가에 달렸다.

　　　　　　　　　　　　　　　　　　　　　　　　

 자신에게
솔직해져라

영화배우 로이드Lloyd가 자동차 정비소로 들어서자 여자 정비사가 그를 맞이했다. 빠른 손놀림에 예쁜 외모까지 갖춘 정비사는 단번에 그의 시선을 사로잡았다. 하지만 정비사는 유명 배우인 로이드를 보고도 전혀 놀라는 기색이 없었다. 이에 의아하게 생각한 로이드가 물었다.

"영화 좋아하세요?"

"네 좋아해요. 저는 영화광인걸요."

정비사는 열심히 손을 놀리며 대답했다. 동작이 재빠른 그녀는 한눈에 봐도 숙련된 기술자임에 틀림없었다. 아니나 다를까 그녀는 30분도 채 되지 않아 수리를 마쳤다.

"다 됐습니다. 이제 운전하셔도 됩니다."

로이드가 말했다.

"저랑 드라이브 하실래요?

“아닙니다. 아직 할 일이 있어서요.”

그녀는 정중히 거절했다.

“이것도 당신의 일 아닌가요? 제 차를 수리했으니 제대로 굴러가는지 점검해 주셔야죠.”

“네, 그럼 제가 운전할까요? 아님 직접 하시겠어요?”

“부탁드리는 거니 제가 운전하겠습니다.”

차를 타보니 정비는 잘 된 것 같았다. 정비사가 말했다.

“아무런 문제없네요. 그럼 저는 이제 내려도 되겠죠? 아직 할 일이 남았거든요.”

“저랑 같이 있고 싶지 않으세요? 영화를 좋아한다고 하지 않았나요?”

로이드는 정비사가 자신을 알아보지 못하는 게 아닌지 의심스러웠다.

“이미 말씀드렸다시피, 저는 영화광이에요.”

“그럼 제가 누군지 모르세요?”

“어떻게 모르겠어요? 영화배우 로이드 씨잖아요.”

“그런데도 어떻게 이리 무관심할 수 있죠?”

“무관심한 게 아니라 소녀 팬처럼 열광하지 않을 뿐이에요. 당신이 배우라는 직업을 가지고 있는 것처럼 저도 제 일이 있기 때문이에요. 오늘 당신은 정비소를 찾아온 손님이고 저는 정비사로서 최선을 다해 차를 수리했어요. 당신이 유명 배우가 아니더라도 저는 오늘처럼 최선을 다해 차를 수리했을 거예요.”

여자 정비사의 말에 자신의 오만함을 깨달은 로이드는 침묵했다. 그리고 잠시 후 말했다.

“감사합니다. 당신은 제게 큰 가르침을 주었어요. 다음에 또 정비소를 찾게 되면 당신을 찾을게요.”

명예와 이득을 추구하는 사람은 허영심이 강하다. 무대 위의 화려한 모습만 좇는다면 무대 아래의 고독과 적막을 이겨낼 수 없다.

세상에는 자기 인생의 주인으로 사는 사람과 노예로 사는 사람이 있다. 한스 안데르센Hans Andersen이 쓴 『빨간 구두The Red Shoes』에서 여자들은 아름다운 춤을 출 수 있게 해주는 빨간 구두를 신고 싶어 한다. 하지만 남들에게 보여주기 위한 허영심으로 빨간 구두를 신은 주인공은 영원히 춤을 춰야 하는 비극적인 운명을 맞이할 뿐이다.

사람들은 모두 자기만의 빨간 구두를 가지고 있다. 돈, 권력, 사랑 등을 갈구하는 욕망이 꿈틀거린다. 어떤 사람들은 자신의 욕망을 채우기 위해 행복과 인생을 허비하기도 한다. 허영심은 아름답고 매력적이지만 한 번 신으면 영원히 벗지 못하는 빨간 구두와 같다. 빨간 구두를 신고 쉼 없이 춤을 춰야 하는 사람들은 허영심에 삶의 주도권을 빼앗기고 몸과 마음이 피폐해질 뿐이다.

따라서 허영심을 내려놓아야 한다. 끝없는 욕망에 사로잡혀 허영의 노예가 되어서는 안 된다. 인생에서 무엇을 선택하고, 무엇을 포기하든 그것의 가치를 분명히 아는 것이 중요하다.

자기 자신조차 통제하지 못하는 사람에게 어떻게 국가를 맡길 수 있겠는가?

-하버드 대학 졸업생, 존 케네디John Kennedy 미국 대통령

세상을
손에 넣으려면
나를 통제하는 것부터
시작하라

 일곱 번째 성공 습관
자제력 키우기

자제력은 스스로 자신의 감정, 충동, 욕망을 통제하는 힘이다. 넓은 의미의 자제력은 자기 주변의 사건, 현재와 미래에 관한 통제력을 의미한다. 좁은 의미의 자제력은 자신의 인식, 의지, 스스로와의 약속, 그리고 자기 행동의 결과를 예측할 줄 아는 능력을 의미한다.

자제력을 향상시키기 위한 방법은 다음과 같다.

- **매일 아침 그날의 계획을 세워라 |** 일을 할 때 계획적이지 못하면 실패할 가능성이 높다. 매일 아침 그날의 계획을 세우고 행동하는 사람이 효율적으로 일을 처리할 수 있다. 매일 계획을 세워 실천한다면 나날이 발전하는 자신의 모습을 보게 될 것이다.

- **나쁜 습관 없애기 |** 자신의 의지로 좋지 않은 습관을 통제하다 보면 자제력을 키울 수 있다. 게임을 예로 들어, 매일 게임하고 싶은 욕망에 저항하며 끊임없이 노력하면 자연스럽게 게임을 하지 않게 될 것이다. 게임하고 싶은 마음이 들 때마다 다른 일을 하며 그 생각에서 벗어나려고 노력해보자.

- **규칙적인 생활을 해라 |** 자제력은 일상의 크고 작은 일들을 겪으며 자연스럽게 학습되고 훈련된다. 아침 7시에 일어나 밤 10시에 잠드는 규칙적인 습

관을 들이면 자신의 행동을 통제할 수 있게 되고, 자제력도 조금씩 향상될 수 있다.

- **매시간 해야 할 일을 기록해라** | 시간을 통제할 수 있다면 모든 것을 통제할 수 있다. 자신의 시간을 합리적으로 분배하고, 일하고 공부하는 시간과 쉬는 시간을 정확히 나누어 생활할 수 있다면 하루를 충실하게 보낼 수 있다.

- **매일 기분 좋은 일 세 가지씩 찾기** | 긍정적이고 즐거운 마음으로 하루를 산다면 부정적인 생각에서 벗어날 수 있다. 매일 '행복해지기 연습'을 해보자. 매일 기분 좋은 일 세 가지를 찾아 기록하는 연습을 하다 보면 날마다 유쾌한 마음으로 새로운 하루를 맞이할 수 있다. 그러면 부정적인 생각은 사라지고 행복한 기분을 느끼게 될 것이다.

- **게으름을 피우고 싶다면 스스로 각성할 수 있는 경고 메시지를 적어보자** | 어떤 일을 시작하기 전에 스스로 각성할 수 있는 신호를 보내보자. 예를 들어, 권태로운 기분이 들 때 경고 메시지를 적어 잘 보이는 곳에 붙여두면 그것을 볼 때마다 주위를 환기할 수 있다. 이런 메시지는 게으름 피우려 했던 자신을 돌아보며 핑계를 대지 않고 해야 할 일에 집중하도록 만들어 준다.

모든 일에는 정도가 있다

사람은 누구나 욕망을 가지고 있으며, 아름답고 행복한 인생을 꿈꾼다. 하지만, 이러한 욕망이 비정상적인 욕구나 무절제한 탐욕으로 바뀐다면 사람은 욕망의 노예로 전락할 것이다. 많이 가졌다고 해서 그만큼 행복해지는 게 아닌 것처럼 모든 일에는 정도가 있는 법이다. 정도를 아는 사람은 즐겁지만, 정도를 모르는 사람은 불행하다.

영국이 인도를 통치하던 시기, 인도에 사는 영국인들은 오만하고 제멋대로 행동했다. 어느 날, 한 영국 장교가 말을 타고 가던 중 지폐가 가득 든 지갑이 바닥으로 떨어졌다. 그런데 지갑을 주우려고 보니 감쪽같이 사라져 보이지 않았다. 그때 마음씨 착한 인도인이 지갑을 주워 주인을 찾던 중에 초조한 모습으로 주위를 두리번거리는 영국 장교가 눈에 들어왔다.

"선생님, 뭘 찾고 있나요?"

"지갑을 잃어버려서 찾고 있는 중이에요."

이에 인도인은 바로 길에서 주운 지갑을 돌려주었다. 영국 장교는 순진한 인도인을 속일 요량으로 지갑을 열어 돈을 세어보고는 이렇게 말했다.

"지갑에는 5파운드짜리 지폐 70장이 들어있었는데 여기에는 60장 밖에 없군요. 어서 훔쳐간 지폐 10장을 돌려주세요. 그렇지 않으면 가만있지 않을 거요!"

인도인은 영국 장교가 사기를 친다는 사실은 꿈에도 모른 채 자신이 돈을 가져가지 않았다고 해명했다. 하지만 영국 장교는 막무가내로 돈을 내놓으라며 따졌고 인도인과 함께 경찰서로 갔다. 경찰은 사건을 접수했고 두 사람은 판사 앞에 서게 되었다.

판사는 두 사람의 진술을 들은 뒤 생각에 잠겼다. '인도인이 돈을 훔친 거라면 왜 지갑을 돌려주었을까? 그리고 지갑에는 지폐가 빼곡히 들어있어 더 이상 돈을 넣을 수도 없어 보여. 영국 장교가 거짓말을 한 게 틀림없군.' 판사는 지폐 10장을 영국 장교에게 주며 말했다.

"지폐 10장을 지갑에 넣어보시오."

영국 장교는 안간힘을 써도 지폐 10장을 지갑에 넣지 못했다. 판사는 그에게 지갑을 뺏어 인도인에게 주며 말했다.

"당신은 잘못이 없습니다. 장교의 지갑은 지폐 70장이 들어갈 수 있는 크기라고 했는데, 이 지갑에는 60장 밖에 들어가지 않습니다. 그러니 장교의 지갑이라고 볼 수 없습니다. 장교는 다른 곳에서 다시 지갑을 찾아보는 게 좋겠습니다."

영국 장교는 본전도 못 찾고 자신이 놓은 덫에 스스로 걸리고 말았다.

하버드 대학에서는 학생들에게 이렇게 가르친다.

"욕심이 많으면 모든 것을 잃게 된다."

인류의 역사를 돌아보면 탐욕이야말로 인류의 가장 큰 적이다. 레프 톨스토이는 말했다.

"욕망이 줄어들수록 행복이 커진다."

이는 천고불변의 진리이다. 끝없는 욕망은 채워지지 않으며, 탐욕스러운 자는 결코 행복해질 수 없다.

사람들은 많은 것을 가지고도 욕망에 눈이 멀어 부족하다는 생각으로 살아간다. 심지어 더 많이 가진 사람을 증오하거나 남들이 나보다 더 많이 가지지 않길 바라며 항상 분노와 절망을 느낀다. 그리고 욕망이 많아질수록 마음은 가난해진다. 따라서 넘치는 욕망을 덜어내야 한다. 욕망의 굴레에서 벗어나야 마음의 평온을 회복할 수 있다. 무엇이든 남들과 비교하지 말고 스스로 통제할 수 있어야 한다. 정도를 아는 사람은 성공할 것이고, 정도를 모르는 사람은 실패할 것이다. 많이 가져서 반드시 행복하고, 적게 가져서 반드시 불행한 것은 아니다. 지나치게 많이 가지면 오히려 더 큰 화를 불러온다는 사실을 잊지 말자.

탐욕은 행복의 가장 큰 적이다. 진정으로 행복해지고 싶다면 자족하는 법을 배워야 한다. 가난과 부유는 모두 내 손에 달렸다. 자신의 결점을 받아들이고 인생의 불완전성을 이해한다면 더 행복한 삶을 살 수 있다.

욕망에 관해 미국 인본주의 심리학자 에이브러햄 매슬로Abraham Maslow는 '욕구 단계설'을 제시하며, 인간의 욕구를 생리 욕구, 안전 욕구, 애정 욕구, 존경 욕구, 자아실현 욕구의 5단계로 나누었다. 인간은 모두 이 다섯 가지 욕구를 가지고 있으며, 서로 다른 시기에 서로 다른 절박함으로 욕구를 표출한다. 이때 가장 절박한 욕구는 인간의 행동을 유발하는 강력한 동기로 작용한다.

　　

Lesson 03 긍정적인 에너지를 흡수하고 의지의 비밀을 파헤쳐라

의지력은 대뇌 작용의 일종이자 특수한 에너지를 뜻한다. 의지력은 많은 정보를 가지고 있는 비물질적 의식으로, 물질의 변화에 영향을 미치는 신비한 힘이다.

브룩은 한 해에 2만 파운드 이상의 매출을 올리는 잘나가는 판매원이었는데, 최근 3개월 동안은 하는 일마다 꼬였다. 열심히 손님을 설득해 계약서에 서명을 하기 직전에 번번이 상황이 뒤집어져 계약을 놓치게 되니, 정말 귀신이 곡할 노릇이었다. 이러한 상황은 3개월 전, 계약을 하기로 한 의사가 약속을 파기하면서부터 시작되었다. 그때부터 그는 고객이 언제라도 계약을 파기할 수도 있다는 두려움 속에 살았다. 그러한 두려움은 점점 우울함과 초조함, 적대심으로 변했고, 언젠가는 안 좋은 일이 일어날 것이라는 망상에 휩싸였다. 그는 자신이 마음의 병을 앓고 있다는 사실을 알게 되었다.

"나는 내 의지를 믿는다. 나는 어떤 장애물이나 역경도 이겨낼 수 있다. 나는 지금 내 생의 가장 찬란하고 행복한 순간을 살고 있다. 나는 내 의지로 뭐든 할 수 있다. 내 삶의 목표는 최상의 서비스를 제공하여 모든 사람을 행복하게 하는 데 있다. 나의 모든 행동은 하느님의 뜻이기에 항상 최상의 결과를 얻을 것이다."

브룩은 매일 아침 일을 시작하기 전과 잠들 기 전, 마음속으로 이렇게 되뇌었다. 그리고 얼마 후, 이러한 믿음은 그의 무의식으로 자리 잡았고 다시 잘나가던 예전의 삶을 회복하게 되었다.

브룩은 마음의 균형을 잃었던 것이다. 그의 초조함과 두려움의 원인은 외부적인 요인이 아니라 자기 안에 있었다. 그는 자신의 마음을 통제하기 위해 노력했고 그리하여 스스로 시련을 극복할 수 있었다.

의지력은 신비한 힘을 가지고 있다. 우리는 자신이 믿는 대로 뭐든 할 수 있는 존재다. 벨기에의 한 병원에서는 이러한 신비한 힘(의학적으로는 '최면 마취'이라고 칭함)을 이용해 마취제 없이 수천 명의 환자를 수술한 기록이 있다. 60세 이상의 한 노인은 마취제 없이 피하 지방종을 적출했는데, 의사의 언어암시만으로 피부 절제, 암세포 적출, 봉합의 전 과정을 성공적으로 수행했다. 인간의 의지력을 이용한 이 수술은 부작용을 동반하지 않았음은 물론이고, 수술용 메스로 인한 감염 확률도 아주 낮았다.

스스로 한계를 정해 버리는 사람은 의지력에도 한계가 설정되기 마련이다. 인간의 의지력은 긍정적인 영향을 미치기도 하고, 부정적인 영향을 미치기도 한다. 따라서 스스로 긍정적인 암시를 하는 것이 중요하다. 긍정적인 심리암시를 반복하다 보면 부정적인 생각을 떨쳐버릴 수 있다.

그렇다고 모든 의지력이 긍정적인 심리암시로 이어지는 것은 아니다. 예를 들면, 1차 시험에서 좋은 성적을 받지 못한 수험생은 대부분 불안과 초조, 두려움 등의 부정적인 감정에 빠지기 일쑤다. 이런 감정을 즉시 다스리지 못하면 자신감을 잃고 다음 2차 시험도 망칠 가능성이 높은데, 이것이 바로 부정적인 심리암시다.

긍정적인 암시는 부정적인 암시와 정반대다. 사람의 마음을 위로하고 편안하게 만들어주어 자신감을 향상시키고 좌절과 시련을 극복할 수 있는 원동력을 제공한다. 따라서 어떤 일이든 긍정적인 심리암시로 극복할 수 있다.

긍정적인 심리암시 방법은 다양하지만, 본질적으로 보면 자신에게 긍정적인 말을 함으로써 무의식에 긍정적인 생각을 심어주는 것이다.

"나는 할 수 있다, 나는 예쁘다, 나는 똑똑하다, 나는 시간을 낭비하지 않으며, 매 순간 필요한 일을 한다." 등을 예로 들 수 있다.

Lesson Point

의지력은 올가미고, 감정은 올가미 속의 호랑이와 같다. 올가미가 튼튼하고 안정적이라면 호랑이가 뛰쳐나올 일은 없다. 따라서 의지력을 강하게 단련시키고, 내 안의 신비한 힘을 믿어보자.

하버드 심리학 수업

20세기 말에 조지 굿하트George Goodheart 박사는 최초로 '운동역학'이라는 전문용어를 제시했다. 그는 몸에 좋은 영양물질의 자극은 근육의 힘을 증가시키지만, 인체에 해로운 영양물질로 인한 자극은 근육의 힘을 약화시킨다는 사실을 발견했다. 1970년대 말에 존 다이아몬드John Diamond 박사는 이를 '행동 운동역학'이라는 개념으로 발전시켰다. 그는 신체적 자극 외에, 긍정적 또는 부정적인 감정의 자극도 근육의 힘을 강화하거나 약화시킬 수 있다고 주장했다.

 # 포기하는
법을 배워라

사람들은 어떤 일이든 '포기'하지 말아야 한다는 생각을 하며 살아간다. 우리는 어릴 때부터 한 번 시작한 일은 중간에 포기하지 않고 끝까지 해야 한다는 교육을 받아왔다. 하지만 끝까지 하려는 끈기와 의지는 집착과 다르다는 사실을 명심하자. 인생을 살다 보면 갈 길을 잃고 방황하는 사람들이 많은데, 이들은 하나같이 '내가 하고 싶은 일'이 아니라 '내가 반드시 해야 하는 일'을 하며 살아간다. 그리고 이상과 현실의 차이로 인해 괴로워한다.

하버드 대학의 울프 박사와 동료들은 보스턴의 브리검 영Brigham Young '시각 관찰 실험실'과 '여성병원'의 지원자를 대상으로 수천 장의 사진을 보여주는 실험을 진행했다. 이들은 실험 지원자들에게 복잡한 배경에서 사진을 보여준 뒤, 망치나 스패너와 같은 공구 사진을 보았는지 질문했다.

실험에서 공구 사진의 등장 횟수가 증가할수록 지원자들의 판별력도 증가했으며, 실수하는 비율은 7%에 그쳤다. 하지만, 공구 사진의 등장 횟수가 감소할수록 지원자들의 판별력은 급격히 떨어졌고, 실수하는 비율도 30%까지 올랐다.

실험은 사람들의 '문턱 낮추기' 심리를 잘 보여준다. 즉, 사람들은 노력의 성과가 일정 시간 안에 증명되지 않으면 하던 일을 포기하게 된다. 실험 지원자들은 공구 사진의 등장 횟수가 줄어들수록 공구를 찾으려는 일을 더 빨리 포기했다.

실험 결과가 증명하듯이, 인간은 본능적으로 장애물을 만나면 빨리 포기해버리는 특성을 가지고 있다. 사실 인생을 살면서 모든 것을 다 가질 수 있는 사람은 없으며, 반드시 무언가를 포기해야 한다. 포기하지 않으면 탐욕에 눈이 멀어 결국엔 아무것도 손에 넣지 못하게 될 수도 있다. 하지만, 포기하고 나면 좀 더 가볍고 홀가분한 마음으로 앞으로 나아갈 수 있다. 살다 보면 권력을 내려놓아야 할 때도 있고, 기회를 남에게 양보해야 할 때도 있다. 여기에서, 포기한다는 것은 모든 것을 잃어버렸다는 의미가 아니다. 포기함으로써 얻게 되는 것도 있다. 따라서 포기란, 더 나은 결과를 위한 과정이다.

인생의 모든 일은 계속할지, 포기할지를 끊임없이 선택해야 한다. 신문을 예로 들면, 첫 장의 헤드라인 뉴스에서 마지막 장의 드라마 평론까지 편집자의 선택이 만들어낸 결과다. 좁은 지면에 빼곡히 들어간 각각의 기사는 수많은 기사를 포기하고 선택된 것이다.

인생도 마찬가지다. 무언가를 선택했다는 것은 무언가를 포기했다는 의미다. 사람들은 항상 포기하기를 아쉬워하며, 포기한 후에는 매우 괴로워한다. 하지만 인생이란 포기하기를 아쉬워하기 때문에 더 가치 있는 것이다.

인생을 살다 보면 뜻밖의 시련이 찾아와 우리를 당혹스럽게 할 때가 있는데, 이때도 포기하는 법을 배워야 한다. 조급한 마음을 포기하고 맘 편히 기회가 올 때를 기다리다 보면 초연해질 수 있을 것이다. 설사 그런 경지에 이르지 못하더라도 포기하는 법을 안다면, 삶의 부담감에서 벗어나 홀가분해질 수 있다.

Lesson 05 모든 일은
내 손에 달려 있다

아래의 세 인물 중 한 사람만이 사람들의 존경과 사랑을 받는 위인이고 나머지 둘은 아니다. 이들이 앞으로 어떤 인생을 살게 될지 추측해보자.

첫 번째는 미신에 열광하고, 두 명의 정부를 가졌던 인물이다. 술과 담배를 무척 좋아했다.

두 번째는 회사에서 두 번이나 쫓겨난 경험이 있는 인물이다. 매일 오후까지 잠을 자고 밤마다 술에 취해 살았다. 마약을 복용했던 기록도 남아 있다.

세 번째는 예술을 유달리 좋아했던 전쟁 영웅이다. 채식주의자였고 술은 가끔씩 즐기는 정도며 젊었을 때 한 번도 법을 어겨본 적이 없다.

세 명 중 누구를 선택했는가? 뉴저지 주 작은 마을에 위치한 중학교 학생들처럼 세 번째 인물을 선택했는가? 그렇다면 페일러 선생님에게 따끔한 잔소리를 듣게 될 것이다.

뉴저지 주 작은 마을에 위치한 중학교에는 문제아만 모아 놓은 학급이 있었다. 그 반에는 마약에 손을 댔던 학생, 교도소를 제집 드나들 듯 했던 학생, 낙태를 세 번이나 했던 학생 등 부모가 두 손 두 발 다 든 학생들이 모여 있었다.

어느 날, 젊고 아름다운 페일러 선생님이 그들의 새로운 담임이 되었다. 새 학기가 시작된 첫날, 강단에 선 페일러 선생님은 다른 선생님들처럼 권위를 내세우거나 훈계를 하지 않았다. 그녀는 부드러운 목소리로 말했다.

"세 명 중에서 여러분이 원하는 인생은 무엇인가요?"

세 명의 인물 중에서 세 번째 사람이 아이들에게 가장 많은 표를 받았다. 첫 번째, 두 번째 사람은 범죄자나 사회 낙오자가 될 것 같다는 의견이 많았고, 세 번째 사람은 위대한 인물까지는 아니더라도 반드시 필요한 인재가 될 것 같다고 말했다. 하지만 페일러 선생님의 정답을 들은 아이들은 깜짝 놀랐다.

"여러분이 내린 결론은 아마 보편적인 사람들의 판단과 일치할 거예요. 하지만 이번에는 예외예요. 세 사람은 세계적으로 유명한 인물이에요. 첫 번째는 자신의 장애와 맞서 싸운 프랭클린 루스벨트Franklin Roosevelt 대통령이에요. 미국의 4대 대통령이죠. 두 번째는 영국 최초의 수상 윈스턴 처칠Winston Churchill이고, 세 번째는 수만 명의 무고한 목숨을 앗아간 나치당의 당수 아돌프 히틀러Adolf Hitler 랍니다."

학생들은 조용히 선생님의 말에 귀를 기울였다.

"여러분의 인생은 이제 막 시작되었어요. 지난날의 잘못은 과거일 뿐, 그것이 여러분의 인생의 전부라고 말할 수는 없어요. 진짜 인생은 지금 이 순간과 미래에 어떻게 하느냐에 따라 달라질 거예요. 지금부터 자신의 꿈을 위해 최선을 다하고 목적지를 향해 숨이 찰 때까지 달려보세요. 현재와 미래는 바로 여러분의 손에 달려 있으니까요.”

사람들은 저마다 하나의 문을 가지고 있다. 이 문을 언제 열고 닫을지 결정할 수 있는 사람은 자기 자신밖에 없다. 그 누구도 자신을 대신할 수 없다. 긍정적인 사고와 열린 마음만 있으면 자기 인생을 오롯이 자신의 것으로 만들 수 있다.

페일러 선생님의 말 한마디는 문제아로 낙인 찍혔던 26명의 운명을 바꿔놓았다. 선생님의 말을 가슴에 새긴 아이들은 자라서 의사, 판사, 파일럿 등 자신의 꿈을 이루었다. 그 반에서 가장 말썽을 피웠던 로버트 해리슨은 훗날 월가Wall Street의 펀드 매니저가 되어 과거를 회상했다.

“당시 우리는 남들처럼 자신의 삶을 운명에 맡겨 버렸어요. 하지만 페일러 선생님은 달랐죠. 선생님은 항상 ‘과거는 중요하지 않아요. 현재와 미래에 충실하세요.’라고 말씀하셨어요.”

Lesson Point

우리는 잘났든 못났든 자기 인생의 주인공이다. 주인공은 결코 관객이 되어서는 안 된다. 무슨 일이 있어도 굴하지 않고, 자신을 최고의 주인공으로 만들기 위해 최선을 다해야 한다.

하버드 심리학 수업

심리학에서 자아실현이란 개인이 발전할 수 있는 최고의 경지를 뜻한다. 이 경지에 이르면 기본적인 욕구와 결핍으로 인한 근심에서 해방될 수 있다. 대부분의 사람들은 자아실현을 마지막 목표로 삼지 않고, 발전의 원동력으로 생각한다. 우리는 자아실현을 통해 자신의 잠재된 자질과 능력을 발굴해 낼 수 있다.

기회가 찾아오면 신속하고 정확하게 '포착'해라, 기회는 결코 기다려 주지 않는다.

-하버드 대학 졸업생, 조지 부시|George Bush 미국 대통령

Chapter 08

나의 몸과 마음을 이용하는 방법을 배워라

 여덟 번째 성공 습관
행운 부르기

'왜 나는 항상 재수가 없지?'라는 생각에 빠져 사는 사람들이 있다. 하지만 '모두 마음먹기에 달렸다.'라는 옛말처럼 스스로 행운아라고 생각하는 사람에게는 좋은 일이 생기고, 재수 없다고 생각하는 사람에게는 나쁜 일이 생기기 마련이다. 긍정적인 생각은 긍정적인 결과를, 부정적인 생각은 부정적인 결과를 불러온다.

행운을 불러오고 싶다면 아래와 같은 노력을 해보자.

- **가슴을 활짝 펴고 걸어라 |** 인간의 모든 행동은 정신에서 나온다. 고개를 들고 가슴을 활짝 편 채 걸어보자. 몸처럼 마음도 곧게 펴지면서 더 기운이 날 것이다. 행운의 여신도 몸과 마음의 준비가 된 사람에게 고개가 돌아간다.
- **정기적으로 고아원을 방문해라 |** 불행하다고 느껴진다면 고아원이나 양로원, 병원을 방문해보라. 세상에 나보다 불행한 사람이 얼마나 많은지 알게 된다면 마음이 조금은 홀가분해질 것이다.
- **주말에는 늦잠을 즐겨라 |** 주말에는 늦잠을 즐기는 것도 좋다. 평소의 긴장감을 풀고 편안한 마음으로 주말을 보내보자. 우울함이 사라지고 기분이 좋아질 것이다. 긍정적인 생각이 행운을 불러올 것이다.

- **휴일에 하고 싶었던 일 다섯 가지를 해보자 |** 휴일에는 평소 좋아했지만 자주 할 수 없었던 일 다섯 가지를 해보자. 예를 들면, 예쁜 옷을 사고, 영화를 보고, 음악을 듣고, 좋아하는 책을 사고, 조용한 카페에서 커피를 마시며 거리의 사람들을 구경한다.

- **긍정적인 사람에게 배워라 |** 긍정적인 태도를 가지려면 긍정적인 사람과 함께 있어야 한다. 주변에서 긍정적인 사람을 찾거나 책에서 긍정적인 인물을 찾아서 그들의 삶의 태도를 배워보자. 예를 들면, 헬렌 켈러Helen Keller의 『사흘만 볼 수 있다면Three days to see』을 읽어보는 것도 좋다. 그러다 보면 점점 그들의 긍정적인 생각과 행동을 자연스럽게 따라하게 될 것이다.

- **매일 일기를 써라 |** 사람들은 행운이란 신이 내려주는 기적이라고 생각하고 자신에게 기적이 일어나기를 바란다. 하지만 성실한 사람들은 '기적'을 바라지 않고도 행운을 얻는다. 행운의 여신은 하루하루 최선을 다하고 어떤 시련 속에서도 성실히 자신의 삶을 지탱하는 사람들을 찾아간다.

 # 모든 행운은
우연히 찾아오지 않는다

어느 퇴직한 노교수는 산간벽지의 학교를 방문하며 현지 교사들과 경험을 나누었다. 평소 학생들을 아끼고 사랑하는 노교수였기에 어딜 가나 환영을 받았다.

하루는 어느 산촌 학교를 방문하고 길을 나서는데 헤어지기 아쉬워하는 아이들이 따라 나와 인사했다. 그 모습에 감동한 노교수는 다음에 다시 올 것이며, 자신의 책상을 깨끗이 치워 놓은 학생에게는 선물을 주겠다고 약속했다.

노교수가 떠나자 아이들은 매주 수요일 아침마다 책상을 깨끗이 정리했다. 노교수는 한 달에 한 번 수요일에 학교를 방문하기로 했는데 몇째 주 수요일에 올지 몰랐기 때문에 매주 수요일마다 책상을 정리하기로 한 것이다.

그런데 한 학생의 생각은 다른 아이들과 달랐다. 노교수의 선물을 반드시 받고 싶었던 그 학생은 노교수가 수요일이 아닌 다른 요일에 방문할 수도 있다고 생각하며 매일 책상을 청소했다.

하지만 오전에는 깨끗했던 책상도 오후가 되면 다시 어지럽혀지기 일쑤였다. 그러자 그 학생은 다시 고민에 빠졌다. 그리고 노교수가 오후에 올 것을 대비해 오후에도 책상을 청소했다. 그런데 청소한 책상은 1시간 만에 다시 어지럽혀졌고, 학생은 매 시간마다 청소를 했다. 그리고 마지막에는, 노교수가 언제 오더라도 그의 깨끗한 책상을 볼 수 있게 수시로 청소를 하게 되었다.

훗날 노교수가 선물을 가져오지 않았다고 해도 이 학생은 이미 특별한 선물을 받은 것이나 다름없다. 평생 성공할 절호의 기회를 기다리며 사는 사람이 많다. 하지만 사실, 기회는 어디에나 존재한다. 중요한 것은 기회가 찾아왔을 때 잡을 준비가 되어 있느냐다.

매번 널뛰기를 하는 주식시장에서 사람들은 쉽게 몸을 빼지 못한다. 주식 현황을 알리는 화면의 숫자가 초록색으로 바뀔 기도하며 수중의 주식이 휴지조각으로 전락하지는 않을까 노심초사한다.

주식시장은 리스크가 크기 때문에 투자를 할 때는 아주 신중해야 한다. 하지만 이렇게 요동치는 주식시장에서도 언제나 자신만은 낮은 가격에 사서 높은 가격에 팔 수 있다는 자신감으로 무장한 사람들이 있다. 행운의 여신이 특별 관리라도 하는 것처럼 이들은 결코 투자에 실패하는 법이 없다. 설령 문제가 터져서 울고불고 난리를 치다가도 상황이 악화되기 전에 자금을 회수하는 데 성공한다.

'왜 이들은 언제나 재수가 좋을까? 왜 이들에게는 항상 기회가 주어질까? 왜 늘 적절한 시기에 올바른 판단을 할 수 있을까?'

세상에 완벽한 사람은 없으며, 미래를 예측할 수 있는 사람도 없다. 아무리 세심하게 신경을 쓰는 사람도 생각하지 못한 부분은 있기 마련이다. 사실 '운'이라는 게 우리의 삶에 큰 영향을 미치는 것은 부인할 수 없는 사실이다. 하지만 무슨 일이든 사전에 충분히 준비하고, 관련 정보를 수집해 분석하며, 촉각을 곤두세우고 그 일을 위해 노력한다면 미래의 변화를 예측하는 게 완전히 불가능한 것만은 아니다.

지금도 늦지 않았다. 기회를 기다리는 동시에 기회를 잡기 위한 철저한 준비를 해보자. 기회는 준비된 자만이 잡을 수 있다.

Lesson 03 스스로 괴롭히지 말고, 역경 속에서도 미소를 잃지 마라

아주 오래 전, 이란(당시 페르시아)을 통치하던 샤shah 왕조는 국법에 따라 궁전을 짓되 '거울의 방'도 만들고 싶었다. 그는 베르사유 궁전을 사방이 거울로 된 홀처럼 꾸미길 원했다.

건축사는 '거울의 방'을 만들기 위해 거울을 사들였다. 그런데 운반하는 도중에 거울이 모두 깨지고 말았다. 이를 본 샤 국왕은 자신의 꿈을 실현하지 못하게 되었다며 크게 절망했다.

그때 함께 낙담에 빠져 있던 건축사가 묘안을 생각해냈다. 망치로 거울을 완전히 박살내 조각으로 만들어 그것을 기둥에 붙이기로 한 것이다. 그렇게 만들어진 '거울의 방'은 베르사유 궁전보다 훨씬 아름다웠고, 샤 국왕은 크게 만족했다.

거울이 깨졌다면 목표를 이룰 수 있는 다른 방법을 찾아보는 게 좋다. 깨진 거울을 안고 눈물만 흘리고 있다가는 영원히 해결책을 찾을 수 없다.

그러니 역경이 찾아온다면 슬픔에 빠져 쓸데없이 에너지를 낭비할 게 아니라, 불리한 국면을 해소할 수 있는 방안에 집중해야 한다. 상황을 정확히 파악하고 자신에게 유리한 방향으로 이끌 수 있어야 역경에서 벗어날 수 있다.

인생이란 순탄하게 흘러갈 때도 있지만, 그렇지 않을 때도 많다. 그러니 편안할 때 위기를 준비하는 자세를 가져야 한다. 행운을 잡았다고 해서 머물러 있어서도 안 되며, 불행이 찾아왔다고 해서 좌절에 빠져 있어서도 안 될 것이다.

Lesson Point

역경은 절대적이고, 행운은 상대적인 것이다. 그러니 자신을 괴롭힐 필요는 없다. 역경 속에서도 미소를 잃지 않는 사람만이 그 안에서도 행운을 발견할 수 있다.

하버드 심리학 수업

심리학에서 좌절이란 개인의 의지와 행동이 극복할 수 없는 장애물을 만나 원하던 목표를 실현하지 못하고 부정적인 감정을 초래하는 것을 뜻한다.

 # 인생의
기회를 잡아라

　두 아들을 둔 남자가 있었다. 크리스마스 전날, 남자는 형제를 위해 서로 다른 선물을 준비해서 트리 밑에 숨겼다. 다음 날, 일찍 잠에서 깬 형제는 크리스마스트리에서 선물을 찾았다. 큰아들은 공기총과 자전거, 축구공을 찾았다. 그런데 이상하게도 큰아들은 선물을 보고도 즐거워하지 않고, 오히려 얼굴에 수심이 가득해졌다.

　"선물이 마음에 안 드니?"

　그러자 큰아들이 대답했다.

　"생각해 보세요. 제가 공기총을 가지고 놀다가 이웃집 창문을 깨뜨리면 엄청 혼날 게 분명하잖아요. 그리고 자전거는 너무 마음에 들지만 잘못해서 나무에 부딪치기라도 하면 넘어져서 상처가 날지도 몰라요. 이 축구공도 발로 차면서 놀다가는 제 발이 남아나지 않을 거라고요."

　작은아들도 크리스마스 선물을 찾았다. 그런데 종이봉투만 있을 뿐 그

안에는 아무것도 들어 있지 않았다. 종이봉투를 확인한 작은아들은 큰 소리로 웃으며 집안을 구석구석 돌아다니며 무언가를 찾기 시작했다. 그 모습을 본 남자가 물었다.

"왜 그렇게 기분이 좋지?"

작은아들이 말했다.

"제 크리스마스 선물은 똥이에요. 이것은 분명히 우리 집 어딘가에 강아지가 있다는 거 아닐까요?"

집안 여기저기를 뒤지던 작은아들은 마침내 강아지를 발견하고는 이렇게 외쳤다.

"제 말이 맞죠? 메리 크리스마스!"

사실, 모든 일이 다 마찬가지다. 긍정적인 생각은 좋은 결과를 가져오고, 부정적인 생각은 나쁜 결과를 가져오기 마련이다.

바이오 산업계의 신화적 인물로 손꼽히는 로버트 스완슨Robert Swanson은 가족 중에 유일하게 대학 졸업장을 가진 사람이었다. 그는 고등학교를 졸업하고 매사추세츠 공과 대학에 입학했다.

그는 대학에서 그다지 특출한 학생은 아니었다. 대학교 4학년 때 화학에서 경영학으로 전공을 바꾼 스완슨은 MIT 슬론 경영대학원을 졸업하고, 유명한 시티은행에 취직하는 길을 택했다. 그리고 4년 뒤, 그는 샌프란시스코의 전설적인 투자회사인 클라이너 퍼킨스Kleiner Perkins Caufield & Byers로 이직해 컴팩Compaq, 로터스LOTUS, 탠덤Tandem, 선마이크로시스템스Sun Microsystems 등 회사와의 투자를 성공시켰다.

스완슨은 클라이너 퍼킨스에서 허버트 보이어Herbert Boyer를 알게 되었다. 두 사람은 처음 만나자마자 합작회사를 차리기로 합의하고 'DNA 재조합 기술'을 연구하기 시작했다. 스완슨은 자금과 마케팅을 담당하고, 보이어는 훗날 노벨상을 안겨다줄 과학연구에 집중했다.

보이어의 연구는 큰 성과를 거두었다. 시장에 출시된 6대 바이오 과학 상품 중 휴먼 인슐린, 인터페론interferon, 성장호르몬, TPA 항응고제의 4개가 두 사람의 손에서 탄생했다.

1980년 10월 14일, 보이어를 만난 지 채 5년도 되지 않았을 때 스완슨에게 첫 번째 행운이 찾아왔다. 그들의 합작회사가 사람들의 기대를 한 몸에 받으며 주식시장에 상장된 것이다. 그리고 상장이 끝났을 때 스완슨의 몸값은 5억 달러로 올라가 있었다.

존 록펠러John Rockefeller는 말했다.

"열심히 노력만 하는 사람에게 부족한 것은 돈을 벌 시간이다."

사업에서 성공하고 경제적인 부를 누리고 싶다면 노력만으로는 부족하다. 지혜를 끌어 모아 적극적으로 기회를 만들 줄 알아야 성공할 수 있다. 운명도 결국엔 자신이 원하는 방향으로 흘러가게 되어 있다. 행운을 잡고 싶다면 자신의 선택에 확신을 가지고 끝까지 밀고 나갈 수 있어야 한다.

하버드 심리학 수업

미국의 한 경영학자는 남들이 하고 싶지 않은 일을 하는 사람이 성공한다고 말했다. 즉, 다른 사람이 감히 생각할 수 없는 일을 생각하는 사람만이 남들이 할 수 없는 일을 할 수 있다.

행운과 불행은
생각하기 나름이다

영화가 세상에 나온 지 얼마 되지 않았을 때였다. 프랑스 파리에서는 〈통곡의 벽Wailing Wall〉이라는 단편영화가 상영되었는데, 군중이 벽을 밀어서 무너뜨리는 장면으로 끝이 나는 영화였다. 그런데 당시 영사기사였던 프로미오는 실수로 필름을 인화하지 않은 채 상영하는 바람에 화면이 정반대로 나오고 말았다. 영화는 무너졌던 벽이 서서히 일어나면서 시작되었다. 거꾸로 시작하는 영화를 본 관중은 박장대소했고, 깜짝 놀란 프로미오는 영사기를 바로 끄고 황급히 자리를 피했다. 그 일이 있은 뒤 프로미오는 생각했다.

'이것이 새로운 영화 촬영기법이 될 수 있지 않을까? 이제까지와는 전혀 다른 참신한 시각효과를 가져다줄지도 몰라.'

훗날 그는 고의로 화면을 거꾸로 촬영하는 기법을 영화에 접목시키는 데 성공했다. 물속으로 뛰어든 여인의 두 발이 물 밖으로 뚫고 올라가면서 몸이 180도로 회전해 가볍게 다이빙대로 돌아가는 장면을 만들어낸 것이다. 그의 독특한 촬영기법은 사람들의 열렬한 환호를 받았고, 그때부터 영화 속에 자주 사용하게 되었다.

실수를 '기회'로 바꿀 수 있다면 천재가 틀림없다. 사실 이런 천재가 될 가능성은 누구에게나 있다. 실수는 누구나 할 수 있지만, 그것을 좋은 기회로 받아들일 것인지는 마음먹기에 달렸다. 긍정적으로 생각하는 사람은 실수 속에 숨겨진 행운을 찾아낼 수 있다.

인생의 갈림길에서 넓고 평탄한 길을 선택한다면 아무런 역경 없이 편안한 여정을 즐길 수 있지만 자신을 단련할 수 있는 경험은 하지 못할 것이다. 반대로 좁고 험난한 길을 선택한다면 고통을 느끼겠지만 역경으로 위장한 행운을 발견할 수 있을 것이다.

Lesson Point

프랑스 철학자 장 자크 루소Jean Jacques Rousseau는 말했다. '불행은 가장 훌륭한 스승이지만, 수업료가 비싸서 그로 인한 보상이 아무리 많아도 우리가 지불한 학비를 초과하지 못한다.' 이 말처럼 우리는 불행한 경험을 통해 인생의 교훈을 얻지만, 그로 인한 고통은 뼛속 깊이 사무쳐 영원히 잊지 못할 상처로 남기도 한다.

하버드 심리학 수업

미국의 심리학자 D.슈워츠D. Schwartz는 모든 '불행한 사건'은 우리가 불행하다고 생각하는 상황에서만 일어난다고 주장했다. 다시 말해, 행복과 불행이라는 게 모두 생각하기에 달렸다는 뜻이다.

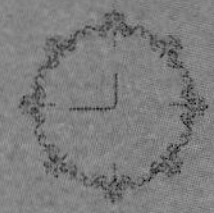

항상 태양을 향하도록 하라. 그러면 그림자를 볼 수 없을 것이다.

-하버드 대학 졸업생 헬렌 켈러Helen Keller

Chapter 09

심리 상태가 밝아야 미래도 밝다

아홉 번째 성공 습관
긍정적으로 생각하기

사람은 모두 에너지장을 가지고 있는데, 에너지장에 내재된 잠재력을 자극함으로써 새로운 자아를 표출하고, 자신감과 활력을 충족시킨다. 그중에서 '긍정 에너지'는 건강하고 낙관적이며 적극적인 힘과 감정을 가리킨다. 그렇다면 긍정 에너지를 강화하려면 어떻게 해야 할까?

- **주말에 자연으로 가라** | 주말이나 휴일에 가족 또는 친구들과 교외로 나가 나물도 채집하고 시원한 샘물도 마시면서 대자연의 힘을 느껴보자.

- **긍정적인 영화를 봐라** | 〈행복을 찾아서The Pursuit of Happyness〉와 같이 긍정적이고 진취적인 영화나 드라마, 음악 등을 보고 듣는 것이 좋다. 이는 우리가 하루하루 열심히 살아갈 수 있는 힘과 활력을 불어넣어 준다.

- **일주일 단위로 자신이 이뤄낸 성과를 기록하라** | 일주일마다 자신이 이뤄낸 성과를 기록하다 보면 열심히 앞으로 나아갈 수 있는 힘이 생길 것이다. 이것을 오랫동안 지속하면 마음속에 '긍정 에너지'가 쌓여 부정적인 감정이나 순간적인 좌절에도 영향을 받지 않게 될 것이다.

- **식물을 키워라** | 식물은 공기를 정화하고, 컴퓨터와 텔레비전에서 나오는 자외선을 줄여준다. 그리고 우리들 마음속 깊은 곳에 존재하는 아름다움에 대

한 갈망과 삶에 대한 열정을 불러일으켜 더 적극적인 삶을 살 수 있게 해준다.

- **삼 개월에 한 번 여행을 떠나라 |** 여행은 바쁜 업무와 일상에서 우리를 해방시켜줄 뿐 아니라, 시야를 넓히고 꽉 막혀 있던 가슴을 시원하게 뚫어주어 온갖 번뇌에서 벗어나게 해준다.

- **매주 한 시간씩 천진난만한 아이들과 놀아라 |** 호기심이 풍부한 아이들과 함께 놀다 보면 자연스럽게 어린 시절의 호기심과 탐험 정신을 되찾게 될 것이다. 신체 에너지장에서 부정적인 에너지가 표출되면 불편한 느낌이 드는데, 호기심은 이런 부정적인 에너지의 근원을 탐색하게 하고 그 상태에서 벗어나기 위해 끊임없이 노력하게 만든다.

 # 매 순간 소박한
아름다움을 발견하라

투자의 귀재 워런 버핏Warren Buffett은 말했다.

"우리는 누구나 자신이 해야 할 일을 할 수 있는 능력을 가지고 있다. 어쩌면 그보다 더 큰 능력을 가지고 있는지도 모른다. 하지만 그것을 해내는 사람이 있는 반면, 그러지 못하는 사람도 있다. 그렇다면 문제는 자기 자신에게 있는 것이다."

자기 자신에게 문제가 있다는 말은 무슨 뜻일까? 재산이나 사회적인 지위와 명성이 부족하다는 말일까?

헨리는 억울한 누명을 쓰고 교도소에 가게 되었다. 그는 교도소에서 못된 간수를 만나 모진 학대를 당하고도 항상 미소를 잃지 않았다. 그는 독방에 갇혀 뜨거운 여름을 보내야 할 때도 원망하는 마음을 품지 않았다. 오히려 독방에 흥미를 보이며 간수에게 며칠만 더 있게 해달라고 말할 정도였다. 그러자 간수는 그를 잔인한 흉악범과 한 방을 쓰게 했다. 흉악범은 교도소에서도 악명을 떨치고 있어서 아무도 그와 가까이 하지 않았다. 하지만 며칠 뒤 헨리를 찾아간 간수는 눈앞의 광경에 깜짝 놀라고 말았다. 그는 흉악범과 웃으며 포커를 치고 있었다.

헨리는 열악한 환경에서도 긍정적인 태도를 잃지 않았다. 교도소에서의 모진 학대 속에서도 미소를 지었으며, 아무도 가까이 하려 하지 않는 흉악범과도 친구가 되었다. 미국의 가장 영향력 있는 기독교 지도자 윌 보웬Will Bowen은 이렇게 말했다.

"질병의 3분의 2는 건강하지 못한 마음에서 비롯된다. 마음은 육체와 서로 연결되어 있어서 마음속으로 생각하는 대로 육체로 표출된다."

이처럼 태도는 큰 힘을 가지며, 안에서 밖으로 세계에 대한 인식을 변화시킬 수 있다. 긍정적인 태도는 사람을 긍정적으로 만들어준다. 이와 관련해 중국의 유명 강사 천안즈陳安之는 다음과 같은 일화를 들려주었다.

천안즈가 강의를 미국에 머물고 있을 때 친구가 찾아왔는데 기분이 좋아보였다. 그래서 천안즈가 물었다.

"무슨 일 있나?"

"오늘 교통사고가 났지 뭔가."

"교통사고가 났다면서 뭐가 그렇게 즐거운가?"

"다행히 차만 다치고 사람은 다치지 않았기 때문이네."

"사람이 다쳤으면 어쩔 뻔 했나?"

그러자 친구가 이렇게 대답했다.

"다치기만 하고 죽지 않았으면 다행이지 않나?"

이처럼 긍정적인 사람은 아무리 심각한 상황에서도 긍정의 힘을 발휘할 수 있다.

긍정적인 사람은 늘 미소를 잃지 않는다. 같은 세상에 태어났지만 사람들은 각자 다른 인생을 살아간다. 하는 일마다 성공하며 행복한 사람이 있고, 뭘 해도 잘 풀리지 않고 늘 우울한 사람이 있다. 이들의 운명은 왜 이렇게 다른 걸까? 이것은 외부적인 요인보다 내부적인 요인으로 인한 영향이 크다. 실패하는 사람은 언제나 부정적으로 생각하기 때문에 행복하고 아름다운 풍경이 있어도 보지 못하고 어둡고 우울한 면에 갇혀 있다.

긍정적인 사람은 삶에 대한 열정이 가득하며 늘 좋은 생각만 하지만, 부정적인 사람은 비관적이고 심지어 타인에게 냉담하게 굴기 때문에 늘 우울하고 기분이 좋지 않다.

인생의 길이는 선택할 수 없지만, 인생의 넓이와 깊이는 선택할 수 있다. 운명은 선택할 수 없지만 운명을 바꿀 수는 있다.

Lesson Point

우리는 종종 스스로에게 묻는다. '나는 잘 살고 있는 걸까?', '나는 내 삶에 어떤 태도를 취하고 있지?' 자신이 잘 살고 있지 않다는 생각이 들고, 기분이 늘 불안하고 우울하다면, '마음의 혁명'을 일으켜 긍정적인 마음을 가져야 할 것이다.

Lesson 03 부정적인 생각은 이제 그만, 긍정적으로 바라보기

수산나는 어려서부터 긍정적인 태도로 수많은 역경을 극복하는 어머니를 보고 자랐다. 언제나 밝고 긍정적인 어머니의 교육은 수산나가 긍정적인 사람으로 성장할 수 있는 좋은 밑거름이 되었다.

수산나의 아버지는 그녀가 4살 때 심장병으로 세상을 떠났다. 그때 그녀의 어머니는 고작 27살이었다. 홀로 두 아이를 돌봐야 했지만 수중에 돈은 없었다. 갑자기 닥쳐온 역경으로 어머니는 크게 좌절하고 깊은 절망에 빠졌지만, 다시 살아보기로 마음을 다잡았다.

아버지가 사망하고 몇 년 동안 수산나와 가족들은 가난을 견뎌야 했고, 당장 끼니를 해결하는 것조차 힘들었다. 하지만 어머니는 가난에 굴복하지 않고 돈을 벌기 위해 집에서 할 수 있는 타자 아르바이트를 비롯해 온갖 일을 닥치는 대로 하기 시작했다. 당시 고작 8살이었던 수산나도 가정에 도움이 되고자 옆집 아이에게 글을 가르쳤다. 뭇사람들의 탄복을 자아낸 수산나의 긍정적인 태도는 어머니로부터 물려받았다. 한번은 수산나가 어머니에게 물었다.

"인생에 다섯 가지 역경이 한 번에 찾아오면 어떻게 해야 할까요?"

이에 그녀의 어머니는 답했다.

"여섯 번째 역경이 찾아오지 않은 것을 행운으로 생각하면 된단다."

어느 날은 수산나가 자동차를 살 수 없는 형편을 안타까워하자 그녀의 어머니가 말했다.

"집에서 버스 정류장이 이렇게 가까우니 얼마나 좋니?"

그 외에도 그녀의 어머니는 새해에 새 옷을 살 돈이 없을 때 안 입는 옷을 리폼해서 아이들에게 근사한 옷을 만들어 주고 흐뭇하게 웃어보였다. 수산나가 학교에서 임원진 선거에 떨어졌을 때는 이렇게 위로했다.

"괜찮아. 다음 선거까지 시간이 넉넉하니 지금부터 준비하면 분명히 당선될 거야."

오랫동안 어머니의 긍정적인 모습을 보며 성장한 수산나는 자연스럽게 어머니를 닮아갔다. 그녀는 아무리 힘든 일이 있어도 긍정적인 태도로 문제를 해결해 나갔다. 어머니의 웃는 얼굴과 격려의 말은 언제나 그녀에게 큰 힘이 되었고, 용기를 북돋아주었다. 항상 든든한 지원군이 되어준 어머니 덕분에 수산나는 어떠한 역경 앞에서도 긍정적인 태도를 잃지 않았다.

『긍정적 사고방식The Power of Positive Thinking』의 저자 노먼 빈센트 필 Norman Vincent Peale 박사는 한 인터뷰에서 이런 질문을 받은 적이 있다.

"선생님은 어떤 상황에서 긍정적인 태도를 유지할 수 있나요?"

"제가 통제할 수 있는 상황에서만 긍정적인 태도를 유지할 수 있어요. 비행기를 샀는데 불의의 사고로 추락했다면 그것은 제가 통제할 수 없는 상황이죠. 이런 상황에서는 긍정적인 태도든 부정적인 태도든 유지할 수 없어요. 어떻게 생각하든 비행기 사고를 막을 수는 없으니까요."

인생을 부정적으로 생각하는 사람은 언제나 불안하고 우울하며 온갖 걱정거리를 안고 살아간다. 이런 태도는 건강에도 나쁜 영향을 미칠 뿐 아니라, 인생 전반에 어두운 그림자를 드리운다.

긍정적인 태도는 비록 눈에 보이지 않지만 분명히 큰 힘을 발휘한다. 긍정적인 사람은 역경과 불행 속에서도 아름다움을 발견할 줄 안다. 그들은 언제나 미래를 향해 나아가며, 스스로 인생의 주인공이라고 생각한다. 설령 어두운 그림자가 드리워진다 해도 미래에 대한 희망을 버리지 않으며 우울해하거나 비관하지 않는다.

Lesson Point

인생에 일어나는 많은 일들은 우리가 감히 선택할 수 없지만, 그것을 대하는 태도는 스스로 선택할 수 있다. 내가 어떤 태도를 취하느냐가 가장 중요하다.

하버드 심리학 수업

미국의 에드워드 머피Edward A. Murphy 대위는 늘 재수가 없는 한 동료를 가리키며 이렇게 말했다. '재수 없는 일이 일어나는 곳에는 반드시 그가 있다.' 훗날 이 말은 '재수 없는 일은 반드시 일어나게 되어 있다, 일이 갈수록 꼬인다.' 등의 말로 확장되어 사용하게 되었다. 이것이 바로 머피의 법칙이다.

 # 좌절은 성공의 씨앗을
품고 있다

살다 보면 누구나 좌절하고 실패할 때가 있다. 하지만 갑자기 찾아온 시련 앞에서도 우리는 미래에 대한 희망을 놓아서는 안 된다. 성공과 실패는 쌍둥이 형제처럼 붙어 다니기 때문에 모든 좌절 속에는 성공의 씨앗이 숨어 있다.

산에서 나무를 베어 생계를 유지하는 나무꾼이 있었다. 그의 꿈은 비바람에도 끄떡없는 집을 짓고 안락한 생활을 하는 것이다. 그는 꿈을 위해 매일 남들보다 늦게까지 산에서 내려오지 않고 나무를 베었다. 사람들은 필사적으로 일하는 그의 모습을 보고 도저히 이해하지 못하겠다는 듯이 수군거렸다.

일 년 뒤, 나무꾼은 드디어 비바람을 막을 수 있는 안락한 집을 완성했고 사람들은 그때서야 그가 밤낮없이 일한 이유를 이해했다. 그는 폭풍이 불고 장대비가 쏟아져도 편안히 두 발 뻗고 잘 수 있는 집이 있다는 사실에 뿌듯해하며 행복한 나날을 보냈다.

하지만 나무꾼의 행복은 그리 오래 가지 않았다. 나무를 팔고 저녁 늦게 집으로 돌아오던 날 그는 눈앞에서 활활 타고 있는 집을 발견했다. 이웃에서 두 팔을 걷어붙이고 도왔지만 바람을 타고 거세지는 불길을 잡기란 역부족이었다. 나무꾼은 불길에 휩싸인 집이 까맣게 그을리고 잿더미가 되는 모습을 지켜볼 수밖에 없었다.

다음 날, 나무꾼은 집이 있던 곳으로 돌아와 잿더미 속에서 무언가를 열심히 찾기 시작했다. 사람들은 그가 귀중품이라도 찾는 줄 알고 호기심 어린 눈길로 그를 지켜보았다. 얼마 후에 나무꾼의 환호성이 들려왔다.

"찾았어요! 드디어 찾았어요!"

그가 찾은 물건이 무엇인지 궁금하던 사람들은 그 소리를 듣자마자 달려갔지만 그의 손에 들린 것은 보잘것없어 보이는 도끼 한 자루였다. 그때 나무꾼은 자신에 찬 말투로 말했다.

"이 도끼만 있으면 더 튼튼한 집을 지을 수 있어요."

나무꾼은 다시 열심히 나무를 베었다. 그리고 나무를 판 돈으로 불에 타지 않는 건자재를 사서 튼튼한 집을 짓기 시작했다. 그리고 일 년 뒤, 그는 불에 타지 않는 튼튼한 집을 완성했다.

이야기에서 나무꾼은 화재로 모든 것을 다 잃고서도 좌절하지 않고 자신이 말한 대로 더 튼튼한 집을 짓는 데 성공했다. 나무꾼처럼 성공한 사람들은 어떤 시련 앞에서도 좌절하지 않으며, 긍정적인 태도로 미래를 향해 나아간다.

일에서든 일상생활에서든 눈앞에 보이는 시련에 사로잡히지 말고 멀리 내다볼 줄 알아야 한다. 미래에 성공한 모습을 상상하며 자신감을 가지고 목표를 향해 나아가야 한다.

내 삶의 주인이 되기 위해서는 자기 마음의 주인이 되어야 한다. 미래는 우리가 마음먹은 대로 이루어지기 때문이다. 가난하다는 생각을 하면 진짜 가난하게 살게 될 것이고, 부유하다는 생각을 하면 진짜 부유해질 것이다.

긍정적인 생각으로 성공한 사람들은 이렇게 말한다.

"좌절 속에는 그것보다 더 큰 성공의 씨앗이 숨어 있다."

이러한 성공 법칙을 잘 익히고 활용한다면 숨겨진 긍정의 힘을 찾아낼 수 있을 것이다.

Lesson Point

좌절은 성공의 씨앗을 품고 있으며, 긍정적인 생각은 우리 인생에 큰 영향을 미친다. 고생 끝에 낙이 온다는 말처럼 인생에 시련이 찾아와도 좌절하지 않고 긍정적인 생각으로 잘 견디면 미래에 달콤한 행복을 누릴 수 있을 것이다. 그러니 역경과 고난에 정면으로 맞서보자. 그것이 나를 더 강하게 단련시키고, 인생을 더 풍요롭게 만들 것이다.

하버드 심리학 수업

도블린Doblin 그룹의 래리 킬리Larry Keeley 회장은 이렇게 말했다. "놀랄 만한 업적은 수많은 실패 속에서도 좌절하지 않는 긍정적인 태도에서 나온다."

Lesson 05 고난을 직면하고, 자신의 인생을 직면하라

기꺼이 고난에 직면하고 그것을 극복하고 싶다면 먼저 눈앞에 놓인 고난이 무엇인지 제대로 이해하고 고난을 대하는 태도부터 바꿔야 한다.

고기잡이를 좋아하는 소년이 있었다. 소년은 친구들과 자주 어울려 다니며 고기를 잡았지만 강가에 종일 있어도 고작 피라미 몇 마리를 잡는 게 다였다. 그러던 어느 날, 소년은 시장에서 매일같이 대어를 내다 파는 중년의 어부를 발견하고 물었다.

"이 고기는 어디에서 잡은 건가요?"

"당연히 강가에서 잡았지!"

호기심이 강한 소년이 계속 물었다.

"우리도 강가에 물고기 잡으러 자주 가는데 종일 잡아 봐도 아저씨가 잡은 대어 한 마리 무게도 안 돼요. 도대체 어떻게 해야 대어를 잡을 수 있어요?"

"나만의 비결이 있지. 그 비결을 사람들이 다 알면 모두 대어를 잡지 않겠니?"

소년은 간절한 표정으로 말했다.

"제발 저희한테 그 비결을 알려주세요. 저희는 순수하게 물고기 잡는 것을 좋아할 뿐, 비결을 안다고 해서 아저씨의 장사를 방해할 일은 없어요."

소년의 끈질긴 부탁에 못 이긴 어부는 고개를 끄덕이고는 장사가 끝나는 대로 함께 강가로 갔다. 강가에 이르자 어부가 소년에게 물었다.

"주로 어디에서 물고기를 잡았지?"

그의 질문에 소년은 손가락으로 물살이 완만한 곳을 가리키며 대답했다.

"물론 저쪽에 물살이 약한 곳이죠. 그래야 물고기가 많잖아요!"

어부는 크게 웃으며 말했다.

"그렇다면 내가 어디서 물고기를 잡는지 알려줄까?"

어부는 강 상류에서 멀지 않은 곳을 가리켰다. 그곳은 물살이 세고 물보라가 거세게 일어나는 지점이었다.

"물살이 저렇게 거센 곳에서 어떻게 고기를 잡아요? 고기도 물살이 약한 곳을 더 좋아하지 않을까요?"

"바람이 자고 물살이 잠잠한 곳에는 거센 물살을 견디지 못하는 피라미들이나 왔다 갔다 한단다. 몸집이 작은 피라미들은 산소가 적은 곳에서도 충분히 헤엄칠 수 있으니까. 하지만 산소가 많이 필요한 큰 고기들은 필사적으로 물살이 거센 상류로 올라갈 수밖에 없지. 따라서 물살이 거칠수록 산소가 풍부하고, 대어가 많이 산단다. 사람들은 바람이 세고 물살이 거친 곳에서는 물고기가 살지 못할 거라고 생각해서 물살이 비교적 약한 곳에서 고기를 잡으려고 하지. 하지만 그런 곳에서는 큰 고기가 살 수 없어. 바람이 세고 물살이 거친 곳이 열악한 환경처럼 보이지만 오히려 산소가 풍부해 고기가 살기에 가장 적합한 곳이야."

이것은 시련을 한 번도 겪지 않은 사람이 큰 성공을 거두기 힘들다는 이치와 같다. 좌절과 실패의 터널을 지나야 비로소 성공이라는 빛을 볼 수 있다. 따라서 인생에 풍랑이 불어 닥친다면 정면으로 응시하고 이겨낼 수 있어야 한다.

청콩長實그룹 회장 리카싱李嘉誠은 '고난은 내 인생의 가장 큰 스승이다.' 라고 말했다. 그는 고난을 정면으로 겪어내며 큰 성공을 거두었다. 이것은 빌 게이츠Bill Gates가 자신의 재산 대부분을 사회에 기부하는 이유이기도 하다. 그는 온갖 이유로 고통 받는 아이들이 그곳에서 벗어나 희망찬 내일을 향해 걸어 나갈 수 있기를 바란다.

멀리 내다보는 사람은 눈앞의 좌절로 인해 두려워하지 않는다. 그들 앞에는 밝은 미래가 펼쳐져 있고, 자신이 어느 방향으로 가야 할지를 알기 때문이다.

Lesson Point

고난을 직면하는 것은 자신의 인생을 직면하는 것과 같다. 고난은 미약한 나를 성숙시켜주는 가장 좋은 스승이다. 고난 앞에서 긍정적인 태도를 유지할 수 있다면 그것은 앞으로 성공의 훌륭한 밑거름이 될 것이다.

하버드 심리학 수업

사자개의 주인은 이빨이 자란 새끼를 먹을 것과 물이 없는 우리에 가두고 서로 물어뜯게 한 뒤, 마지막까지 승리한 개에게만 '짱아오藏獒'란 호칭을 부여한다. 새끼 열 마리 중에서 단 한 마리만 이 명칭을 가질 수 있다. 다시 말해, '짱아오'가 되기 위해서는 성공한 사람이 그러하듯 수많은 고난을 이겨내야 하는 것이다.

선택하는 대로 얻을 것이다.
하지만 모두 선택하려 한다면 아무것도 얻지 못할 것이다.

-하버드 대학교 존 엘리어스John Eylers 교수

Chapter 10

선택하는 대로
얻을 것이다

 # 열 번째 성공 습관
선택하기

인생은 끊임없는 선택의 연속이다. 하나를 선택하면 또 다른 하나를 포기해야 하기 때문에 선택하기에 앞서 신중한 자세가 요구된다. 선택은 포기를 의미하므로 지혜가 필요하다. 하나를 포기해야 다른 하나에 모든 역량을 집중해 앞으로 나아갈 수 있다.

선택을 잘 하기 위한 방법은 아래와 같다.

- **'내가 가장 가지고 싶은 물건'이 무엇인지 적어보자 |** 선택을 하는 데 어려움을 겪는 사람이라면 종이에 '내가 가장 가지고 싶은 물건'이 무엇인지 적어보는 것도 좋다. 내가 가지고 싶은 물건이 있다는 것은 어떤 일을 하는 데 동기를 부여해주고, 이런 동기를 분석해보면 자신이 원하는 게 무엇인지 분명해지기 때문이다.

- **가능성이 적은 것들을 골라내라 |** 현재 선택할 수 있는 사항이 너무 많아 고르기 힘들다면 종이에 하나씩 써본 뒤 가능성이 적은 것부터 골라내보자. 그리고 가능성이 큰 것들은 장점을 비교하여 장점이 가장 큰 것을 선택하면 된다.

- **스스로 '왜?'라는 질문을 다섯 번 던져라 |** 최종적으로 하나를 선택했는데 그것

이 옳은 것인지 의심이 든다면 스스로 '왜?'라는 질문을 다섯 번 던져본다. 다섯 번의 질문에 모두 빠르게 이유를 댈 수 있다면 자신을 믿고 그것을 선택해보자. 단, 질문에 억지로 대답을 한다면 문제가 있는 것이니 다시 생각해 보는 게 좋다.

- **3개월 동안 매일 아침 어떤 옷을 입을지 신속하게 결정해 보라** | 최소 3개월 동안 매일 아침 어떤 옷을 입을지 신속하게 결정해 보고, 그러한 준비 과정을 자기만의 원칙으로 삼아라. 자신의 원칙대로 밀고 나가는 데 있어서 결코 포기하거나 주저해서는 안 된다.

- **롤모델을 찾아라** | 유명한 사람이나 성공 인사를 롤모델로 삼고 그들의 행동을 따라해 보면, 자신이 나아가야 할 방향과 목표를 선택하는 데 큰 도움이 될 것이다. 예를 들어, 스티브 잡스Steve Jobs처럼 창의적인 사람이 되고 싶다면 직장을 선택할 때 창의적인 업무를 할 수 있는 회사를 고려해 볼 수 있다.

- **어려운 선택을 할 때는 탁구를 쳐라** | 중요한 선택을 앞둔 사람들은 긴장해서 머리가 복잡해진다. 이때 잠시 모든 것을 내려놓고 탁구를 쳐보자. 탁구를 치며 긴장을 해소시킨 뒤에 선택을 하면 비교적 수월할 것이다.

 # 내일은 오늘의 내가
선택한 결과이다

어느 날, 두 청년이 세상에서 가장 높은 산을 정복하기 위해 산을 올랐다. 둘 중에 연장자로 보이는 청년은 정상을 바라보며 등산로에 있던 바위에게 물었다.

"바위야, 여기가 정말 세상에서 가장 높은 산이야?"

"그렇다고 할 수 있죠." 바위가 답했다.

그 말에 청년은 아무런 말없이 정상을 향해 길을 떠났다. 나머지 한 청년도 웃으며 바위에게 물었다.

"바위야, 정상에서 가져다줬으면 하는 게 있니? 있다면 내가 다시 내려올 때 대신 가져다줄게."

"정말로 정상에 도착한다면 그 순간 당신이 가장 버리고 싶은 것을 가져다주세요."

청년은 바위의 대답이 참 이상하다고 생각했지만 더 이상 묻지 않고 그러겠다고 약속하고 정상을 향해 떠났다. 그리고 시간이 많이 흐른 뒤에 한 청년이 홀로 하산하는 모습이 보였다. 바위가 물었다.

"둘 다 정상에 도착했나요?"

"그래. 우린 정상을 정복했어."

"나머지 한 사람은 어디 있나요?"

"등산가의 평생 소원은 바로 세상에서 가장 높은 정상을 정복하는 거야. 그는 정상에 오르는 데 성공한 순간 인생의 목표를 잃어 버렸어. 그래서 결국 정상에서 몸을 던지고 말았지."

"당신은 어떻게 살아 돌아올 수 있었나요?"

"사실은 나도 그와 함께 돌아오지 않을 생각이었는데 너와 한 약속이 생각났지 뭐야. 정상에 도착하면 가장 버리고 싶은 것을 가져다 달라고 했잖아. 그것은 바로 내 목숨이야."

"자, 그럼 저와 함께 이곳에서 함께 지내요!"

청년은 바위가 있는 곳에 초가집을 짓고 산에서 살았다. 산에서의 삶은 자유로웠지만 무미건조했다. 매일 산만 바라보던 청년은 어느 날부터인가 종이에 무언가를 그리기 시작했다. 그렇게 시간이 오래 흐르자 자유분방하고 어지럽던 그림은 어느새 질서가 잡히고 독특한 풍격을 형성했다. 훗날 청년은 화가가 되어 예술계의 샛별로 떠올랐다. 그는 산에서 그림을 그리고도 남는 시간을 이용해 글을 쓰기 시작했다. 자연을 주제로 한 그의 글은 독특한 아름다움으로 문학계에서 큰 주목을 받았다.

위의 이야기에서 정상에 올라 목숨을 버린 등산가는 세상에서 가장 높은 산을 정복해야 한다는 명예에 집착했다. 따라서 소원이 이루어져도 그것을 놓고 계속 앞으로 나아가지 못하고, 돌아올 수 없는 길을 선택한 것이다. 또 다른 청년도 목숨을 버리려 했으나 바위와의 약속을 지켜야 했기에 진정한 도道를 깨달을 수 있는 기회를 잡았다. 따라서 청년은 세상에서 가장 높은 정상은 마음속에 있으며, 모든 것을 내려놓을 수 있을 때 비로소 삶의 가치를 높일 수 있다는 사실을 깨달았다.

내려놓는다는 것은 우리가 반드시 추구해야 할 인생의 지혜다. 인생의 중요한 순간 우리는 무언가를 선택하는 동시에 무언가를 내려놓아야 한다. 내려놓을 수 있는 사람만이 자유로워질 수 있다.

Lesson Point

어제의 포기는 오늘의 선택을 결정하고, 내일은 오늘의 선택을 좌우한다. 인생은 연극처럼 모든 사람이 자기 인생의 감독이다. 선택과 포기의 가치를 깨달은 사람만이 더 아름다운 미래, 더 넓은 세상으로 나아갈 수 있다.

하버드 심리학 수업

기회비용Opportunity cost이란 어떤 것을 선택함으로써 포기하게 되는 가치를 뜻한다. 우리는 어떤 일을 할 때 이해득실을 따져서 가장 중요하다고 생각하는 것을 우선순위로 생각하는데, 그때 선택받지 못한 나머지가 바로 기회비용이다. 일반적으로 기회비용이 높을수록 선택하기는 어려워진다. 이득이 될 만한 것을 포기하는 게 쉽지 않기 때문이다. 하지만 살다 보면 반드시 '둘 중에 하나', '셋 중에 하나'를 선택해야 하는 순간이 찾아오며, 이때 기회비용은 중요한 고려요소가 된다.

 # 주저하지 않고 선택해야 성공한다

선택의 순간에는 자신의 모든 역량을 가치 있다고 여기는 것에 집중해야 최대의 성과를 거둘 수 있다. 다음은 한 가지에 집중함으로써 단시간 안에 성공한 사람들의 이야기다.

맥도날드McDonald의 설립자 레이 크록Ray Kroc은 뛰어난 경영인이었다. 그는 딕 맥도날드Dick McDonald와 마크 맥도날드Mac McDonald 형제가 경영하던 작은 햄버거 가게를 세계적인 패스트푸드 브랜드로 성공시키면서 미국에서 가장 영향력 있는 기업인으로 떠올랐다.

사실, 맥도날드 형제로부터 독점 판매권을 사들인 사람은 크록 외에도 네덜란드인 한 명이 더 있었다. 하지만 두 사람의 경영방침은 전혀 달랐다. 예를 들면, 크록은 겉으로는 아주 '우둔'해 보였다. 그는 맥도날드 가게 운영에만 집중하고, 소를 기르고 소고기를 가공하는 일을 다른 회사에 위탁함으로써 그로 인한 이득을 포기했다. 반면, 네덜란드인은 아주 '영리'

해 보였다. 그는 맥도날드 가게를 운영하는 동시에 소고기 가공 공장을 차려서 큰돈을 벌었다. 나중에는 다른 목장의 소를 사들이는 비용을 아끼기 위해 직접 목장을 운영하기까지 했다.

오랜 시간이 흘러 크록은 전 세계로 맥도날드 체인을 확장하는 데 성공했다. 하지만 네덜란드인은 시골 목장에서 200마리의 소를 키우며 소고기 가공 공장을 운영하는 데 그쳤다.

프랑스의 박물학자 장 바티스트 라마르크Jean Baptiste Lamarck는 11명의 형제자매 중 막내로 태어나 부모님의 사랑을 독차지하며 성장했다. 아버지는 라마르크가 목사가 되길 바라며 그를 신학교에 보냈다. 하지만 그는 하고 싶은 게 많은 청년이었다. 기상학에 빠졌을 때는 기상학자가 되고 싶어서 매일 날씨의 변화를 관찰하기도 했고, 은행에서 일하고 싶은 마음으로 금융가가 되길 희망했다. 그리고 음악에 심취했을 때는 종일 바이올린을 켜며 음악가가 되는 꿈을 꾸기도 했다. 훗날, 그는 의사가 되어보는 게 어떠냐는 형의 권유로 의과대학에 입학해 의학공부를 시작했다.

그러던 어느 날, 식물원을 산책하던 라마르크는 프랑스의 유명한 철학자 장 자크 루소Rousseau, Jean Jacques를 만나 큰 영감을 받아 '일생의 목표'를 세우게 되었다. 그는 26년 동안 식물학을 연구한 끝에 『프랑스 식물지Flore française』를 저술하여 세간의 주목을 받았다. 그리고 장장 35년간 동물학을 연구하여 세계적으로 인정받는 박물학자가 되었다.

크록은 선택의 순간, 진정 가치 있는 것이 무엇인지 아는 '영리'한 사람이었다. 그는 자신이 원하는 한 가지에 모든 에너지를 쏟아 부으며 한걸음씩 성공의 길로 나아갔다.

라마르크의 인생은 진정한 가치를 찾아가는 과정이었다. 처음에는 여기저기 기웃거리며 방황도 했지만 '일생의 목표'를 세우고 난 뒤에는 연구에 매진함으로써 큰 성공을 거두었다.

광야에 씨를 뿌린다고 모든 곳에서 싹이 나는 것은 아니다. 한 가지에 집중하고 싶다면 우선 가장 가치 있다고 판단되는 일을 선택해야 한다. 그리고 그 일에 몰두한다면 분명히 원하던 목표를 달성할 수 있을 것이다.

인생에는 우리가 해야 할 일이 수없이 많지만, 무엇을 어떻게 할 것인지는 자신의 선택에 달렸다. 스스로 가치 있다고 생각하는 한 가지에 집중하는 것이야말로 가장 지혜로운 선택일 것이다.

Lesson Point

독일의 사상가이자 시인 요한 볼프강 폰 괴테Johann Wolfgang von Goethe는 이렇게 말했다. "동시에 두 마리 말을 탈 수는 없다. 한 마리를 타면 나머지 한 마리는 포기해야 한다." 사람의 능력은 유한하기 때문에 다 가지려 한다면 아무것도 가지지 못하게 되지만 한 가지에 모든 역량을 집중한다면 더 큰 힘을 얻게 될 것이다.

하버드 심리학 수업

재미 화교 기업가 왕안王安은 '지나치게 신중한 사람은 성공하기 어렵다.'라고 말했다. 매사에 깊이 생각하고 행동하는 사람은 실수할 확률은 줄어들겠지만, 좋은 기회를 놓칠 확률은 증가하기 때문이다. 실수할 것을 두려워하여 결정을 유보하는 사람보다 제때에 신속한 판단을 내리는 사람이 성공할 확률이 높다.

Lesson 04 # 선택하지 못할 때는
순리에 맡겨라

선택하기 어려운 순간에는 아무것도 선택하지 말고 순리에 따르는 것이 좋다. 복잡한 일이 한꺼번에 찾아올 때도 순리에 맡기는 것이 상책이다.

세계적인 건축가 발터 그로피우스Walter Gropius가 디즈니랜드Disneyland를 설계한 뒤, 3년의 시공을 거쳐 개방을 앞두고 있을 때였다. 그는 디즈니랜드 내부에 길을 내는 방안을 두고 깊은 고민에 빠졌다. 도저히 답을 찾지 못한 그는 택시를 타고 무작정 지중해 해안으로 향했다.

프랑스 남부 교외를 지나 산과 들로 가득한 포도원에 도착한 그는 차가 커브를 꺾어 들어간 곳에 수많은 차가 정차되어 있는 모습을 발견하고 깜짝 놀랐다. 원래 그곳은 아무도 돌보지 않은 포도원인데 8프랑만 지불하면 포도를 한 상자나 딸 수 있었다. 얘기를 들어보니 포도원은 한 노부인의 소유인데 관리할 기력이 떨어져 이런 방법을 고안해냈다는 것이다. 수

십 킬로미터에 이르는 탐스러운 포도가 먼저 따는 사람이 임자라니 누가 상상이나 했을까? 그로피우스는 노부인의 자유분방하고 기발한 아이디어에 큰 영감을 받았다. 디즈니랜드로 돌아온 그는 모든 길에 잔디를 깔고 예정보다 반년 일찍 개방하기로 결정했다.

2년 뒤, 디즈니랜드에 깔린 잔디는 사람들이 다니며 밟은 흔적대로 길이 만들어졌다. 1971년 런던 국제 조경건축 심포지엄에서 디즈니랜드의 잔디 길은 가장 훌륭한 내부 도로라는 평가를 받았다.

인생에서 우리는 때때로 선택하기 어려운 순간을 맞이한다. 이럴 때는 아예 아무것도 선택하지 않고 순리에 따르는 것이 간단하다. 순리에 따르는 것은 '번영할 것은 스스로 번영하고, 쇠퇴할 것은 스스로 쇠퇴'하게 두는 것이다. 그리고 일이나 감정 등을 억지로 강요하지 않으며, 자신의 능력이 미치지 못하거나 자신의 능력을 뛰어넘는 일에 집착하지 않는다. 매사에 '이해득실'만 따지는 사람은 늘 불안하고 초조할 것이고, 목표를 추구하는 과정에서 얻을 수 있는 즐거움을 느끼지 못할 것이다!

당唐나라의 유명한 승려 조주趙州에게 지나가던 사람이 물었다.

"백운白雲은 언제 자유로운가요?"

"봄바람이 지나가는 곳에서 자유롭다네."

이 말은 하늘에 떠다니는 백운은 부드러운 봄바람이 부는 것처럼 마음에 여유가 있을 때 자유로워진다는 의미다. 다시 말해, 마음속에 자기 분수에 맞지 않는 목표나 물질적인 욕망 없이 모든 것을 내려놓을 수 있을 때를 가리킨다. 백운처럼 사람의 마음 또한 그러하다.

살다 보면 열심히 노력하고도 좋은 결과를 얻지 못할 때가 많으며 그렇기 때문에 우리는 순리에 따르는 법을 배워야 한다. 구름이 흩어졌다가 뭉치고, 꽃이 피었다가 지는 모습을 지켜보며 인생의 여유로운 태도를 유지해야 한다. 그리고 인생의 슬픔과 기쁨, 총애와 모욕을 정면으로 마주하며 자기 인생의 좌표를 확인하고 자유롭게 행동할 수 있어야 한다.

대만의 인기 만화작가 주더융朱德庸은 말했다. "우리는 때때로 사랑하지 말아야 하는 사람을 사랑하고, 결혼하지 말아야 하는 사람과 결혼한다. 그리고 능력이 되지 않는 일을 선택하고, 결코 이루어질 수 없는 꿈을 꾸며, 다양한 고난을 스스로 선택한다. 재밌는 것은, 그런 인생의 고난이라는 게 해가 동쪽에서 떠서 서쪽으로 지는 것처럼 우리가 노력한다고 해서 달라지지 않는다는 사실이다. 우리가 어떤 선택을 하던 서로 다른 종류의 고난을 불러올 뿐, 우리가 할 수 있는 일이란 그저 받아들이는 것밖에 없다."

프랑스 중세의 철학자 장 뷔리당Jean Buridan는 당나귀를 키웠는데 매일 근처 농민에게 건초를 사서 먹였다. 그러던 어느 날 건초를 공급하던 농민은 뷔리당에 대한 존경심을 표하고자 건초 한 더미를 더 가져와 한쪽에 쌓아 놓았다. 그런데 양과 질이 동일한 두 건초 더미 사이에 놓인 당나귀는 어떤 건초를 먹을지 망설이다가 아무것도 선택하지 못하고 굶어 죽고 말았다. 이 우화처럼 선택을 망설이다가 아무것도 결정하지 못하는 상황을 빗대어 '뷔리당의 당나귀Buridan's Ass'라고 부른다.

 # 삶은 결코 독립된 오늘에 있지 않다

장 폴 리히터Jean Paul Richter는 아름다운 산문 〈두 갈래 길The two roads〉에서 청춘과 선택에 관한 이야기를 서술했다.

새해 첫날 밤, 한 노인이 창문 앞에 서서 먼 하늘을 바라보니 백옥처럼 빛나는 별들이 호숫가로 떨어졌다. 하지만 노인은 그런 아름다운 광경을 보고도 아무런 감흥도 느끼지 않는 듯했다. 그때, 기운이 없어 보이는 몇몇 사람들이 무덤을 향해 걸어갔다.

노인의 눈앞에 젊은 시절 풍경이 펼쳐지면서 중요한 선택을 앞둔 순간이 떠올랐다. 아버지는 그를 두 갈래로 길로 나뉘는 지점으로 데려갔다. 한쪽은 밝은 태양이 비추는 들판이 펼쳐진 황금빛 곡식이 익어가고 아름다운 새소리가 들려오는 길이었다. 또 다른 한쪽은 독사가 꿈틀거리고 사방이 독약으로 물든 어두운 심연으로 통하는 길이었다.

"제가 왜 두 번째 길로 가야 하나요?"

노인은 칠흑같이 어두운 밤하늘에 대고 소리쳤다.

"청춘아, 돌아와라! 아버지, 저를 다시 인생의 갈림길로 데려가 주세요. 다시 선택하고 싶어요!"

하지만 아버지와 갈림길은 더 이상 돌아오지 않았다. 그는 젊었을 때 함께 사회생활을 시작한 친구들을 떠올렸다. 그들은 인생의 비바람을 이겨내며 착하고 성실하게 살았기에 따뜻한 밤을 보내고 있었다. 오직 자신만 무리에서 동떨어져 끝없는 하늘을 배회하는 것 같았다.

노인은 절망의 화살이 자신의 심장을 뚫고 지나가는 것처럼 아팠다. 그때 멀리서 교회의 종소리가 울려 퍼지고 부모님이 자신을 위해 축복의 기도를 올리는 소리가 들려왔다. 그는 천국에 있는 부모님을 더 이상 보지 못할 거라는 슬픔에 잠겼다. 노인은 마지막 순간 깜깜해지는 눈을 뜨기 위해 안간힘을 쓰며 큰 소리로 외쳤다.

"돌아와라, 나의 청춘이여! 제발 돌아와!"

이야기의 결론에서 '노인'은 꿈에서 깨어난다. 모든 것이 새해 첫날 밤에 잠시 동안 꾼 꿈이었던 것이다. 그는 다시 젊음을 되찾았고 시간은 아직 충분히 남아 있었다. 그는 어두운 심연에 떨어지지도 않았고, 밝은 길을 선택할 기회는 충분했다. 그는 풍성한 곡식이 태양 아래서 반짝이는 모습을 바라보았다.

이야기는 다행히 꿈이었다. 하지만 모든 것이 꿈이었다는 결론은 아름다운 동화처럼 작가의 상상 속에서나 가능할 뿐, 현실에는 해당되지 않는다. 대부분 사람들은 인생의 갈림길에 설 때마다 관망하고 배회하며 우물쭈물 거린다. 그들은 주변 친구들이 크게 성공한 모습들을 보며 자극을 받다가도 현재 누리고 있는 안락함을 쉽게 버리지 못해서 고민에 빠진다. 그러다 많은 시간을 낭비한 뒤에야 지나간 청춘을 돌아보며 자신을 위로 한다.

하지만 지나간 세월을 회상하고 후회해 봤자 아무 소용없으며, 그렇다 한들 바뀌는 것은 없다. 우리는 현재 자신이 가진 것이 무엇인지 제대로 볼 수 있어야 한다.

사람들은 세월이 유수처럼 흘러간다고만 생각했지, 흘러간 세월이 길가의 초목을 적셔 주었다는 사실은 쉽게 잊는다. '인적이 드문' 작은 길을 걷다 뒤돌아보면, 그 길도 우리의 청춘처럼 밝고 울창하다는 사실을 발견하게 될 것이다.

우리는 작은 길의 아름다움과 따스함을 잊지 말아야 한다!

Lesson Point

인생의 모든 단계와 연령은 저마다 중요한 가치를 가지며, 시간을 움켜쥐고 열심히 하루를 사는 사람이야말로 지혜로운 자라고 할 수 있다.

인생은 누리는 것이 아니라, 경험하는 것이다.
사람은 죽을 때까지 인생의 의미에 대해 생각해야 한다.

-하버드 대학교 스티븐 제이 굴드Stephen Jay Gould 교수

Chapter 11

삶의 가치는 양보다 질이 중요하다

 열한 번째 성공 습관
나에게 충실하기

공허함은 삶을 암울하고 무기력하게 만들며 때로는 심각한 경지로 몰고 가기도 한다. 굴곡진 인생을 살 것인지, 평탄한 인생을 살 것인지는 공허함에 대처하는 태도에 달렸다.

공허함에서 벗어나 자신에게 충실해지기 위한 방법은 다음과 같다.

- **야외 서바이벌 훈련에 참여하라** | 마음이 공허한 사람은 삶에 대한 의지가 부족하다. 이럴 때는 야외 서바이벌 훈련에 참여해 보는 것도 좋다. 서바이벌 체험을 통해 위급한 상황에 처하기도 하고 두려움과 위기감도 느끼면서 자연스럽게 삶에 대한 희망을 회복하게 될 것이다.

- **하고 싶었지만 평소 실천하지 못했던 일들을 시도해 보라** | 공허한 사람은 특별한 삶의 목표 없이 그저 되는대로 하루하루를 살아간다. 그렇다면, 하고 싶었지만 평소 실천하지 못했던 일들을 하나씩 해보는 건 어떨까? 하고 싶었던 일을 하며 하루를 충실히 채워나가다 보면 공허함은 사라지고 새로운 하루가 시작될 것이다.

- **새벽 5시에 일어나 풍경을 관찰해라** | 새벽 5시에 일어나 조용한 거리를 걷거나 뛰어보자. 거리의 청소를 시작하는 환경미화원과 시장에서 뜨끈뜨끈한

만두를 파는 아주머니 등 다양한 풍경이 눈에 들어올 것이다. 평범한 일상의 아름다움을 체험하며 인생의 의미에 대해 생각해 보자.

- **친구와 공허함에 관한 대화를 나누어라 |** 세상에 공허함을 느끼는 사람이 많은 것처럼 그러한 공허함에서 벗어난 사람도 많다. 친구들과 함께 자신이 느끼는 감정에 대해 이야기하다 보면 다양한 해결책을 들을 수 있을 것이다. 설령 좋은 정보를 듣지 못한다 해도 자신의 속마음을 털어놓고 누군가와 교류하는 것만으로도 큰 도움이 된다.

- **고전을 읽어라 |** 고전의 매력은 시간이 지나도 변치 않는 진리를 이야기하기 때문이다. 윌리엄 셰익스피어William Shakespeare, 기 드 모파상Guy de Maupassant, 어니스트 헤밍웨이Ernest Hemingway 등 세계적인 작가의 작품을 통해 삶에 대한 지칠 줄 모르는 열정과 탐구정신을 배우고 앞으로 나아갈 방향을 찾을 수 있다.

- **햇볕을 쬐라 |** 햇볕을 쬐면 부신 호르몬과 세로토닌의 분비가 촉진되어 기분이 좋아진다. 따라서 창문의 커튼을 활짝 열고 온몸으로 햇볕을 받아보자. 어느새 굳었던 마음이 풀어지면서 아름다운 세상을 느끼게 될 것이다.

 # 모든 인생은
빛날 수 있다

한 중학생이 신경정신과 의사에게 말했다.

"매일 똑같이 학교를 가고 일상생활을 하지만 마음이 항상 공허해요. 왜 살아야 하는지 잘 모르겠어요. 다른 친구들은 열심히 공부하고 신나게 놀던데 저는 공부하는 것도, 노는 것도 재미가 없어요. 살아야 될 의미를 찾지 못하겠어요. 무기력하고 나태해져가는 것 같아요. 어떻게 해야 할지 잘 모르겠어요."

의사를 찾은 중학생과 같은 고민에 빠진 사람들이 많다. 공부는 재미없고 삶은 무료하다. 온종일 삶의 의미에 대해 생각하지만 결론은 언제나 우울하다. 인생의 의미는 직접 발자취를 남기며 열심히 앞으로 나아가는 과정과 끊임없이 자신을 돌아보는 가운데 자연스럽게 형성된다. 인생이 무료하다고 느껴진다면 그것은 삶에 대한 열정이 식었기 때문이다.

미셸 드 몽테뉴Michel de Montaigne는 인생에 대해 이렇게 말했다.

"날씨가 갑자기 안 좋아져서 사람들이 고민에 빠져 있을 때 '살아간다는 것'에 대해 생각하는 것은 '시간 낭비'다. 시원한 바람이 불고 따사로운 태양이 내리쬐는 날에도 나는 '낭비'하고 싶지 않다. 그저 좋은 날씨를 감상하며 행복한 시간을 즐기고 싶다. 힘든 날은 빨리 지나가게 내버려두고, 좋은 날은 붙잡아두고 천천히 음미해야 한다. 우리의 인생은 자연이 내린 선물이며 그 무엇보다 값지다. 만약 인생에 대한 중압감으로 인해 공허한 하루를 낭비하고 있다면, 모두 자기 스스로 초래한 결과다."

매일 똑같은 하늘과 구름, 매일 똑같은 산과 바다, 매일 똑같은 인생이지만 저마다의 의미를 가진다. 살다가 문득 공허함이 느껴진다면 좋아하는 취미를 배워보는 것도 좋다. 그렇게 조금씩 시야를 넓히고, 마음의 문을 열면 눈앞에 아름다운 풍경이 펼쳐질 것이다. 그리고 인생의 의미가 무엇인지 이해하고, 자신이 얼마나 빛나는 인생을 살고 있는지 알게 될 것이다.

하버드 심리학 수업

아르투르 쇼펜하우어Arthur Schopenhauer는 저서 『생존과 허무Nothingness of being』에서 사람들이 공허함을 느끼는 이유에 대해 서술했다. 첫째, 생존이라는 형식에서 '시간'과 '장소'는 무한한데, 개인에게 주어진 '시간'과 '장소'는 유한하다. 둘째, 현실적인 모든 생존 방식은 '찰나의 생존'에 불과하다. 셋째, 모든 사람은 서로 긴밀하게 연결되어 있으며, 개인은 홀로 존재할 수 없다. 넷째, 세상에 영원히 머물 수 있는 존재는 없으며, 모든 만물은 끊임없이 변한다. 다섯째, 사람의 욕망은 무한하여 영원히 채울 수 없다.

 # 가진 것이 없는 인생도 아름답다

　　재화를 많이 소유하는 것보다 가치 있는 인생을 사는 게 더 중요하다. 요즘은 복잡하고 화려할수록 가치가 올라간다고 생각하는 사람들이 있다. 하지만 실제로는 간단하고 소박한 것이 가치가 더 높은 경우가 많다.

　　고대 바빌론 시기에 한 국왕은 수도의 사찰을 수리할 생각으로 신하에게 최고의 설계사를 찾아오라고 명했다. 수소문 끝에 두 팀이 물망에 올랐다. 하나는 장인과 화가로 이루어진 팀이고, 또 하나는 승려 몇몇으로 이루어진 팀이다.

　　국왕은 어느 팀의 실력이 더 좋은지 알아보기 위해 각각 작은 사찰을 수리해보라고 시켰다. 장인팀은 국왕에게 백여 종에 이르는 염료와 각종 공구를 요구한 반면, 승려팀은 걸레 몇 장과 물통 등 간단한 청소도구만 달라고 했다.

3일 뒤, 국왕은 직접 결과를 확인하기 위해 우선 장인팀이 수리한 사찰로 향했다. 그들은 징을 치고 북을 두드리며 완공을 축하하고 있었다. 국왕은 정교한 기술과 화려한 색깔이 두드러지는 사찰을 보고 만족스러운 표정을 지으며 고개를 끄덕였다.

승려팀의 사찰에 도착한 국왕은 깜짝 놀랐다. 아무런 색도 칠하지 않은 사찰은 벽과 창문, 의자 등이 깨끗하게 닦여 있었다. 사찰에 있는 모든 물건은 본래의 색을 되찾았고, 반짝이는 표면은 마치 거울처럼 반질거려 사물을 반사시킬 정도였다. 그날 시시각각 변하는 구름과 바람 따라 흔들리는 나무 그림자, 반대편에 있는 장인팀의 화려한 사찰까지도 승려팀 사찰의 일부처럼 느껴졌다. 그 사찰은 주변의 모든 것들을 포용하는 것처럼 보였다. 국왕은 사찰 안에서 깊은 감동에 빠졌고, 수도의 사찰 수리는 승려팀에게 돌아갔다.

이야기에서 승려팀은 간단하고 소박한 방법을 통해 '양'보다 '질'을 추구했다. 반면에 장인팀은 복잡하고 화려한 방법으로 사람들의 시선을 끌었으나 사찰의 가치를 높여주지는 못했다.

여기에서 '질'이란 사찰의 가치를 의미한다. '질'은 인생의 가치와도 같다. 사람들이 많은 것을 가졌다고 인생의 가치가 올라가는 것은 아니다. 가치 있는 인생을 사는 사람은 아무것도 가진 게 없어도 아무런 영향을 받지 않는다.

예부터 지금까지 후세에 이름을 떨치는 인물들을 보면 많이 가지지 않고도 빛나는 삶을 살았다. 청백리이자 명재상으로 잘 알려진 황희黃喜는 소신과 원칙을 지키는 사람으로 유명하지만 검소하고 청빈한 삶을 유지하며 자신의 품격을 높인 인물이었다.

무엇을 얼마나 가지게 될지 통제할 수 있는 사람은 없다. 하지만 자신이 가진 물건과 삶의 가치를 높일 수는 있다.

자신의 가치를 높이기 위해 더 많은 것을 가지려 하는 사람들은 '양'에 욕심내느라 '질'을 소홀히 생각하는데, 이것은 매우 잘못된 생각이다. 가진 것 없는 인생도 아름다울 수 있다.

 # 꿈이 있는 인생은
가치가 있다

'꿈'은 어렴풋하고 손에 잡히지 않는 것처럼 보이지만 사실 '꿈'이란 인생을 더 가치 있는 것으로 만들어준다. 사람들은 꿈이 있기 때문에 복잡하고 어지러운 세상에서 공허함을 느끼면서도 인생의 아름다움을 느낄 수 있으며, 자신의 자리를 찾아 충실한 삶을 살 수 있다.

파울로 코엘료Paulo Coelho는 그의 저서 『연금술사The Alchemist』를 통해 꿈을 실현하는 방법에 대해 이야기한다.

양치기 산티아고는 반복해서 보물을 찾는 꿈을 꾼다. '살렘의 왕'이라 자처하는 노인은 산티아고의 이야기를 듣고 그것이 바로 그의 사명이니, 보물을 찾으러 떠나라고 말한다. 그렇게 여행을 떠난 산티아고는 사람들에게 사기도 당하고, 전쟁을 겪기도 하지만, 사랑하는 사람을 만나 안정을 찾는다. 그러나 그는 현실에 안주하지 않고 자신의 사명을 완수하기 위해 보물을 찾으러 길을 떠난다.

산티아고처럼 눈앞의 안정된 삶과 아름다운 미래가 있더라도 가슴속에 꿈의 불씨가 타고 있는 사람은 영원히 미련을 버리지 못한다. 이들은 어떤 역경과 장애물이 가로막아도 꿈을 실현하고 말 것이다. 코엘료는 하늘이 우리에게 준 사명을 완수하는 것이 바로 삶의 의미와 행복을 얻는 일이라고 여겼다. 사명이 있는데도 완수하지 않는다면 끊임없는 고통과 번뇌로 괴로워하게 될 것이라고 생각했다.

빅토르 위고Victor Hugo는 말했다.

"용감한 사람도 소중한 꿈을 잃어버리면 나락으로 떨어져 공허함에 휩싸일 것이다. 인생은 여행과 같고, 꿈은 여행 지도와 같다. 지도를 잃어버리면 가던 길을 멈출 수밖에 없는 것처럼 인생에 목표가 없으면 열정도 메말라 버린다."

정신적인 공허함에 빠진 사람은 마약에 중독된 것처럼 벗어나지 못하고, 그것이 가져다주는 환상에 젖어 스스로를 갉아먹는다. 정신이 건강한 사람은 인생을 원망하거나 후회하지 않으며, 공허한 사람은 마음이 허전하다 하여 아무것도 하지 않으려 한다. 우리는 인생의 가치를 높이기 위해 최선을 다하고 정신적인 공허함에서 벗어나기 위해 끊임없는 노력을 기울여야 한다.

꿈이 없는 사람은 공허하지만, 꿈이 많은 사람은 희망을 품고 풍족한 삶을 일궈낼 것이다. 현재 공허하다고 두려워할 필요는 없다. 꿈을 찾고 그것을 이루기 위해 노력하다 보면 어느새 공허의 늪에서 빠져나온 자신을 발견하게 될 것이다. 따라서 꿈이 있는 사람은 영원히 공허해지지 않는다.

 # 스스로 가치 있다고
생각하는 일을 하라

어릴 때부터 고아원에서 자란 남학생이 어느 날 비관에 빠져 선생님에게 물었다.

"저는 아무도 원하지 않는 사람인데 사는 게 무슨 의미가 있나요?"

선생님은 미소를 지으며 대답했다.

"낙담하지 마렴. 아무도 널 원하지 않는다니 절대 그렇지 않단다."

그러던 어느 날, 선생님은 남학생을 불러 돌멩이를 주며 말했다.

"내일 아침, 이 돌멩이를 가지고 시장에 가보거라. 단, 누가 얼마를 준다고 해도 절대 팔아서는 안 된다."

그는 선생님의 말에 의아해하면서 돌멩이를 받았다. 그리고 다음날, 시장 한 구석에 자리를 잡은 그는 돌멩이를 판다고 소리쳤다. 그런데 뜻밖에도 돌멩이에 관심을 보이는 사람들이 몰려오기 시작했고, 돌멩이의 가격은 점점 올랐다.

선생님 말대로 아무에게도 돌멩이를 팔지 않은 그는 학교로 돌아와 선생님에게 시장에서 있었던 일을 알려주었다. 선생님은 다음 날 돌멩이를 황금시장에 가져가 보라고 말했다. 황금시장에 가니 전날보다 높은 가격으로 돌멩이를 사겠다고 하는 사람들이 나타났다. 하지만 그는 역시 돌멩이를 팔지 않았다.

마지막으로 선생님은 그를 불러 돌멩이를 보석시장에 가져가 보라고 말했다. 그러자 돌멩이의 가치는 전날보다 10배나 뛰었다. 높은 값에도 그가 절대 돌멩이를 팔지 않으려 하자 사람들은 그것을 '진귀한 보물'이라고 불렀다. 그는 선생님에게 이런 사실을 모두 알려주었다. 선생님이 말했다.

"인생의 가치는 이 돌멩이와 같이 어떤 환경에 처하느냐에 따라 달라진단다. 보잘것없는 돌멩이라도 소중하게 대하면 가치가 올라가고, '진귀한 보물'이 되지. 네가 이 돌멩이 같다는 생각이 들지 않니? 네가 스스로 소중하게 대할 때 네 인생의 가치도 높아질 거야."

하버드 대학의 한 교수는 이렇게 말했다.

"인생이 무가치한 이유는 그것이 창조할 수 있는 가치가 무한하기 때문이다."

사람이 얼마만큼의 가치를 창조할 수 있는지는 자기 자신에게 달렸다. 자신의 가치를 정확히 평가하고 스스로 가치를 높이기 위한 노력을 계속해 나가는 것이 중요하다. 그런 긍정적인 태도를 가질 수 있을 때 우리는 세월을 낭비하지 않고 하루하루의 가치를 찾을 수 있다.

공허한 기분이 들 때는 어떻게 해야 할까? 햄릿처럼 스스로에게 질문을 던져보자. '계속 공허함에 빠져 있을 것인가, 아니면 삶의 의미를 찾아볼 것인가?'

태도가 모든 것을 결정한다. 50달러짜리 지폐는 발에 밟혀 더러워지고,

여러 손을 거치며 너덜너덜해져도 여전히 50달러의 가치를 유지한다. 인생도 이와 같다. 잠시 공허함에 빠져 허우적댄다고 인생의 가치가 떨어지는 것은 아니다.

인생이라는 긴 여정에서 우리는 수많은 시련과 냉대를 받게 될 것이며, 심각한 모욕을 당할 수도 있다. 하지만 무슨 일이 벌어지든 인생의 가치는 사라지지 않는다. 인생의 가치는 사회적인 지위나 명성으로 결정되는 게 아니다. 더러운 곳에 살든 깨끗한 곳에 살든, 단정한 옷을 입었든 지저분한 옷을 입었든, 인생은 모두 소중하다.

사람들은 저마다 자기만의 가치를 가지며, 그것은 세월이 흐른다고 줄어드는 게 아니다. 열심히 자신의 장점을 발견하여 자신감을 가지고 앞으로 나아가는 것이 중요하다. 자신의 삶을 부정하거나 공허함에 빠져 청춘을 낭비하지 말고 자신의 가치를 소중하게 생각해야 한다.

Lesson Point

매일 열심히 살고 있는가? 인생의 가치를 높이기 위해서는 바로 오늘, 작은 일을 소중히 생각하는 것에서부터 시작하자. 모든 일에 최선을 다할 때 우리는 비로소 가치 있는 인생을 살 수 있다.

하버드 심리학 수업

해야 할 가치가 없는 일은 잘할 가치가 없다. 스스로 가치 없다고 생각하는 일을 하면 조소와 냉대의 태도를 가지게 되며, 성공할 확률도 떨어질 것이다. 설령 성공한다 해도 큰 성취감을 느끼지 못한다. 반대로, 스스로 가치 있다고 생각하는 일을 하면 즐겁게 일할 수 있으며, 그 일이 발전하는 모든 과정마다 높은 가치가 있다고 여길 것이다.

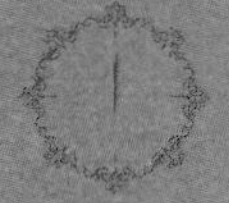

나는 창조한다. 고로 생존한다.

-하버드 대학교 니콜라스 로저스Nicholas Rogers 교수

Chapter 12

알 수 없는 나를 만나다

 # 열두 번째 성공 습관
잠재력 개발하기

잠재력은 잠재된 에너지를 의미한다. 심리학자들에 따르면, 사람의 의식을 빙산에 비교하면 위로 드러난 부분은 전체의 5%에 불과하고, 수면 아래 숨겨진 95%는 무의식이라고 한다.

잠재력의 힘을 발휘하고 싶다면 아래와 같은 훈련이 도움이 될 것이다.

- **매일 아침 주문을 외워라** | 매일 아침 일어나면 자신에게 주문을 외워보자. "나는 ~을 간절히 원한다, 나는 반드시 ~하게 될 것이다." 이렇게 큰 목소리로 주문을 외우면 가슴 깊숙한 곳에 숨어 있던 무의식이 그 소리를 듣고 무한한 잠재력을 발휘할 것이다.

- **음악 학원에 등록해라** | 평생 성공의 그림자만 좇느라 아무것도 이루지 못하느니, 진부한 생활방식에서 벗어나 새로운 출구를 찾는 것이 훨씬 낫다. 학생이든, 회사원이든 지금부터 다시 새로운 인생 계획을 세울 수 있다. 음악 학원에 등록하거나 다른 새로운 것들을 배워보자. 마음속에 잠자고 있던 잠재력이 깨어날 것이다!

- **자기 전에 명상을 해라** | 명상이란 외부 활동에 대한 의식을 멈추고 '몰아의 경지'에 도달하는 정신활동을 의미한다. 명상은 의식을 없애는 것이 아니

라, 의식이 더 또렷한 상태에서 잠재된 의식 활동을 더 민감하게 만들어준
다. 오늘 저녁부터 하루 삼십 분씩 명상을 시작해 보자!

- **매주 두 시간씩 큐브놀이를 해라 |** 무의식을 최대한 활용하기 위해서는 집중
  력을 끌어올려야 한다. 매주 두 시간씩 큐브놀이를 하며 색깔을 맞추는 데
  집중해 보자. 시간이 지나면 뇌의 긴장이 풀리면서 집중력이 크게 향상될
  것이다.

- **갑자기 떠오르는 영감을 노트에 기록해라 |** 필기구를 가까이 두고 한밤중에 갑
  자기 떠오르는 것들을 기록해보자. 보름쯤 지나서 노트를 들춰보면 예상외
  로 유용한 구상들을 발견할 수 있을 것이다. 이것은 뇌의 창의력을 키울 수
  있는 좋은 방법이다.

- **매일 삼십 분씩 공부를 해라 |** 잠재력을 개발하기 위해서는 일상생활에서 새
  로운 것을 끊임없이 배우며 뇌를 자극해야 한다. 매일 최소 삼십 분씩 공부
  하는 시간을 가져보는 건 어떨까? 수업이나 업무에 관한 책을 보거나, 학원
  에 등록하거나, 평소 흥미로운 분야를 공부하면서 마음의 양식을 쌓아보자.

Lesson 02 나의 잠재력을 깨워라

사람의 잠재력은 마치 캐도 캐도 끝이 보이지 않는 금광과 같으며, 우리는 금광을 통해 원하는 모든 것을 얻을 수 있다. 잠재력이 깨어나는 순간 기적은 일어날 것이다.

존은 하버드 대학 음악과에 재학 중이다. 어느 날, 평소처럼 연습실에 도착한 존은 피아노 위에 처음 보는 악보가 놓여 있는 것을 발견했다.

"정말 어려운 곡이군."

존은 악보를 살펴보다가 자기도 모르게 중얼거렸다. 그리고 자기는 죽었다 깨어나도 칠 수 없을 거라는 생각에 풀이 죽고 말았다.

벌써 몇 달째인지 모르겠다. 그는 새로 부임한 지도교수의 교육 방식을 이해할 수 없었다. 존은 다시 정신을 차리고 새로운 곡을 분석하고 연주하는 데 몰입했다. 그의 피아노 소리는 매일 쉬지 않고 들려왔다.

존의 지도교수는 유명한 음악가다. 지도교수가 새로 온 첫날, 그는 존에게 악보를 주며 "한 번 쳐보게."라고 말했다. 악보는 난도가 높은 곡으로, 존이 감당하기에는 아주 벅찼다. 피아노를 치는 동안 실수가 반복되었다. "아직 멀었군. 돌아가서 더 연습해오게!"

일주일 뒤, 지난주에 받은 악보를 열심히 연습한 존은 교수 앞에서 연주를 할 준비를 하고 있었다. 그런데 교수는 지난 악보에 관해서는 한 마디도 언급하지 않고 존에게 더 어려운 악보를 건넸다. 존은 어리둥절했지만 교수의 말대로 더 어려운 곡에 도전했다. 그런데 그 다음 주에도 교수는 그 전주보다 어려운 곡을 주며 연습하라고 시켰다.

존은 매번 어려운 악보로 인해 고생했지만, 열심히 연습해서 다음 주 수업에 참여했다. 그러면 교수는 언제나 존에게 더 어려운 악보를 내밀었다. 존은 지난주에 준 악보를 연습했는지는 확인조차 하지 않고 새로운 악보를 건네는 교수 때문에 점점 풀이 죽고 의기소침해졌다. 그런 수업이 반복되던 어느 날, 존은 더 이상 참지 못하고 교수에게 물었다.

"왜 석 달이나 저를 괴롭히시는 거죠?"

교수는 아무 말 없이 그가 처음 존에게 보여주었던 악보를 건넸다.

"한 번 쳐보렴."

그러자 기적 같은 일이 일어났다. 존은 처음 보았을 때만 해도 절대 칠 수 없을 것 같던 어려운 악보를 능숙하게 연주하고 있었다. 연주를 하는 존도 놀랍도록 향상된 자신의 실력에 입을 다물지 못했다. 그를 바라보던 교수는 흐뭇한 미소를 지으며 입을 열었다.

"자네에게 그런 방식으로 지도하지 않았다면 이렇게 아름다운 연주는 들을 수 없었을 거네."

하버드 대학에서는 학생들에게 이렇게 가르친다.

"사람은 모두 무한한 잠재력을 가지고 있으며, 깨어나기를 기다리고 있다. 잠들어 있던 잠재력이 깨어나면 기적 같은 일이 일어날 것이다."

연구에 따르면, 일반적으로 사람들은 잠재력의 10분의 1만 활용할 뿐이다. 대부분의 잠재력은 잠들어 있으며, 심지어 영원히 깨어나지 못할 수도 있다. 사람들은 얼마나 많은 잠재력을 가지고 있는지 모르기 때문에 자신의 무한한 발전 가능성을 믿지 않는다. 따라서 우리는 숨어 있는 진정한 자아를 발견하고 무궁무진한 잠재력을 깨워야 한다.

Lesson Point

무의식을 활용해 무한한 잠재력을 개발하는 것은 만능열쇠로 미래의 문을 여는 것과 같다. 생각과 정신 등의 무의식은 아무리 써도 사라지지 않는 보물이며, 위대한 조물주가 우리에게 선물한 소중한 재산이다.

하버드 심리학 수업

무의식은 지그문트 프로이트Sigmund Freud가 최초로 발견한 개념이다. 프로이트는 정신을 빙산에 비유했는데, 위로 드러난 극히 작은 부분은 의식, 수면 아래 보이지 않는 부분은 무의식이라고 보았다. 그는 사람의 말과 행동에 있어서도 의식으로 통제할 수 있는 것은 아주 일부에 불과하고, 대부분은 무의식의 통제를 받는다고 주장했다.

Lesson 03 '불가능'을 '가능'으로 바꿔라

베일러는 아칸소 주의 작은 중학교에서 문학을 가르친다. 쾌활하고 상냥한 성격의 그녀는 학생들에게 인기 만점의 선생님이다.

어느 날, 베일러는 학생들에게 종이를 나눠주고 '자신이 할 수 없는 일'에 대해 쓰라고 했다. 학생들은 열심히 적기 시작했다.

'나는 교과서의 긴 문장을 외울 수 없다, 나는 자전거를 타지 못한다, 다른 사람들이 나를 좋아하게 만들 수 없다.'

베일러도 열심히 종이에 '자신이 할 수 없는 일'을 작성했다. 10분이 지나자 한 장을 다 채우고 두 번째 장을 쓰는 학생도 있었다.

"이제 그만 쓰세요. 자신이 작성한 종이를 잘 접어서 앞에 놓인 상자에 넣어주세요."

학생들은 베일러의 지시에 따랐고, 그녀도 자신이 쓴 종이를 상자에 넣었다.

그녀는 창고에서 삽을 가져와 종이가 든 상자를 들고 아이들을 운동장 구석으로 데려갔다. 그리고 땅을 파서 상자를 묻고 흙으로 잘 덮었다. 그렇게 '불가능한 일'은 땅속에 묻혔다.

베일러는 상자가 묻힌 작은 '묘지'를 둘러싼 서른한 명의 아이들에게 엄숙한 목소리로 말했다.

"여러분, 서로 손을 잡고 고개를 숙여 묵념할 준비를 해주세요."

학생들은 베일러의 말대로 서로 손을 잡고 '묘지'를 둘러싼 채 묵념에 잠겼다. 잠시 뒤, 베일러가 입을 열었다.

"여러분, 오늘 '불가능 선생'의 장례식에 참석해 주셔서 감사합니다. '불가능 선생'은 살아생전 여러분의 삶에 많은 영향을 미쳤습니다. 때로는 그 어떤 사람보다 더 강력한 영향력을 발휘하는 순간도 있었습니다. 그분의 이름은 다양한 상황에서 출현하곤 했습니다. 그것은 정말 불행한 일이라고 할 수 있죠. 지금 우리는 이곳에 그분을 편안히 모셨고, 묘비도 세워드렸으니 안식을 취할 수 있기를 바랍니다. 그리고 앞으로 여러분이 '나는 할 수 없어.'라는 말 대신 '나는 할 수 있어, 내가 지금 해볼게.'라는 말을 하게 되기를 희망합니다. 이것은 '불가능 선생'의 명성을 따라가지도, 더 큰 영향력을 발휘하지도 못하지만, 여러분과 전 세계 사람들에게 더 긍정적인 영향을 미칠 것입니다. '불가능 선생'이 땅속에서 편안히 쉬실 수 있길 바라며, 여러분 모두가 더 큰 용기를 가질 수 있길 기원합니다! 아멘!"

추도문을 읽은 베일러는 다시 학생들을 데리고 교실로 돌아와 먹을 것을 나눠 먹으며 '불가능 선생'을 추모했다. 추모식의 하나로 베일러는 종이에 '불가능 선생, 편안히 쉬세요.'라는 문구와 그날의 날짜를 적은 뒤에 교실 벽에 붙였다. 그때부터 학생들은 "나는 할 수 없어."라는 말을 하고 싶을 때마다 '불가능 선생'의 죽음을 떠올리며 긍정적으로 생각하기 시작했다.

　인생의 고비를 직면한 사람들은 '불가능'이라는 세 글자에 사로잡혀 현실을 정면으로 바라보지 못하고 자신의 능력을 충분히 발휘하지 못한다. 이럴 때일수록 우리는 '불가능'을 땅속에 묻고 긍정적인 태도를 취해야 할 것이다.

　하버드 대학에서는 학생들에게 이렇게 가르친다.

"세상에 불가능한 일은 없다. 하려는 의지만 있다면 무슨 일이든지 성공할 것이다. 그러기 위해서는 먼저 '불가능'이라는 속박에서 벗어나 '불가능'한 도전을 시작할 수 있어야 한다. 그래야 '불가능'을 '가능'으로 바꿀 수 있다."

Lesson Point

'나는 할 수 없어.'라는 밧줄로 자신의 손발을 묶어서는 안 된다. 용감히 앞으로 나아갈 수 있을 때 '불가능'은 '가능'으로 바뀐다.
자신감 넘치는 사람은 어떤 일이든 할 수 있고, 어떤 목표든 달성할 수 있다고 믿는다. 이런 사람은 쉽게 성공의 길로 들어설 수 있다.

 자신을
과소평가하지 마라

1796년, 독일 괴팅겐Göttingen 대학에 재학 중인 19살 청년은 수학에 천부적인 재능을 가지고 있었다. 그는 저녁을 먹고 교수가 내준 수학문제 세 개를 풀기 시작했다. 두 문제는 두 시간 안에 풀었지만, 나머지 한 문제는 쉽게 풀리지 않았다. 세 번째 문제는 다음과 같았다.

'눈금 없는 자와 컴퍼스만 사용하여 17각형을 그리시오.'

청년은 세 번째 문제를 풀기 위해 오랜 시간 진땀을 흘렸지만 전혀 진도가 나가지 않았다. 자신이 알고 있는 수학 지식이 전혀 도움이 되지 않는다는 사실만 확인할 뿐이었다. 풀리지 않는 수학 문제 앞에서 청년은 오히려 오기가 생겼다.

"내가 반드시 풀고 말테야!"

그는 자와 컴퍼스를 가지고 이리저리 머리를 굴리며 문제를 풀기 위해 온갖 방법을 다 동원했다. 그리고 시간이 흘러 창가에 태양이 비출 때쯤,

청년은 문제를 풀고 안도의 한숨을 내쉬었다.

그날 학교에 간 청년은 풀이 죽은 채로 교수님에게 말했다.

"교수님이 주신 세 번째 문제를 푸느라 밤을 샜어요. 그래도 제게 기대를 저버리시면 안 돼요."

교수는 청년이 제출한 과제를 보고 깜짝 놀라 떨리는 목소리로 물었다.

"이걸 정말 네가 풀었다고?"

"네. 그런데 이 한 문제를 푸느라 밤을 새워야 했어요."

교수는 그에게 자와 컴퍼스를 주고 직접 17각형을 그려보라고 했다. 청년은 자신이 문제를 푼 방식대로 17각형을 그렸고, 그 모습을 지켜보던 교수는 이렇게 말했다.

"이것이 이천 년 동안 아무도 풀지 못했던 수학 문제라는 걸 아니? 아르키메데스Archimedes나 아이작 뉴턴Isaac Newton도 풀지 못한 것을 네가 하룻밤 만에 풀었다니 믿기지가 않는구나. 넌 정말 천재야!"

사실 세 번째 문제는 교수가 보던 종이를 실수로 청년에게 준 것이었다.

훗날, 그는 당시를 회상하며 말했다.

"그것이 이천 년 동안 아무도 풀지 못한 수학 문제라는 사실을 알았다면 저도 영원히 그 문제를 풀지 못했을 거예요."

세 번째 문제를 푼 청년은 세계적인 수학자 카를 프리드리히 가우스Carl Friedrich Gauss다. 가우스는 이천 년 동안 풀지 못한 수학 문제를 하룻밤만에 풀었다. 그가 천재인 것은 분명하지만 당시 그 문제가 아르키메데스나 뉴턴도 풀지 못한 난제였다는 사실을 알았다면 결과는 달라졌을 것이다.

사실, 우리는 시련을 통해 성장한다. 해결할 수 없는 문제가 있다면, 그것은 문제 자체가 어려워서가 아니라 그것을 너무 어렵게 생각한 나머지 용감히 맞서지 못하기 때문이다. 고난과 도전에 직면했을 때, 사람들은 그것으로 인해 무너지는 게 아니라, 극복할 수 없다고 생각하는 자신 때문에 무너진다.

'머리가 나빠서, 고통을 견디지 못해서, 선천적으로 부끄러움을 많이 타서, 사회성이 떨어져서.'

사람들은 고난을 극복할 수 없는 온갖 이유를 대며 회피한다. 물론, 적극적으로 나서서 행동하지도 않는다. 결국 고난은 '절대 극복할 수 없는 존재'가 되고 만다. 용감히 도전할 수 있는 사람만이 '불가능'을 극복하고 잠재력을 발휘할 수 있을 것이다.

Lesson Point

당신은 당신이 생각하는 것보다 뛰어나다! 사람은 무궁무진한 잠재력을 가지고 있으며, 드러난 것은 빙산의 일각에 불과하다. 긍정적인 자세로 자신을 자신이 생각하는 것보다 더 나은 사람이라고 여길 때, 실제로 그렇게 발전할 것이다.

Lesson 05 자신에게 더 넓은 세계로 나아갈 수 있는 기회를 제공해라

우리는 때로 운명의 낭떠러지에 매달릴 필요가 있다. 절대 물러설 수 없는 지경에서야 비로소 모든 역량을 발휘하게 되기 때문이다.

어느 날, 농부가 산에서 나무를 하던 중 땅에 떨어진 괴상하게 생긴 아기 새 한 마리를 주었다. 아기 새는 태어난 지 한 달 정도 된 병아리와 비슷했는데 날지는 못했다. 농부는 아기 새를 딸에게 선물했다. 아기 새를 가지고 놀던 딸은 금세 지겨워졌는지 바로 병아리 무리에 집어넣었고, 그때부터 아기 새는 암탉의 보호를 받으며 자랐다.

시간이 흘러 아기 새의 성장한 모습을 본 사람들은 깜짝 놀랐다. 아기 새는 다름 아닌 매였다. 그들은 매의 덩치가 더 커져서 닭을 잡아먹을 것이 걱정됐지만, 매는 닭들과 너무나 평화롭게 지냈다. 하지만 매가 본능적으로 하늘 높이 비상했다가 지상으로 급강하할 수 있게 되자 닭들도 무서워서 슬슬 피하기 시작했다.

농부는 점점 불안해졌다. 마을에 닭이 없어지기라도 하면 가장 먼저 매를 의심할 게 뻔했기 때문이다. 매를 원래 있던 곳으로 돌려보내거나 잡아먹는 수밖에 없었다. 그동안 매와 정이 든 농부는 차마 잡아먹지는 못하고 야생으로 돌려보내기로 마음먹었다.

농부는 매를 처음 만난 산속에 풀어줬지만, 어찌된 영문인지 매는 며칠 만에 다시 집으로 돌아왔다. 농부가 억지로 매를 집밖으로 쫓아내려 해도 집으로 다시 돌아오는 매를 어찌할 방도가 없었다.

그때 마을의 한 노인이 말했다.

"매가 영원히 돌아오지 못하도록 내가 처리해 주겠네."

노인은 매를 험준한 낭떠러지로 데리고 가 그 아래로 집어 던졌다. 매는 바위가 떨어지듯이 바닥을 향해 곤두박질치는가 싶더니 땅에 부딪치기 직전 날개를 활짝 펴고 날아오르기 시작했다. 그리고 가볍게 날갯짓하며 푸른 하늘로 높이 솟구쳤다. 매는 더 안정적으로, 더 높이, 더 멀리 날아갔고 점점 작은 점으로 작아졌다가 시야에서 사라졌다. 그리고 다시는 돌아오지 않았다.

이야기에서 집을 떠나지 못하는 매처럼 우리도 눈앞의 안락함을 버리지 못할 때가 많다. 더 크게 성장하기 위해서는 중요한 순간에 자신을 인생의 낭떠러지로 몰고 갈 수 있어야 한다.

하버드 대학에서는 학생들에게 이렇게 말한다.

"자신을 끝까지 몰고 가라. 그러면 엄청난 잠재력이 솟아날 것이다."

타성에 젖은 사람들은 안락한 둥지를 떠나려 하지 않는다. 하지만 심리학 연구에 따르면, 사람은 일정한 스트레스를 받는 환경에서 자신의 잠재력을 최대로 끌어올릴 수 있다고 한다. 맹자는 "근심과 걱정을 하는 사람은 살게 되고, 안일을 추구하는 사람은 죽게 된다生于憂患, 死于安樂."라고 했다. 다시 말해, 고난에 처한 사람은 그것을 원동력으로 잠재력을 깨우고 상황을 바꾸기 위해 필사적으로 노력하게 된다. 하지만 안정된 상황에 놓인 사람은 일시적인 안락과 편안함에 빠져 더 이상 아무런 노력도 하지 않게 된다는 의미다.

사람들은 힘들었던 과거를 잊지 못하고, 현재 누리고 있는 삶과 안정을 포기할 수 없기 때문에 용감히 도전하지 못한다. 자신을 낭떠러지로 몰아넣고 퇴로를 차단한다면 분명히 더 멋진 세계로 나아갈 수 있을 것이다.

따라서 자신을 낭떠러지로 몰고 간다는 것은 더 넓은 세계로 나아갈 수 있는 기회를 제공하는 것과 같다.

Lesson Point

사람은 모두 무한한 잠재력을 가지고 있다. 잠재력은 외부 세계의 압력으로 깨어나기 때문에 때로는 자신을 '낭떠러지'로 몰고 갈 필요가 있다.

하버드 심리학 수업

도미노Domino 효과는 도미노 카드 효과라고도 한다. 즉, 하나의 연결된 시스템에서는 아주 작은 부분이 무너지면 그것과 연결되어 있는 모든 부분에 연쇄반응을 일으킨다는 의미다.

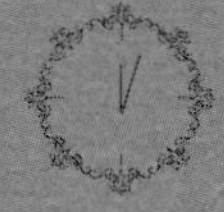

운명을 뛰어넘는 사람에게 신념은 운명의 지배자다.

-하버드 대학 졸업생이자 퓰리처상Pulitzer Prize 수상자 헬렌 켈러Helen Keller

Chapter 13

당신의
세계는
어떤가요?

 # 열세 번째 성공 습관
신념 지키기

신념은 의지와 행동의 기본이자, 개인의 동기와 장기적인 목표를 하나로 이어주는 매개체다. 신념이 없는 사람은 의지가 부족하여 적극적으로 행동하지 않는다. 신념은 내재된 에너지를 자극해 정신력, 체력, 지력 및 기본적인 욕구, 욕망, 신앙에 필요한 의지와 행동을 이끌어낸다.

흔들리지 않는 신념을 갖기 위해서는 아래의 방법을 사용할 수 있다.

- **매일 아침 자신에게 "너는 최고야!"라고 말하라** | 자신감은 우리가 성장하는 데 필요한 아주 중요한 요소 중 하나다. 자신감은 우리의 열정과 에너지를 결정한다. 자신감이 높은 사람은 늘 활기가 넘치고 남들보다 강한 신념을 가지고 있다.

- **목표를 적어 놓고 하루에 100번씩 읽어라** | 언어는 신비한 힘을 가지고 있어서 반복해서 말하면 무의식에 영향을 미치고 내면을 움직이게 한다. 그러니 자신의 목표를 적어 놓고 하루에 100번씩 읽어보자. 점차 자신감이 강해질 것이다.

- **아침 6시에 일어나는 습관을 기르자** | 하루아침에 과거의 생각과 습관을 바꿀 수 있는 사람은 없다. 따라서 작은 목표부터 시작해 보자. 매일 아침 6시에

일어나기를 일주일 동안 해보고, 한 달, 두 달, 석 달로 서서히 늘려간다. 목표를 달성할 때마다 신념도 조금씩 강해질 것이다.

- **신념을 자극할 수 있는 명언 찾아서 붙여 놓아라 |** 신념을 자극할 수 있는 명언을 찾아 침대맡이나 아침에 일어났을 때 가장 잘 보이는 곳에 붙여 놓는다. 그리고 기분이 나쁠 때, 기운이 빠질 때, 신념이 부족하다고 느낄 때 명언을 보며 마음속으로 되뇌어 보자.

- **남들과 비교하지 마라 |** 사람은 열등감을 극복하고 자신감을 회복하는 과정에서 성장한다. 사람은 저마다 장점과 단점을 가지고 있는데 단점보다 장점에 집중하는 것이 좋다. 일을 할 때마다 자신의 단점과 다른 사람의 장점을 비교한다면 열등감이 생길 수밖에 없다. 그러면 자신감도 크게 떨어질 것이다.

- **이전에 하지 못했던 일을 매주 하나씩 해보라 |** 성취감은 사람에게 믿음을 심어줄 수 있다. 이전에는 절대 하지 못했던 일을 해내거나 한 번도 해보지 않았던 일을 해냈을 때 얻을 수 있는 성취감은 마음속 깊은 곳에 자리한 신념을 강화시킨다.

 # 극복할 수 없는 고난은 없다

신념은 누구나 공짜로 얻을 수 있다. 성공은 작은 신념을 지키는 것에서부터 시작한다. 마음속에 신념을 가진 사람은 세상에 극복할 수 없는 고난은 없다.

어느 날, 한 남자아이가 길에서 놀다가 돌진하는 차를 피하지 못하고 사고가 났다. 다행히 제때에 응급처치를 해서 목숨은 건졌지만 두 팔은 절단해야 했다. 당시 고작 5살이었던 아이는 자신이 다른 사람들과 다르다는 사실을 알아채지 못했다. 하지만 아이가 학교에 들어갈 나이가 되었을 때, 팔이 없는 아이는 다른 아이들처럼 책장을 넘기고 글을 쓸 수 없다는 이유로 입학을 거부당했다.

아이는 매일 아침 즐겁게 등교하는 친구들을 바라보며 엄마에게 물었다. "엄마, 저는 팔이 없어서 학교에 갈 수 없는데 어떻게 해요?"

그 말을 들은 아이의 엄마는 가슴이 너무 아팠지만 애써 냉정을 유지하며 아이를 위로했다.

"애야, 너무 조급해하지 마렴. 계속 훈련하다 보면 팔이 자라날 거야."

엄마의 말을 들은 아이는 활짝 웃으며 고개를 끄덕였다. 그날부터 아이는 엄마와 함께 열심히 재활훈련을 받았고, 발을 이용해 세수하고, 밥 먹고, 글쓰기를 할 수 있게 되었다. 그리고 더 이상 다른 사람의 도움 없이 일상생활을 할 수 있었다. 아이는 여전히 열심히 훈련하면 팔이 다시 자랄 거라고 믿었다.

몇 년 뒤, 아이는 자신이 아무리 노력해도 손이 다시 자라지 않는다는 사실을 깨닫고 엄마에게 물었다.

"엄마, 제가 이렇게 열심히 노력하는데 왜 팔이 안 자라요?"

엄마는 뭔가를 결심한 듯한 눈빛으로 아이의 바라보며 말했다.

"애야, 지금 다른 사람들이 팔로 할 수 있는 일 중에서 네가 할 수 없는 게 있니?"

아이가 대답했다.

"아니요. 제게는 발이 있어요. 친구들이 팔로 하는 것보다 훨씬 더 잘해낼 수 있어요."

"그럼 팔이 다시 자라날 필요가 없겠지? 잘 기억하렴. 네 두 팔은 마음속에 있단다. 네가 지치고 힘들 때 마음만 먹으면 언제든지 불러낼 수 있어."

아이는 그때서야 엄마의 말을 깨달았다. 그가 아무리 노력해도 두 팔을 볼 수 없었던 이유는 그것이 마음속에서 자라고 있었기 때문이다.

이것이 바로 신념이다. 어떤 일을 간절히 원할 때 마음속에서 신념이 자라는데, 이 신념만 있으며 어떠한 두려움도 극복할 수 있다.

하버드 대학에서는 학생들에게 이렇게 가르친다.

"신념은 사람에게 가장 중요한 인성이다. 신념이 부족한 사람은 고난을 이겨낼 힘이 없다. 세상에 신념보다 강한 것은 없다. 신념은 그 어떤 것보다 우리의 삶에 큰 영향을 미친다. 인생의 성공과 실패, 해피엔딩과 새드엔딩도 모두 어떤 신념을 가지고 있느냐에 달렸다. 신념이 없는 사람은 엔진이 없는 차와 같다. 언젠가 전복되고 말 것이다."

신념은 일종의 신앙처럼 우리에게 인생의 의미와 방향을 제시한다. 신념은 화수분처럼 아무리 써도 사라지지 않는다. 또한 신념은 대뇌의 중추 신경처럼 우리의 뇌를 통제하고 믿음에 따라 일을 처리한다. 신념은 잠재력을 깨우는 열쇠이자 우리를 성공으로 이끄는 힘이다.

Lesson Point

성공은 작은 믿음에서부터 시작한다. 일단 신념이 생기면 무한한 힘을 얻을 수 있다. 어떤 신념을 가졌는지에 따라 인생도 바뀔 수 있다. 자라나는 청소년들에게 가장 중요한 것은 신념을 품는 것이다.

하버드 심리학 수업

심리학에 신념 편향Belief Bias이라는 말이 있다. 이것은 연역추리 과정에서 결론의 실제효과에 관계없이 자신의 신념에 맞는 결론은 받아들이지만, 자신의 신념에 맞지 않는 결론은 받아들이지 못하는 것을 의미한다.

 # 신념을 지키는 사람은
인생의 의미를 찾을 수 있다

작은 마을의 우편배달부 히왈라는 매일 마을 곳곳을 누비며 일을 한다. 그러던 어느 날, 그는 험준한 산길에서 바위에 걸려 바닥에 넘어지고 말았다. 히왈라를 넘어뜨린 바위는 희귀하게 생긴 아주 독특한 바위였다. 바위를 들어 이리저리 살펴보던 그는 시선을 떼지 못하고 바위를 우편물 가방에 넣은 채 길을 떠났다. 마을에서 그를 본 사람들은 가방 안의 커다란 바위를 가리키며 말했다.

"바위를 버리세요. 갈 길도 먼데 그렇게 무거운 걸 들고 다니면 힘들어요."

그러자 히왈라는 바위를 꺼내며 말했다.

"이것 좀 보세요. 정말 아름답지 않아요?"

그의 반응에 사람들은 웃으며 답했다.

"그런 바위는 산에 널리고 널렸어요. 평생 주워도 충분할 정도예요."

집으로 돌아온 히왈라는 문득 이런 생각이 들었다. '이렇게 아름다운 바위로 성을 짓는다면 얼마나 아름다울까!' 그는 매일 우편배달을 하면서 바위를 조금씩 실어 나르기 시작했다. 하지만 성을 지으려면 엄청난 양의 바위가 필요했다. 그때부터 히왈라는 손수레에 우편물을 싣고 다니며 괜찮은 바위를 발견할 때마다 실어 날랐다. 그는 자신이 꿈꾸는 성을 짓기 위해 하루도 쉬지 않고 바위를 나르는 데 열중했다. 마을 사람들은 그의 꿈이 불가능하다며 혀를 찼고, 심지어 그가 제정신이 아니라고 생각하는 사람도 있었다.

20년 뒤, 그는 마침내 꿈에 그리던 성을 여러 개 지었다. 성들은 각각 이슬람 사원, 인도 다신교, 기독교 풍격을 지니고 있었다.

1905년, 미국 보스턴의 한 신문사 기자가 마을을 지나다가 우연히 성을 발견했는데, 이곳의 풍경과 성의 구조를 보고 감탄을 금치 못했다. 그는 즉시 히왈라에 관한 기사를 작성했다. 신문에 이름이 실린 히왈라는 순식간에 유명인사가 되었고, 그의 명성을 듣고 성을 찾아오는 방문객이 문전성시를 이루었다. 방문객 중에는 당시 천재 화가로 알려진 파블로 피카소Pablo Picasso도 포함된다.

히왈라는 성의 입구를 장식한 바위 위에 이런 문구를 새겨 넣었다.

"나는 이 희망의 바위가 얼마나 먼 곳까지 갈 수 있을지 알고 싶다."

그것은 산속에서 그를 넘어뜨린 첫 번째 바위였다.

Lesson Point

신념은 태양과 같다. 우리가 그것을 향해 나아갈 때 그림자는 뒤에 올 것이다. 우리는 불행과 고난에 직면해서도 신념을 끝까지 지켜야 한다. 신념은 어떤 순간에도 삶을 지탱할 수 있는 힘을 제공해주기 때문이다.

Lesson 04 나를 쓰러뜨릴 수 있는 사람은 없다

영국이 낳은 최고의 극작가 셰익스피어는 '밤이 아무리 깊어도 새벽은 온다.'고 말했다. 그러니 희망을 간직하라는 의미다. 신념과 희망은 삶을 지탱할 수 있게 해주는 원동력이다. 강한 희망과 신념을 가진 사람은 어떤 시련도 극복할 수 있으며, 기적을 만들어낸다.

사막을 횡단하던 중에 한 무리의 사람들이 길을 잃었다. 뜨거운 태양을 받으며 길을 헤매던 사람들은 탈수 증상으로 생명까지 위태로워졌고, 더 이상 움직일 힘도 없었다. 그때 무리를 이끌던 노인이 가방에서 물통을 꺼내며 말했다.

"여기 마지막 물이 있네. 사막을 벗어나면 함께 나눠 마시는 걸로 하고, 힘을 내서 길을 찾아보는 게 어떤가?"

노인의 말에 힘을 얻은 사람들은 다시 몸을 일으켜 걷기 시작했다. 마지막 남은 물통은 그들의 유일한 희망이었다. 물이 가득 들어 묵직한 물통을 본 사람들은 살아야겠다는 의지가 일어났다. 하지만 햇볕이 뜨거워지자 더 이상 참지 못한 한 사람이 노인에게 부탁했다.

"제발 물 한 모금만 마시게 해주세요."

그의 말에 노인은 불같이 화를 냈다.

"안 되네. 이 물은 사막을 벗어난 뒤에야 마실 수 있네. 지금은 절대 줄 수 없어."

그러던 어느 날 저녁, 노인은 물통과 쪽지만 남기고 자취를 감췄다.

"내게 사막은 더 이상은 무리네. 물통을 남기고 먼저 저 세상으로 가 있을 테니, 사막을 벗어나기 전까지는 절대 물을 마셔서는 안 되네."

사람들은 비통함에 빠져 계속 길을 떠났다. 노인의 물통은 사람들이 차례로 들었지만, 물을 마시는 사람은 아무도 없었다. 누구도 노인의 목숨과 맞바꾼 물을 함부로 마실 수 없었기 때문이다.

사람들은 마침내 사막을 벗어났고, 서로 부둥켜안고 눈물을 흘리며 기뻐했다. 그때 누군가 노인이 남긴 물통의 뚜껑을 열었다. 그런데 그 안에 든 것은 물이 아니라 모래뿐이었다.

하버드 대학에서는 학생들에게 이렇게 가르친다.

"신념과 희망은 삶의 원동력이다. 때때로 실패의 원인은 외부 환경이 아니라, 자기 자신에게 있다. 그러니 살아 있는 한, 최선을 다해 노력하라. 어떤 절망 속에서도 신념을 유지해야 한다. 신념은 우리에게 신비한 힘을 가져다 줄 것이다. 강한 신념을 가지고 희망을 버리지 않는다면 운명도 우리에게 길을 양보할 것이다."

사실 희망을 가볍게 버리는 사람들이 아주 많다. 그들은 자신이 무엇을 하든 보답 받을 수 없다고 여기며, 미래는 멀리 있는 것이라 생각한다. 희망이 있는 사람은 눈앞에 기상천외한 일들이 펼쳐져도 흔들리지 않는다. 하지만 희망이 없는 사람은 그의 부정적인 감정과 태도의 영향을 받은 무의식이 그를 나쁜 방향으로 이끌 것이다. 이렇게 부정적인 에너지에 갇혀 돌파구를 찾지 못한 잠재력은 결국 세상의 빛도 보지 못한 채 더 어둡고 깊은 곳으로 숨어버린다.

사실 우리도 마찬가지다. 불행과 시련 앞에서는 누구나 자신감이 떨어질 수밖에 없다. 하지만 그럼에도 불구하고 성공하는 사람은 희망을 포기하지 않는 자들이다. 그들은 긍정적인 마음으로 문제를 바라보고, 미래에 희망을 품는다. 즐거운 마음으로 삶을 대하는 자는 결국 풍성한 보상을 받을 것이다.

사람은 누구나 무한한 잠재력을 가지고 있다. 그러니 인생의 고난과 시련에 직면했을 때 포기하지 말고 희망을 품어보자. 그러면 가슴속에 숨어 있던 잠재력이 샘솟고, 우리가 원하던 꿈을 실현할 수 있을 것이다.

Lesson Point

어두운 먹구름 뒤에는 항상 빛나는 태양이 있고, 겨울이 지난 뒤에는 언제나 따뜻한 봄이 찾아온다. 이처럼 어떤 고난이든 뒤에는 늘 행운이 숨어 있으니 절대 희망을 버리지 말아야 한다.

하버드 심리학 수업

모든 출구는 다른 문으로 통하는 입구이다. 다시 말해, 지난 목표는 다음 목표를 위한 기초이며, 다음 목표는 지난 목표의 연장선상에 있는 것이다. 목표를 하나씩 달성해 간다면 오르지 못할 정상은 없을 것이다. 희망도 마찬가지다. 가슴에 희망을 품고 한 걸음씩 나아간다면 불가능해 보이는 꿈도 이룰 수 있을 것이다.

 # 인생에서 가장 두려운 일은 신념을 잃어버리는 것이다

1955년, 18세의 키몬트는 미국의 최연소 스키선수로서 사람들의 사랑을 독차지했다. 어딜 가나 그녀의 이름이 오르내렸고 신문과 잡지는 그녀의 사진으로 도배되었다. 모든 미국인이 그녀를 사랑했고, 다음 올림픽에서 그녀가 금메달을 딸 것이라고 기대했다.

하지만 그해 일어난 비극은 키몬트를 절망의 끝으로 내몰았다. 올림픽 예선 마지막 경기에 참여한 키몬트는 스키를 타던 중 실수로 넘어졌고, 이것은 큰 사고로 이어졌다. 병원에서 가까스로 깨어난 키몬트는 다행히 생명에는 지장이 없었지만 하반신 불구라는 판명을 받았다.

세상에는 고난에 직면했을 때 쉽게 포기하는 사람과 희망의 끈을 놓지 않고 끝까지 분투하는 사람이 있다. 의지가 강한 그녀는 후자에 속했고, 고통스러운 현실을 극복하기 위해 끊임없이 노력했다.

몇 년 동안 상태는 호전됐다가 악화되기를 반복했지만, 그녀는 결코 포기하지 않았다. 그리고 마침내 그녀는 글을 쓰고, 타자를 치고, 휠체어를 타고, 스스로 음식을 먹을 수 있게 되었고, 다시 새로운 인생의 목표를 찾았다. 그녀는 교수가 되고 싶었다. 하지만 몸이 불편하다는 이유로 학교에서는 매번 그녀의 임용을 거부했다. 학교 관계자와 병원 의사들은 하나같이 그녀의 몸 상태로는 교수가 될 수 없을 거라고 생각했다.

하지만 그녀는 주변 사람들의 편견과 반대에도 포기하지 않고 교수의 꿈을 위해 끊임없이 노력했다. 열심히 재활치료를 받았고 공부도 더 열심히 했다. 그리고 마침내 1963년 워싱턴 대학의 교수로 임명되었다.

하버드 대학에서는 학생들에게 이렇게 가르친다.

"신념이 강한 사람은 성공할 확률도 높다. 신념은 항해하는 배의 조타수와 같다. 조타수가 없다면 배는 방향을 잃고 암초에 부딪혀 파도에 휩쓸려 침몰하고 말 것이다. 이와 마찬가지로 신념이 없으면 자아를 상실하고 삶의 의미를 찾지 못하게 될 것이다."

신념을 잃어버리는 이유는 외부적인 요인이 아니라 자기 자신에게 있다. 따라서 잃어버린 신념을 다시 세우는 일에 있어서도 외부의 도움보다는 자기 자신의 노력이 가장 필요하다.

Lesson Point

성공에 이르는 첫걸음은 작은 신념을 가지는 것에서부터 시작된다. 신념은 기적을 일으키는 출발점이기 때문이다. 따라서 신념은 성공의 원동력이자, 기적을 만들어내는 힘의 원천이다.

사람은 타인에게 존중받길 원한다. 이것이 바로 사람과 동물의 차이점이다.
사람은 누구나 자신에게 관심을 보이는 사람을 만나고 싶어 한다.
내가 상대방을 대하는 만큼 상대방도 그렇게 나를 대해줄 것이기 때문이다.

-하버드 대학교 출신의 커뮤니케이션 컨설턴트 홀리 위크스 Holly Weeks

끌어당김의 법칙

 # 열네 번째 성공 습관
끌어당기기

사람은 살아 있는 자석과 같다. 인생의 부와 성공, 행복, 건강은 자신이 끌어당긴 결과이고 실패와 가난도 마찬가지다. 이것이 바로 끌어당김의 법칙이다. 싫어하는 일을 계속 생각하면 싫어하는 일을 끌어당길 것이고, 좋아하는 일을 계속 생각하면 좋아하는 일을 끌어당길 것이다.

아래와 같은 방법을 사용하면 끌어당기는 힘을 키울 수 있다.

- **감사 일기를 써라** | 감사하는 마음은 사람을 긍정적으로 만들어준다. 다른 사람에게 감사하는 마음을 가질 때 우리는 긍정적인 감정을 느끼기 때문이다. 따라서 매일 감사하는 일 다섯 가지를 찾아 기록해 보자. "비가 오지 않는 맑은 날씨에 감사합니다."처럼 소소한 일이라도 상관없다. 감사 일기를 쓰고 긍정적인 기운을 끌어당겨 보자.
- **목표를 써놓고 매일 읽어라** | 앞으로 이루고 싶은 모든 목표를 기록하고 우선순위를 정해보자. 그리고 가장 중요한 목표에 표시를 하고 매일 소리 내어 읽는다. 목표에 집중할수록 실현될 날이 가까워질 것이다.
- **꿈을 표현한 그림이나 사진을 매일 봐라** | 이루고 싶은 꿈을 그려보거나 꿈과 관련된 사진을 찾아 매일 보면 무의식에서는 그것이 실현되었다는 신호를

보낸다. 그러면 온 우주가 나의 꿈을 끌어당길 수 있도록 도움을 줄 것이다.

- **힘이 되는 글귀를 반복적으로 읽어라** | 나에게 힘이 되는 글귀를 써 놓고 반복적으로 읽으면 강한 믿음이 형성될 것이다. 예를 들어, "나는 사랑받는 사람이다."라는 글귀를 써 놓고 매일 읽으면 정말 사랑받는 사람이 될 것이다.
- **새벽 기도를 해라** | 우리는 기도를 통해 마음의 목소리에 귀를 기울일 수 있다. 기도할 때의 깨끗한 마음은 우주와 연결되어 온 우주의 기운을 끌어당길 수 있다. 매일 새벽, 조용한 공간에서 10분간 기도를 통해 마음을 정화시켜 보자.
- **꿈과 관련된 물건을 수집해라** | 꿈과 관련된 물건을 수집해서 상자에 모아보자. 예를 들면, 여행 잡지에서 아름다운 해변 사진이나 만나고 싶은 사람의 사진을 오려서 상자에 모아 놓을 수 있다. 그러면 꿈을 이루고자 하는 희망이 쌓여 긍정적인 기운을 만들어 낼 것이다.

 관심 있는 것을
끌어당기다

사람들에게 일어나는 모든 일은 좋은 일이든 나쁜 일이든 우리의 생각이 끌어당긴 결과다. 우리가 무언가를 생각하는 순간 그것은 주변 사물에 영향을 미치며 자신이 생각하는 대로 발전하게 된다.

20세기 40년대 어느 깊은 밤, 미국 필라델피아의 한 호텔에 불이 났다. 당시 잠들어 있던 투숙객만 258명에 달했는데, 다행히 깨어 있던 사람들이 불길이 번지는 것을 보고 119에 신고했다. 하지만 소방관이 도착하기도 전에 많은 사람들은 살려는 본능에 따라 창문에서 뛰어내렸고, 그대로 목숨을 잃고 말았다.

당시 7층에 묵었던 여자도 타오르는 불길을 피해 다른 사람들처럼 건물에서 뛰어내릴 준비를 했다. 여자는 창문을 내려다보며 "제발 살려 주세요. 다시 살게 해주세요!"라고 간절히 외친 뒤에 몸을 던졌다. 그런데 정말 기적이 일어났다. 여자가 7층에서 뛰어내린 순간 길을 지나가던 행인이 그녀를 받은 것이다. 그렇게 여자는 화재 사고의 유일한 생존자가 되었고, 여자가 뛰어내리는 사진은 역사에 길이 남는 순간으로 기록되었다.

끌어당김의 법칙은 말도 안 되는 소리라고 말하는 사람도 있을 것이다. 사람들은 누구나 건강하고 행복하게 살길 바라지만 그렇게 사는 사람은 많지 않기 때문이다. 하지만 그렇다고 해서 끌어당김의 법칙이 아무런 효과가 없다고 말할 수는 없다.

무언가를 간절히 원한다면 목표를 달성했을 때의 기분을 상상함으로써 그것을 끌어당길 수 있다. 그리고 스스로 원하는 바를 이룰 수 있으며 그럴만한 가치가 있다고 생각하면서 그 일에 집중하면, 실제로 원하는 목표를 달성할 수 있게 된다.

어떤 일이 이루어질 것이라고 믿는다면 '불가능'한 일도 '가능'하게 될 것이다. 역사적으로 위대한 발명도 신념이 강한 사람이 이루어낸 성과다. 그들은 강한 신념으로 자신의 생각과 행동을 이끌었다. 이처럼 신념은 실질적인 행동으로 이어질 때 가시적인 성과를 가져올 수 있다. 이것이 바로 끌어당김의 법칙이자, 영원히 변치 않는 우주의 법칙이다.

하버드 심리학 수업

끌어당김의 법칙은 상호수요균등의 법칙Law of equation of reciprocal demand과 비슷하다. 상호수요균등의 법칙이란 수요, 성격, 흥미, 기질, 능력, 특기와 생각 등에서 차이가 존재할 경우, 쌍방의 수요와 만족은 상호보완 관계를 형성하게 되는 것을 의미한다.

 # 원하는 모든 일이
이루어질 것이다

제임스는 상상만으로 독특한 골프 테크닉을 발명했다. 놀라운 사실은 제임스가 포로수용소에 갇혀 있던 7년 동안 골프채를 만져 본 적도 없으며, 당시 그의 골프 실력도 평범한 수준이었다는 것이다. 하지만 그가 수용소에서 풀려나 처음으로 찾은 골프장에서 74타를 쳤다!

이것은 그의 평균 타수보다 2타나 초과한 것이지만 골프채를 7년 만에 잡은 것을 감안하면 놀랄만한 기록이다. 더 믿기 어려운 사실은 그의 몸 상태가 7년 전보다 좋아졌다는 점이다.

제임스가 이런 기적을 만들어 낼 수 있었던 비결은 바로 '이미지 트레이닝'에 있었다. 그는 베트남 포로수용소에서 고작 세로 1.5미터 가로 2미터밖에 안 되는 작은 공간에 장장 7년간 갇혀 지냈다.

7년 동안 그는 다른 사람과 접촉하거나 대화를 나눌 수도 없었으며, 체력관리를 하는 것은 더욱 불가능했다. 처음 수용소에 들어오고 몇 달간은 절망에 빠져 어서 이곳에서 벗어나게 해달라는 기도만 하며 지냈다. 하지만 시간이 흐르면서 마음을 다스리는 법을 터득했고 '이미지 트레이닝'을 시작하게 되었다. 그러지 않았다면 그는 미쳐버렸을지도 모른다.

그는 마음속으로 마음에 드는 골프채를 선택하고 골프장으로 향했다. 매일 골프 클럽에 나가 18개 홀을 돌며 세부적인 것까지 모두 머릿속으로 체험했다. 상상 속에서 그는 언제나 멋진 골프복을 입고 잔디의 푸른 향기를 맡았다. 어느 날에는 태양이 강하게 내리쬐고 어느 날은 비가 내렸으며 봄, 여름, 가을, 겨울이 차례로 지나갔다. 그리고 각종 골프채와 골프공, 푸른 잔디, 지저귀는 새들, 바쁘게 왔다 갔다 하는 다람쥐, 골프장의 언덕…… 모든 것이 생생하게 펼쳐졌다.

그는 골프채를 손에 쥐었다 생각하고 퍼팅과 스위프 기술을 연습했다. 골프공은 잘 깔린 잔디를 지나 자신이 예상한 지점으로 굴러갔다. 실제로 그는 한 발자국도 움직이지 않았지만 마음속에서 골프공을 따라다니다 보면 진짜로 골프를 치는 것 같은 기분이 들었다. 상상 속으로 18홀을 다 도는 시간도 실제와 비슷했다. 그는 작은 부분까지도 놓치지 않았으며, 슬라이스 라이와 훅 라이, 퍼팅의 기회를 한 번도 놓치지 않았다 .

일주일에 7일, 하루에 24시간, 18홀을 7년간 반복한 제임스는 마음속으로 완벽한 경기를 치를 수 있게 되었다. 이것이 바로 그가 수용소에서 풀려나 처음으로 찾은 골프장에서 74타를 칠 수 있었던 비결이다.

심리학자들은 어떤 일을 처리할 때, 먼저 마음속으로 그 일을 인식한 뒤에 착수하면 자신이 생각했던 것보다 훨씬 더 나은 성과를 이룰 수 있다고 주장한다.

따라서 어떤 일을 처리할 때, 의식적으로 노력하거나 강한 의지로 해결하려고 할 필요는 없으며 자신이 제대로 하고 있는지 지나치게 걱정할 필요도 없다. 긴장을 풀고 마음속으로 원하는 목표를 상상한 뒤에 그 일을 처리해야 할 임무로 받아들이게 하면 된다. 이렇게 하면 원하는 모든 일이 이루어질 것이다. 하지만 마음속으로 '이 일을 해야지'라고 상상만 하고 아무런 노력도 하지 않는다면 목표를 달성하기 힘들다.

하버드 대학 학생들은 "원하는 모든 일이 이루어질 것이다."라는 이치를 알고 있으며, 이것을 통해 많은 성과를 얻고 있다. 모두 함께 이 신비한 방법을 사용해 보는 건 어떨까?

Lesson Point

실패할 거라고 상상하는 사람은 실패할 것이고, 성공할 거라고 상상하는 사람은 반드시 성공할 것이다. 성공은 머릿속으로 위대한 인물을 상상하는 것에서부터 시작된다.

하버드 심리학 수업

심리학 연구에 따르면, 어떤 일을 21일 동안 반복하면 습관이 되고, 90일 동안 반복하면 무의식에 뿌리를 내려 평생 습관으로 자리 잡는다고 한다. 상상하는 습관도 마찬가지다. 90일 동안 반복하면 평생 습관으로 자리 잡게 된다. 이렇게 성공은 작은 일을 반복하는 것에서부터 시작된다.

 # 가장 좋아하는 것과 가장 잘하는 것

찰스 다윈Charles Robert Darwin은 영국의 저명한 생물학자이자 진화론자이다. 그는 5년간 세계 일주를 하며 대자연을 이해하고 생물과학 연구에 기념비적인 역할을 하는 『종의 기원On the Origin of Species』을 저술했다. 다윈은 어릴 때부터 주변 환경에 관심이 많았고, 특히 한 가지 문제에 깊이 파고들어 연구하는 것을 좋아했다.

어느 날, 어린 다윈과 아버지가 알록달록한 꽃들이 활짝 핀 꽃밭을 산책하고 있었다. 그런데 형형색색을 뽐내는 다른 꽃들과 달리 보춘화報春花는 노란색과 하얀색밖에 보이지 않았다. 다윈이 말했다.

"보춘화도 여러 가지 색깔로 피면 아름다울 텐데!"

다윈을 지켜보던 아버지는 웃으며 대꾸했다.

"그럼 꼬마 몽상가님이 한번 해볼까? 너라면 틀림없이 좋은 방법을 생각해 낼 수 있을 거야."

며칠 뒤, 다윈은 아버지를 향해 신나게 뛰어오며 말했다.

"제게 좋은 생각이 났어요. 곧 빨간색 보춘화를 보여드릴게요."

"그래, 한번 해보렴. 성공한다면 영국 최초의 빨강 보춘화가 될 거야."

그리고 또 며칠이 흘렀다. 환호성을 지르며 달려온 다윈은 아버지의 손바닥에 무언가를 얹으며 말했다.

"자, 한번 보세요!"

아버지의 손에는 빨간색 보춘화가 살포시 놓여 있었다.

"이런, 정말 네가 해냈구나!"

깜짝 놀라는 아버지를 보며 의기양양해진 다윈이 말했다.

"제가 연구한 거예요. 꽃은 뿌리로 물을 흡수해서 몸 전체에 공급한다고 말씀해주셨잖아요. 그 말을 듣고 보춘화에게 빨간 물을 주면 하얀 꽃이 빨갛게 변하지 않을까 생각했어요. 그래서 어제 하얀 보춘화를 집으로 가져와 빨간 잉크를 탄 물을 줬는데 오늘 일어나 보니 정말 하얀 꽃이 빨갛게 물들어 있더라고요!"

이처럼 다윈은 어릴 때부터 자연에 관심을 가지고 열심히 연구했고 훗날 세계적인 생물학자로 명성을 떨쳤다.

"내가 잘하는 일은 무엇인가?"

자신이 좋아하는 일을 직업으로 삼는다면 자신의 잠재력을 충분히 발휘할 수 있으며, 아무리 힘들고 어려워도 실망하지 않고 즐겁게 일할 수 있을 것이다. 심지어 모든 것을 잊고 미친 듯이 몰두하는 사람도 있다.

에디슨이 바로 전형적인 예다. 그는 매일 실험실에서 먹고 자며 거의 모든 시간을 연구에 투자했지만 전혀 힘들다고 생각하지 않았다. "나는 살면서 하루도 일해 본 적이 없다."라고 말할 만큼 그는 매일 즐겁게 연구했다. 그랬기 때문에 그는 세계적인 발명가가 될 수 있었다.

사람들은 종종 자신이 뭘 잘하는지 모르겠다고 말하는데, 그것은 자기 자신을 믿지 못하기 때문이다. 자신을 결코 과소평가할 필요는 없다. 나의 능력은 세상에 유일무이한 것이라고 믿어보자.

성공한 사람들을 유심히 관찰해 보면 공통점을 발견할 수 있다. 어떤 재능을 가지고 어떤 일을 하던지 자신이 가장 잘하는 일을 한다는 사실이다.

하버드 대학에서는 학생들에게 이렇게 가르친다.

"재미를 느끼는 일을 해야 성공할 수 있다. 성공한 사람들은 자신의 가치를 실현하기 위해 새로운 것을 배우는 게 아니라, 자신의 재능을 가장 잘 발휘할 수 있는 일에서부터 시작한다."

Lesson Point

흥미는 나의 가장 좋은 스승이다. 내가 가장 흥미를 느끼는 일이나 하고 싶은 일을 해야 성공할 가능성이 커진다. 뭘 해야 할지 모를 때는 조용히 마음의 소리에 귀를 기울여 보자. 마음의 소리에 따라 자신이 좋아하는 일을 해야 자신의 역량을 최대한 발휘할 수 있으며 성공할 수 있다.

하버드 심리학 수업

심리학에서 흥미란 어떤 일이나 행동에 특별한 관심을 기울이거나 좋아하는 심리 경향을 의미한다. 여기에서 심리 경향이란 어떤 일에 대한 흥미 또는 주의를 기울이는 정도를 의미한다.

자신이 무엇을 할 수 있는지를 아는 것보다, 무엇을 할 수 없는지를 아는 것이 더 중요하다.

-하버드 대학교 22대 총장 로렌스 로웰Lawrence Lowell

Chapter 15

나는
가장 중요한
사람이다

 # 열다섯 번째 성공 습관
초조함에서 벗어나기

자만심은 뽐내길 좋아하거나 자신의 능력을 과대평가하고 거만한 행동이 습관화된 상태를 일컫는다. 자신이 남보다 한 수 위라고 생각하는 사람은 자신을 한없이 높이고, 다른 사람은 한없이 낮게 본다. 이런 사람들은 남의 의견을 받아들이지 않고 자기 고집이 세며, 독선적이고, 자신의 생각을 타인에게 강요한다. 그리고 다른 사람의 의견이 옳다는 것을 알면서도 그것을 받아들이거나 자신의 태도를 바꾸지 않는다.

자만심을 극복하고 겸손을 배우기 위해서는 어떻게 해야 할까?

- **종이에 자신이 할 수 없는 일을 적고 하루에 세 번씩 보아라** | 자신의 재능이 아무리 뛰어나도 할 수 없는 일들이 있다. 종이에 자신이 할 수 없지만 다른 사람은 할 수 있는 일들을 적어보고 하루에 세 번씩 보면 겸손한 마음이 생길 것이다.

- **낯선 사람을 믿고 뒤로 넘어져 보라** | 뒷사람이 잡아줄 것을 믿고 뒤로 넘어지는 운동을 하면 서로 신뢰를 쌓는 데 도움이 된다. 자신이 대단한 인물처럼 느껴질 때 이 운동을 해보면 타인의 중요성을 이해할 수 있다.

- **매일 이해되지 않는 문제들을 기록해라** | 지식이 풍부한 사람일수록 자신이 모

르는 문제도 잘 발견한다. 그러니 호기심을 가지고 이해할 수 없거나 어려운 일들을 기록해 보자. 자신이 모르는 게 많다는 사실을 알면 자만심도 누그러들 것이다.

- **자신에게 '너도 할 수 없는 일이 있어!'라고 말해라 |** 자신에게 '너도 할 수 없는 일이 있어!'라고 자주 말하면 무의식에 영향을 미쳐 서서히 겸손한 마음이 생겨날 것이다.

- **종종 자신의 결점을 지적하는 친구와 함께해라 |** 사람들은 눈앞에서 자신의 결점까지 지적해 줄 수 있는 친구와 함께 놀라고 말한다. 시시때때로 비판하고 지적하는 친구와 함께 있으면 자만심도 서서히 줄어들 것이다.

- **우상과 자신의 성취와 비교해보라 |** 사람들은 모두 따라하고 싶은 우상이 있다. 우상의 성취와 자신의 성취를 비교해보며 자신이 얼마나 부족한 사람인지 반성하게 될 것이다. 우상을 좇아 열심히 노력하다 보면 자만심에서 벗어날 수 있다.

 # 너 자신을
알라

어느 여름 밤, 파리 한 마리가 방에 들어왔다가 출구를 찾지 못해 갇히고 말았다. 방구석에 숨어 벌벌 떨고 있던 파리는 서재 쪽에서 여유롭게 날아오는 모기 한 마리와 마주쳤다. 모기가 물었다.

"왜 여기 숨어서 부들부들 떨고 있는 거야?"

"누가 언제 파리채를 휘두를지 모르잖아. 아까도 파리채에 맞아 한방에 죽을 뻔한 걸 겨우 달아났거든."

모기는 한심하다는 표정으로 파리를 힐끗 보더니 말했다.

"흥! 왜 우리가 인간들을 무서워해야 하지?"

"뭐라고?"

"나를 따라오면 재밌는 걸 보여주지."

모기는 억지로 파리를 끌고 서재로 갔다. 서재에 놓인 책상 위에는 철학서 한 권이 펼쳐져 있었다.

모기는 파리에게 책의 한 구절을 보여주며 말했다.

"이것 좀 봐. 모기의 작은 날갯짓이 폭풍우와 같은 커다란 기후변화를 일으킨다! 대단하지 않아? 나도 예전에는 내가 이런 엄청난 능력을 가지고 있을 줄은 꿈에도 몰랐어! 이젠 그 무엇도 두렵지 않아. 날갯짓 몇 번으로 폭풍우를 불러올 수 있는데 인간 따위를 두려워할 이유가 없지!"

"하지만 실제로 폭풍우를 불러온 적은 없지 않아?"

"그거야 내가 내 능력을 몰라서 시도해 보지 않아서 그런 거지. 지금은 자신 있어! 내 위대한 능력으로 인간을 무릎 꿇리고 전 세계를 지배할 수도 있을 거야. 하하."

그때 갑자기 어디선가 도마뱀이 나타났다. 파리는 잽싸게 날아가며 모기에게 소리쳤다.

"어서 도망쳐. 도마뱀이 나타났어!"

하지만 모기는 거만한 눈빛으로 도마뱀을 째려보며 이렇게 말했다.

"흥! 저 따위 도마뱀이 감히 인간세계를 지배할 나를 어떻게 하겠어? 한 번 지켜보라고. 내가 날갯짓 한 번으로 혼내줄 테니!"

모기는 달아나지 않고 도마뱀을 향해 세차게 날갯짓을 했다. 하지만 도마뱀은 아랑곳하지 않고 긴 혀를 이용해 모기를 낚아챘다. 그 모습을 지켜보던 파리는 한숨을 쉬며 멀리 날아갔다.

자만심으로 똘똘 뭉친 모기는 자신이 판 함정에 빠져 죽음을 자초했다. 우화에 나오는 모기처럼 어리석은 사람들이 많다. 이들은 지나친 자만심으로 인해 자신의 가치를 정확히 판단하지 못하고 늘 부정적인 결과를 초래한다.

자만심에 빠진 사람은 다른 사람에게 관심이 없어서 좋은 인간관계를 형성하지 못한다. 그들은 언제나 자신의 이익만 생각하며, 모든 사람이 자신을 위해 봉사해야 한다고 여긴다. 따라서 평소에 그들을 찾는 사람이 없고, 일이 생겨도 부탁할 사람이 없다.

하버드 대학에서는 학생들에게 이렇게 가르친다.

"자만심은 스스로 무덤을 파는 것과 같다. 작은 성공에 빠져 우쭐거리지 마라. 자만심에 빠진 자는 자신을 기만하고, 쓴 열매를 먹고도 달콤한 척 가장한다. 자만은 사람을 해롭게 하고, 심지어 사람의 목숨까지도 위협할 수 있다."

청소년에게 적절한 수위의 자만은 투지와 자신감을 높이고, 고난 앞에서 '할 수 있다'는 믿음을 심어주어 용감히 도전할 수 있게 도와준다. 하지만 이러한 자만도 객관적인 현실을 바탕으로 형성되어야 한다. 그렇지 않으면 아무런 이득도 가져다주지 못할 뿐 아니라, 일상생활과 학교생활, 인간관계에 심각한 영향을 미칠 수 있다.

하버드 심리학 수업

미국 벨 전화 연구소Bell Telephone Laboratory의 유명한 과학자이자 위성통신의 아버지로 불리는 존 피어스John Pearce는 이렇게 말했다. "자신의 무지를 아는 자는 그것을 채우기 위해 노력한다." 즉, 자신의 결점을 아는 사람은 부족한 부분을 알기 때문에 그것을 채우기 위해 노력한다.

 # 자신의 결점을 파악하고 채워넣어라

"인생은 유한하고 지식은 끝이 없다"라는 말처럼 모든 학문은 끝이 없기 때문에 누구도 최고 경지에 이르렀다고 말할 수 없다. 만약 그런 사람이 있다 해도 곧 뒤에 오는 후학에게 자리를 내주게 될 것이다.

하버드 대학의 한 강의동 앞에 졸업을 앞둔 기계과 4학년 학생들이 마지막 시험을 치루기 위해 모여 있었다. 그들은 몇 분 뒤 시작될 시험에 대해 이야기하고 있었는데 모두들 자신감이 흘러 넘쳤다. 마지막 시험이 끝나면 학교를 졸업해 구직활동을 하게 될 것이다.

몇몇 학생들은 이미 취직이 된 상태였고, 나머지 학생들도 4년간 학교에서 실력을 갈고 닦았으니 사회로 나갈 준비를 충분히 했다고 자부했다. 게다가 그들은 곧 시작될 마지막 시험을 가볍게 생각했다. 교수가 필요한 교과서와 참고서, 필기 노트를 가져올 수 있도록 허용했기 때문이다.

시간이 되자 학생들은 즐거운 기분으로 교실에 들어갔다. 교수가 시험지를 나누어 주자 학생들 얼굴은 다시 한 번 미소를 지었다. 시험 문제가 다섯개 밖에 안됐기 때문이다.

3시간 뒤 시험시간이 끝나자 교수는 시험지를 걷어오라고 말했다. 하지만 처음과 달리 학생들은 울상이거나 난감한 표정을 지으며 아무 말도 하지 못했다. 학생들의 얼굴을 본 교수가 물었다.

"다섯 문제를 모두 푼 학생이 있나요?"

아무도 손을 들지 않았다.

"네 문제를 푼 학생이 있나요?"

여전히 아무도 손을 들지 않았다.

"그럼 세 문제는? 두 문제는?"

학생들은 의자에 앉아 안절부절못했다.

"그럼 한 문제라도 푼 학생이 있나요?"

교실에 있는 학생들 전원은 침묵으로 일관했다. 얼마 후, 교수가 입을 열었다.

"제가 예상한 결과대로군요. 여러분은 4년 동안 대학에서 교과과정을 마쳤지만 실무와 관련해서는 아무것도 모르고 있어요. 사회에 나가면 여러분은 어떤 문제도 풀 수 없을 거예요."

하버드 대학 교수는 마지막 시험을 통해 자만심에 빠진 학생들에게 깊은 교훈을 주었다. 시간이 흐르고, 당시 시험에 참여했던 학생들은 자기만의 일을 갖게 된 후에도 마지막 시험에서 얻은 교훈을 한시도 잊지 않았다. 배움에서 성과를 얻으려면 현실에 안주해서는 안 된다. 시대는 계속 발전하고 새로 배워야 할 것들은 늘어나기 때문이다. 따라서 자신의 결점을 알고 계속 채워나가야 한다. 그러니 성공하고 싶다면 평생 공부해야 한다.

지식은 끝이 없으며, 항상 새롭게 갱신된다. 사회는 빠르게 변하고 과학

기술은 나날이 새로워지고 있다. 따라서 끊임없이 새로운 지식을 배우고 익혀야 사회의 발전 속도를 따라잡을 수 있을 것이다.

지식은 영원히 배워도 끝이 없다. 학문하는 사람이 평소에 서적을 두루 섭렵하여 연구하고 실천하며 경험을 쌓았다 해도, 여전히 모르는 게 있다는 말이다. 사실 인생은 끊임없이 탐색하고 창조하며 배워나가는 과정이다. "배움은 끝이 없다."는 말처럼 우리가 살아가는 시간이 늘어나는 만큼 배워야 하는 것도 늘어난다. 그러니 생명이 다하지 않는 한 배움도 끝나지 않는다. 우리의 삶은 배움을 통해 완성되고, 인생은 평생 배우는 과정이므로 절대 자만심에 빠져 가던 길을 멈추어서는 안 된다.

Lesson Point

겸손은 사람이 시시각각 변하는 세상의 지식과 능력을 끊임없이 익힐 수 있도록 해 준다. 무슨 일을 하든 '빈 잔'처럼 자신을 비울 수 있어야 더 많은 '물'을 담을 수 있다.

하버드 심리학 수업

오스트리아의 한 경제학자는 이렇게 말했다. "육상 경기에서 빠른 선수가 항상 승리하는 것은 아니며, 권투 경기에서 체격이 건장한 선수가 항상 이기는 것은 아니다. 교만함과 조급함을 경계하고 최후에 웃는 자가 진정한 승리자다."

Lesson 04 먼저 자신을 본 뒤에 주변 사람을 보아라

작은 성공으로 우쭐대거나 안하무인으로 변하는 사람들이 많다. 빌 게이츠는 "작은 성공을 맛보았다고 자신을 대단하게 생각해서는 안 된다. 자신이 자만에 빠져있을 때 따끔하게 일깨워주는 사람이 있다면 행운이라고 생각해야 한다."고 말했다.

천재 발명가 에디슨은 말년에 이렇게 말했다.

"앞으로 내게 어떤 충고도 할 필요 없다. 당신들의 생각은 이미 내가 했던 것에 불과하기 때문이다!"

그때부터 에디슨의 비극은 시작되었다.

1882년 백열등이 시장에서 큰 성공을 거두자 에디슨의 전기회사는 전력망을 세우기 시작했다. 바야흐로 '전기의 시대'가 도래한 것이다. 당시 에디슨의 회사는 직류 시스템을 기반으로 했다. 얼마 지나지 않아 교류 시스템이 등장했지만, 에디슨은 수학 지식(교류 시스템에는 다양한 수학 지식이 동원되었다)의 한계와 직류 시스템에 대한 자만심으로 인해 교류 시스템의 가치를 인정하지 않았다. 그는 자신의 명성을 이용해 연설을 다니며 교류 시스템을 공격하기 시작했고, 심지어 교류 시스템은 전기의자로 사람을 죽일 때밖에 쓸모가 없다며 비웃었다. 교류 시스템 기술을 출시한 웨스팅하우스Westing House는 에디슨으로 인해 처참한 패배를 맛볼 수밖에 없었다. 하지만 얼마 후, 교류 시스템이 직류보다 훨씬 월등하다는 사실이 밝혀지면서 에디슨을 믿고 떠받들었던 사람들을 깜짝 놀라게 했다.

에디슨은 평생 눈부신 삶을 살았지만 말년에 자만심에 빠져 어리석은 행동을 함으로써 자신의 명성에 치명적인 오점을 남기고 말았다. 에디슨은 말년에 왜 전혀 다른 사람처럼 변했을까? 성공한 발명가를 무너뜨린 것은 무엇일까? 에디슨은 온갖 역경 속에서 놀랄만한 의지와 긍정적인 태도를 유지하며 성공을 손에 넣었지만, 성공한 이후에는 자신의 업적에 도취되어 경솔하고 고집스러운 사람으로 변하고 말았다. 결국 그는 평생 자신이 쌓아온 업적에 스스로 흠집을 내며 사회발전을 가로막았고, 자신의 명예까지 실추시켰다.

한 박사가 배를 타고 바다를 항해하고 있었다. 배에서 선장을 만난 박사가 물었다.

"천문학에 대해 아세요?"

"아니요. 잘 모릅니다."

"그럼 역사학, 동물학, 식물학에 대해서는요?"

선장은 여전히 고개를 저었다. 그러자 박사는 비웃듯이 말했다.

"당신은 아는 게 하나도 없으니 밥통이나 마찬가지네요."

그런데 얼마 후, 날씨가 흐려지더니 파도가 거세져 배가 뒤집히기 직전이었다. 하얗게 질린 박사를 보고 선장이 물었다.

"수영을 할 줄 아세요?"

"저는 세상 온갖 것에 대해서는 다 알지만 수영은 할 줄 모릅니다."

그때 배가 뒤집혔고 박사는 살려 달라고 소리쳤다. 선장은 그를 잡고 해안까지 헤엄쳤다. 선장은 무사한 박사를 보더니 웃으며 말했다.

"당신은 온갖 것을 다 알고 나는 아무것도 몰라서 밥통이라고 하더니, 지금 보니 수영은 전혀 할 줄 모르네요. 이 밥통이 없었으면 당신은 익사해서 몸만 둥둥 떠다니는 물통이 될 뻔했군요."

박사는 자신이 뭐든 다 안다고 잘난 체하며 우쭐댔지만, 선장 앞에서 웃음거리가 되고 말았다. 사실 주변에 '박사'와 같은 사람은 아주 많다. 그들은 자신의 능력과 성과를 과장하고 과시하면서 스스로 추켜세우길 좋아한다. 하지만 자신의 능력을 과시하면 할수록 사람들의 미움을 사고, 체면을 구기게 될 것이다.

역사적으로 성공한 사람들이 말년에 실패하는 이유는 자만과 독선으로 남을 업신여기고 무시했기 때문이다. 자만에 빠진 초패왕楚霸王은 해하垓下 전투에서 패했고, 관우關羽는 형주荊州를 잃었으며, 나폴레옹Napoleon은 워털루Waterloo에서 패했다. 이처럼 자만은 성공을 방해하는 걸림돌이다.

 # 겸손은 실력에서 나오고,
자만은 무능함에서 나온다

어느 날, 소크라테스Socrates의 제자들이 모여 이야기를 나누고 있었다. 그중에 부유한 집안 출신의 한 학생은 다른 학생들 앞에서 자기네 집이 아테네에서 가장 넓은 땅을 가지고 있다고 자랑하며 우쭐거렸다. 그가 한창 잘난 척하고 있을 때, 옆에서 조용히 듣고 있던 소크라테스가 지도를 꺼내며 그에게 물었다.

"아시아가 어디에 있는지 알고 있느냐?"

"여기 넓은 곳 전체가 아시아입니다."

"그래! 그럼 그리스는 어디에 있느냐?"

학생은 지도에서 가까스로 작은 땅덩이를 찾았다. 하지만 아시아에 비하면 턱없이 작았다.

소크라테스가 다시 물었다.

"아테네는 어디에 있느냐?"

"아테네는 그리스보다 훨씬 더 작으니 아마 이쯤 될 것입니다."

학생은 아주 작은 점 하나를 가리키며 말했다. 소크라테스는 그를 보며 말했다.

"그럼 아까 네가 자랑한 너희 집의 넓은 땅이 어디에 있는지 알려줄 수 있느냐?"

학생은 그의 말에 식은땀을 흘렸다. 그가 과시하던 넓은 땅은 지도에서 찾을 수 없기 때문이다.

우리가 소유한 모든 것들은 무한한 우주와 비하면 보잘것없는 존재에 불과하다. 그러니 겸손한 마음을 가져야 한다.

진시황릉 병마용 박물관에는 최고의 보물인 '진관지보眞館之寶'라 불리는 궤사용跪射俑이 있는데, '병마용의 꽃'이자, 중국 고대 조각예술의 걸작으로 대접받는다. 그리고 산시성陝西省은 궤사용을 성省의 상징으로 선전하고 있다.

궤사용은 왼쪽 다리를 구부리고 오른쪽 무릎을 땅에 댄 채 오른발을 수직으로 세워 바닥을 짚고 있는 형상이다. 상체는 약간 왼쪽으로 기울어져 있으며, 부리부리한 두 눈은 왼쪽 정면을 응시하고 있다. 두 손은 상체의 오른쪽 위에서 활을 쏘는 자세를 취한다.

지금까지 진시황 병마용갱에서는 1000여 점의 병마용이 출토되었는데, 대부분 파손되어 복원작업이 필요하다. 하지만 궤사용은 완전한 상태로 발견되어 옷의 무늬와 모발까지도 자세히 관찰할 수 있다.

궤사용은 어떻게 파손 없이 온전히 유지될 수 있었을까?

전문가의 분석에 따르면 그것은 바로 궤사용의 낮은 자세 덕분이라고 한다. 기립 자세를 한 병마용의 평균 높이가 1.8~1.97미터인 것에 비해, 궤사용의 높이는 1.2미터이다. 병마용갱은 토목구조로 지어진 지하갱도인데 천장이 무너질 때 키가 큰 병마용의 머리가 먼저 파손되는 바람에 낮은 자세를 하고 있는 궤사용은 멀쩡할 수 있었다. 그리고 궤사용의 앉은 자세를 보면, 땅에 닿는 오른쪽 무릎, 오른발, 왼발의 세 부분이 허리와 삼각형을 이루어 상체를 지탱하며, 중심이 아래쪽에 위치해 안정성을 높여주었다.

사실, 처세도 이와 마찬가지다. 겸손한 자세를 유지하며 무의미한 분쟁을 피한다면 돌발 상황이 생겨도 다치지 않고 앞으로 나아갈 수 있다.

Lesson Point

자신을 잘 알기 위해서는 자신의 장점과 단점을 모두 볼 줄 알아야 한다. 일시적인 현상에 미혹되어 전체를 보지 못해서는 안 되며 어느 한쪽에 기울여서도 안 된다.

하버드 심리학 수업

심리학에서 '상관성 법칙'이란 세상의 모든 일들은 서로 연결되어 있으며, 완전히 독립적으로 존재하지 않는다는 의미다. 어떤 문제를 해결하기 위해서는 가장 어려운 부분이 아니라 그것과 관련된 부분에서 시작하는 것이 좋다. 자만심에 빠진 사람이 자신의 힘으로 문제를 해결하려고 하는 것은 '상관성 법칙'에 어긋나는 행동이므로 성공하기 어렵다.

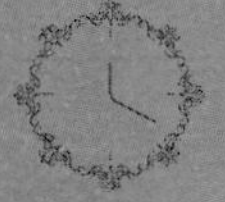

당신은 바로 자신이 생각한 대로 될 것이다.

-하버드 대학교 졸업생 미국의 철학자 랠프 월도 에머슨 Ralph Waldo Emerson

Chapter 16

긍정적인
암시를 보내라

열여섯 번째 성공 습관
자기암시하기

심리암시는 무의식적으로 이해하고 받아들일 수 있는 말이나 행동을 통해 희망하거나 계획 중인 행위에 영향을 미치는 것을 의미한다. 연구에 따르면, 교묘한 암시는 자기도 모르게 우리의 판단력을 흐리게 하여 생각에 영향을 미칠 수 있다.

자기암시를 통해 꿈을 실현하기 위한 방법은 아래와 같다.

- **"나는 ~을 원하지 않아."라는 말 대신 "내가 원하는 것은 뭐지?"라고 질문하라 |** "싫어, 아니, 별로"라는 말을 할 때 우리는 원하지 않는 일에 집중하게 되어 있다. 이럴 때는 "내가 원하는 것은 뭐지?"라고 질문해보자. 뭔가를 원한다는 말만으로도 마음속에서는 변화가 시작될 것이다.

- **"나는 반드시 ~할 수 있다."고 표현해라 |** 자신에 대한 의심을 버리고 "나는 반드시 ~을 할 수 있다."고 표현해 보자. 그러면 마음속에 긍정적인 에너지가 형성되어 현실에서도 큰 힘을 발휘하게 될 것이다.

- **컴퓨터에 폴더를 만들 때 자신의 소원을 폴더명으로 작성해라 |** 고객이 더 많아지길 바란다면 컴퓨터 폴더명을 '미래의 고객'이라고 작성해 보자. 자신의 목표나 소원을 폴더명으로 만들어 놓으면, 무의식에서는 그것이 이미 실현

된 것처럼 받아들이기 때문에 실질적인 행동에 큰 변화를 일으킬 것이다.

- **초록색 커튼이나 테이블보를 구입해라** | 초록색은 마음을 안정시키고 균형을 유지할 수 있도록 도우며, 우정과 신뢰, 평화를 증진한다. 초록색 물건을 자주 보면 마음이 편안해지면서 희망으로 가득 차게 된다.

- **아침, 저녁으로 취침 전후에 자신의 장점에 대해 말해라** | 우리의 뇌는 반의식 상태에서 무의식이 의식을 가장 잘 받아들인다. 아침, 저녁으로 취침 전후에 가장 적당한 반의식 상태에 처해 있을 때 몇 분간 침대에 편안히 누워 마음속으로 자신과 대화를 나눠보자. 자신의 장점과 능력, 성공하고 싶은 이유 등에 대해 간단히 이야기하면서 긍정적인 암시를 할 수 있다.

- **누군가 "어때?"라고 묻는다면 "아주 좋아."라고 대답해라** | 미국의 한 권투 챔피언은 기자들이 어떠냐는 질문에 항상 "I'm best!(아주 좋아요!)"라고 대답함으로써 긍정적인 자기암시를 했다. 사실이 그렇지 않은 상황이라 해도 무슨 상관이랴? 자신에게 종종 이렇게 말하다 보면 어느새 자신감으로 충만해질 것이다!

마음속으로 자신을 긍정하는 모습을 발견해라

심리암시는 일상생활에서도 흔히 찾아 볼 수 있는데, 이것은 사람들에게 크고 작은 영향을 미치고 있다. 긍정적인 심리암시는 우리에게 이득을 가져다 줄 것이다. 우리는 긍정적인 암시는 늘리고, 부정적인 암시는 줄이기 위해 노력해야 한다.

어느 날, 하버드 대학 심리학과 강의실에 교수의 초청으로 빌 박사가 내빈했다.

"빌 박사는 세계적인 화학자로서, 오늘 여기에서 간단한 실험을 할 거예요."

교수의 소개를 받은 빌 박사는 가방에서 액체가 든 유리병을 꺼내면서 학생들에게 말했다.

"이것은 제가 연구 중인 물질인데 휘발성이 강해서 마개를 열면 바로 날아가 버리지만 인체에 무해하고 약간의 냄새가 나요. 조금 있다가 제가 마개를 열 것인데, 그때 냄새를 맡은 학생들은 손을 들어 알려주세요.”

말을 마친 빌 박사는 스톱워치를 켜고 유리병 마개를 열고 학생들의 반응을 지켜보았다. 잠시 뒤, 첫째 줄에 앉아 있던 학생부터 마지막 줄 학생까지 차례대로 손을 들었다.

“좋아요. 실험은 이것으로 끝났어요. 그런데 여러분에게 한 가지 알려줄 사실이 있어요. 사실 빌 박사는 우리 학교 교수였고, 유리병에 들어 있던 물질도 평범한 증류수였어요.”

교수의 말을 들은 학생들은 어리둥절한 표정으로 서로를 쳐다보며 방금 유리병을 열었을 때 냄새를 맡지 않았냐며 이야기를 나누었다. 사실을 믿지 못하겠다는 학생들을 보며 교수가 다시 말을 이었다.

“여러분이 냄새를 맡았다고 느끼는 이유는 빌 박사의 암시 때문이에요. 유리병에 연구 중인 물질이 들어 있는데 휘발성이 강하고 약간의 냄새가 난다는 그의 말을 믿었기 때문에 마개를 열었을 때 특수한 물질의 냄새를 맡을 수 있었던 거예요.”

실제로 이런 일들이 일어날 수 있을까? 물론 가능하다. 예를 들어, 누군가 하품하는 모습을 보면 자기도 모르게 따라서 하품을 하고, 누군가 기침을 하면 목이 간질간질하게 느껴진다. 그리고 육상경기를 보고 있으면 어느새 발을 움직이고 있다.

사실 심리암시는 일상에서 쉽게 찾아 볼 수 있다. 예를 들어, 어느 날 누군가 “얼굴색이 안 좋아 보여요. 어디 아프세요?”라고 묻는다면 아무 이상이 없는데도 불구하고 갑자기 머리가 지끈거리거나 어딘가 아픈 것 같은 기분이 든다. 결국엔 병원을 찾아가 권위 있는 의사에게 “아무 이상 없습니다.”라는 말을 듣고 나면 아팠던 몸이 다시 개운해지면서 활력을 되찾는다.

암시는 양날의 검과 같이 긍정적인 영향을 미칠 수도 있지만, 부정적인 영향을 미칠 수도 있다. 긍정적인 심리암시는 많은 이득을 가져다준다. 예를 들어, 운동선수의 기록이 세계 기록에 가까워졌을 때, 코치가 옆에서 "너는 할 수 있어. 너는 최고가 될 수 있어!"라고 암시해주면 선수는 잠재력을 발휘하여 세계 신기록을 달성하게 된다. 코치의 암시가 선수에게 긍정적인 작용을 한 것이다. 하지만 부정적인 심리암시는 부정적인 결과를 초래할 수 있다.

Lesson 03 나는 내가 원하는 모습으로 변할 수 있다

"나는 내가 원하는 모습으로 변할 수 있다."

항상 이 말로 자신을 격려하고 습관처럼 읊어보자. 그러면 틀림없이 자신이 원하는 모습으로 변해 있을 것이다.

바르샤바Warsaw의 어느 마을에 한 무리의 아이들이 잔디밭에서 놀고 있었다. 그때 지나가던 집시 여인이 다가와 여자아이의 손을 잡고 자세히 들여다보더니 이렇게 말했다.

"장차 세계적으로 이름을 떨치게 되겠군!"

그런데 시간이 흐른 뒤 놀랍게도 그녀의 '예언'이 적중했다. 그때 집시 여인이 지목한 아이는 바로 마리 퀴리Marie Curie였다.

냉동 창고에서 일하던 직원이 퇴근 후에 실수로 냉동 창고에 갇히고 말았다. 이튿날 사람들이 그녀를 발견했을 때는 이미 '동사'한 상태였는데, 이상한 것은 그날 냉동 창고에는 전기가 나가 상온 상태였다는 사실이다!

유명한 과학자가 한 학교에서 두 학급을 대상으로 이런 실험을 진행했다. 한 학급 학생들에게는 "너희는 아이큐가 아주 높은 천재야."라고 말하고, 또 다른 학급 학생들에게는 "너희는 아이큐가 보통인 평범한 아이야."라고 말했다. 그리고 15년 뒤, 당시 천재라는 말을 들은 아이들은 실제로 아주 좋은 업적을 달성했고, 평범하다는 말을 들은 아이들은 정말 평범하게 살고 있었다.

훗날, 과학자가 발표한 연구 논문에 따르면, 당시 두 학급 학생의 아이큐는 모두 비슷했는데 실험을 위해 거짓말을 한 것이었다. 당시 아이큐가 높다는 말을 들은 아이들이 성인이 되어서 비범한 업적을 이룬 것은 과학자에게 천재라는 말을 들었기 때문이다. 그들은 천재라는 말을 들은 뒤부터 자신에게 더 많은 요구를 하게 되었고 이것은 그들을 더 나은 방향으로 발전시키는 원동력이 되었다. 반면 평범하다는 말을 들은 아이들은 자신은 아이큐가 높지 않아서 좋은 성과를 달성할 수 없을 거라고 생각했다. 따라서 평범한 사람에 만족하며 일상생활을 하다 보니 성인이 되어서도 '평범한 사람'에 머무르고 말았다.

하버드 대학의 교수들은 학생들에게 이렇게 말한다.

"누구든 자신이 원하는 모습으로 변할 수 있다."

사실 세상에 정확한 예언이란 존재하지 않는다. 집시 여인은 퀴리 부인에게 '반드시 성공할 것'이란 믿음을 심어주었고, 냉동 창고에서 얼어 죽은 여자는 창고에 갇히는 순간 '내 인생이 냉동 창고에서 끝나는구나. 여기 있다가 얼어 죽고 말겠지!'라고 생각했다. 이처럼 '심리암시'는 긍정적인 영향을 미치기도 하지만, 부정적인 영향을 미치기도 한다.

    Chapter 16

우리는 자신이 원하는 모습으로 변할 수 있다. 마음속에 확실한 목표가 있으면 강한 신념이 생기고, 자신을 목표를 향해 나아갈 수 있도록 끊임없이 격려한다. 비록 원한다고 무조건 그렇게 될 수 있다고 확신할 수는 없지만, 스스로 그런 믿음을 가지게 되었다는 것은 큰 의의가 있다. 믿는다면 그렇게 될 가능성도 커진다. 에디슨도 전구를 발명하기 전까지 수천 번의 실패를 경험했다. 하지만 끝까지 자신의 '가능성'을 믿었기 때문에 계속 도전했고, 마침내 전구를 발명할 수 있었다.

성적이 안 좋다고 앞으로도 계속 실패할 것이라고 걱정하며 시간을 낭비하는 청소년들이 많다. 만약 이런 생각이 든다면 지금부터 마음속으로 이렇게 외쳐보자.

"나는 내가 원하는 모습으로 변할 수 있다."

Lesson Point

누군가에게 "간절히 원하면 이루어진다."는 말이 아름다운 축복이라면 자신에게도 축복이 될 것이다. 과학자들의 연구에 따르면, 같은 일을 해도 성공할 거라는 생각으로 하는 사람이 그렇지 않은 사람보다 성공할 가능성이 더 크다.

하버드 심리학 수업

피그말리온 효과Pygmalion effect란 타인이나 사물에 대한 사람들의 긍정적인 기대가 좋은 방향으로 발전하는 현상을 의미한다. 반대로 타인이나 사물에 대한 사람들의 부정적인 기대 또한 나쁜 방향으로 이끌 수 있다.

 긍정적으로 생각하면
긍정적인 마음이 따라온다

"나는 못해, 나는 할 수 없어."를 입에 달고 사는 사람들이 있는데 이것은 매우 어리석은 행동이다. 심리암시의 영향은 생각보다 크기 때문이다. "나는 못해."라는 말은 스스로 부정적인 심리암시를 하는 것과 같아서, 시간이 흐르면 부정적인 방향으로 진행될 수 있다.

어느 날, 하버드 대학 심리학과 교수 로버트는 한 여고생의 전화를 받았다. 여고생은 전화로 학업과 인간관계에 대해 이야기하고 자신과 부모님의 관계에 대해서도 털어놓았다. 그녀가 하고 싶은 말의 핵심은 "아무것도 하고 싶지 않아요!"였다.

"스트레스를 너무 많아 받아서 괴로운 거니?"

"네. 친구들과의 관계가 안 좋고 모두들 저를 싫어하는 것 같아요. 저는 학업 성적이 뛰어난 학생이 아니라 선생님이 관심을 가져주지도 않아요. 엄마는 제게 기대하는 게 많은데 저는 충족시켜줄 자신이 없어요. 제가 좋

　　　　　　　　　　　　

아하는 남자아이는 저를 싫어하고, 제 삶에 재밌는 게 하나도 없어요." 여
고생은 모든 것에 희망을 잃은 것 같았다.

"그럼 왜 내게 전화를 했지?" 로버트가 물었다.

"모르겠어요. 아마도 누군가 얘기할 사람이 필요했던 것 같아요!"

여학생은 계속 자신에 대한 부정적인 평가를 늘어놓았다.

"저는 사람들과 잘 사귀지도 못하고, 대화를 이끌어낼 줄도 몰라요. 학
교에 가기 싫어요. 다 유치하고 재미없어요."

오랜 통화를 통해 로버트는 여고생의 부모는 모두 선생이라서 그녀에게
기대하는 게 많은데, 그녀는 부모의 기대에 부응하지 못하고 있다는 사실
을 알아냈다. 집에서 부모는 항상 그녀의 결점을 지적하며 잔소리를 퍼부
었고, 그녀는 결국 '나는 아무것도 할 수 없어.'라는 생각에 빠지게 된 것이
다. 그리고 그녀의 문제는 바로 '격려 부족'에 있다는 결론에 도달했다. 사
람이 오랫동안 격려와 칭찬을 받지 못하고 계속 단점을 지적당하는 환경
에 처하게 되면 결국 '자기부정'에 빠져 아무것도 할 수 없는 상태가 된다!

로버트는 전화로 여고생의 장점을 칭찬해주었다.

"너는 진취적이고 이해심이 많은 아이구나. 목소리도 예쁘고 아주 예의
바르지. 언어구사 능력이 뛰어나고 사건의 인과관계를 제대로 파악할 줄
알아서 사람들과의 소통도 원활하게 진행할 수 있을 거야. 오늘 통화한 것
을 바탕으로 나는 이렇게 많은 네 장점을 발견했단다. 그런데 왜 아무것도
하지 못할 거라고 생각하지?"

"그런 것도 장점이 될 수 있어요? 아무도 제게 그런 말을 해주지 않았어
요!" 여고생이 놀라서 답했다.

"오늘부터 네 장점을 종이에 써 보렴. 최소한 10개는 될 거야. 그리고 매
일 큰 소리로 그것을 읽어 보면 서서히 자신감이 돌아올 거란다. 나중에

새로운 장점이 생기면 추가하는 것 잊지 말고!"

여고생은 기분 좋게 대답을 하곤 전화를 끊었다. 이튿날, 로버트는 학생들에게 여고생과 있었던 이야기를 들려준 뒤 마지막에 이렇게 덧붙였다.

"아마도 전화 속 여고생처럼 '나는 할 수 없어.'라는 말을 달고 사는 사람들이 많을 거예요. 하지만 오늘 제 강의를 듣고 강의실을 나서는 순간 그런 부정적인 생각은 모두 떨쳐내길 바랄게요. 그리고 언제 무슨 일이든 시작도 하기 전에 성급하게 자신을 부정하지 마세요."

오랫동안 자기부정을 해왔던 사람들은 그것을 하나의 명령으로 받아들인다. 따라서 "나는 못 해, 나는 할 수 없어, 나는 실패할 거야."라는 말은 영원히 입에 담지 않는 것이 좋다. 그리고 긍정적으로 생각하면 긍정적인 마음이 따라오고, 부정적으로 생각하면 부정적인 마음이 따라온다는 사실을 기억해라.

Lesson 05 나는 내가 믿는 만큼의 능력을 발휘할 것이다

습관적으로 즐거운 상상을 하면 신경계통에서도 즐거운 기분을 느끼게 되는데, 이때 긍정적인 자기암시는 큰 도움이 된다.

하버드 대학 심리학과 학생 짐은 독거노인인 윌슨을 돌보며 집안일도 거들어 주는 아르바이트를 시작했다. 짐은 책임감 넘치고 성실하여 금방 윌슨의 신뢰를 얻었다.

어느 날, 짐은 방에서 쉬고 있는데 누가 급하게 문을 두드리는 소리를 듣고 나가 보았다.

"짐, 밤늦게 귀찮게 해서 미안하네. 내가 먹던 수면제가 떨어져서 잠이 안 와서 그러네. 혹시 수면제 있나?"

짐은 평소 숙면을 취하는 편이라 수면제를 가지고 있지 않았다. 그때 갑자기 좋은 생각이 난 짐이 말했다.

"지난주 프랑스에 갔다 온 친구가 선물한 새로 나온 특효 수면제가 있는

데 찾아서 가져다 드릴 테니 먼저 가 계세요.”

윌슨이 돌아가자 짐은 비타민 한 알을 꺼내들고 그의 방으로 갔다.

“여기 특효 수면제를 가져 왔어요. 먹고 나면 숙면을 취할 수 있을 거예요.”

이튿날 아침, 윌슨이 짐에게 말했다.

“어제 준 특효 수면제가 정말 효과가 있지 뭔가. 정말 오랜만에 푹 잘 수 있었네. 또 구해다 줄 수 있겠나?”

그 뒤로 짐은 윌슨에게 매일 비타민을 주었고, 일 년이 지나도 효과는 지속되었다.

짐이 비타민으로 윌슨을 꿈나라로 보내줄 수 있었던 것은 바로 심리암시가 있었기 때문이다. 윌슨은 평소 짐을 신뢰하고 있었으므로 그가 비타민을 ‘특효 수면제’라고 속여도 전혀 의심하지 않았다.

연구에 따르면, 긍정적인 자기암시는 그 사람의 잠재력을 높일 수 있다. 따라서 평소 긍정적인 자기암시를 습관화하는 것이 좋다. 예를 들어, “내 삶은 나날이 발전할 것이다, 나는 행복하다, 나는 반드시 성공할 수 있다.” 등의 말을 자신에게 해줄 수 있다.

따라서 아침, 저녁으로 취침 전후에 이루어지는 자기암시가 가장 적절하다. 침대에 누워 있을 때마다 몇 분씩 몸에 긴장을 풀고 자기암시를 한다. 예를 들면 아래와 같다.

나는 큰일을 할 사람이고, 내 인생은 결코 보잘것없지 않아!

나는 내가 원하는 목표를 반드시 이룰 것이다!

나는 어떤 유혹에도 흔들리지 않을 것이다.

실패는 금방 지나갈 것이고, 과거의 실패는 성공을 위한 밑거름이다!

두려움은 걱정에서 생기는 것이다. 잡념을 없애고 목표에만 집중하면 두려움도 극복할 수 있다.

나는 무한한 잠재력을 가지고 있다.

나는 내가 믿는 만큼의 능력을 발휘할 것이다

나는 다른 사람보다 더 잘 해낼 수 있다.

내가 집중하면 못할 일이 없다.

미국의 한 심리학자가 이렇게 말했다.

"어떤 견해나 계획, 목표라도 강하게 믿고 반복해서 생각하면 무의식에 영향을 미쳐 긍정적인 결과를 만들어 낼 것이다."

Lesson Point

긍정적인 심리암시는 사람의 잠재력을 높일 수 있다. 지금부터 매일 몇 분씩 몸에 긴장을 풀고 "나는 할 수 있다, 나는 최고다." 등의 자기암시를 해보자. 그렇게 반복하면 실제로 그런 자신의 모습을 발견하게 될 것이다.

감정의 지배를 받기 시작하면 행동의 자유권을 상실하고 운명의 노예가 될 것이다.

-하버드 대학 경제학과 제너스 커너Jenners Kerner 교수

Chapter 17

감정을 잘
통제할 수 있는 사람이
인생을 잘
관리할 수 있다

열일곱 번째 성공 습관
감정 통제하기

감정은 자극적인 사건을 접했을 때 일어나는 신체적, 정신적 반응을 말한다. 이때 자극적인 사건이란 외부 환경에서 오는 자극과 내부 환경의 위통, 치통, 배고픔, 갈증 등 신체적 자극을 포함한 생리적, 심리적 자극을 모두 포함한다. 만약 부정적인 정서에 지배당하면, 감정의 노예가 될 것이다. 감정을 통제하기 위해 다음과 같은 방법을 사용할 수 있다.

- **큰 소리로 울기 |** 심리학 연구에 따르면, 감정을 억누르는 행위는 부정적인 감정을 해소시키지 못하며, 오히려 감정을 더 깊게 만든다. 그리고 폭력적인 방식으로 표출되어 자신과 주변 사람들에게 피해를 줄 수 있다. 따라서 기분이 좋지 않거나 우울할 때 그런 감정을 억제해서는 안 된다. 이럴 때는 친구를 찾아가 하소연하거나 아무도 없는 곳에서 큰 소리로 우는 것이 큰 도움이 된다.

- **소리 지르기 |** 짧고 강하고 자유롭게 소리를 지르면 마음속에 쌓였던 감정이 발산되면서 마음의 안정을 찾을 수 있다. 넓고 탁 트인 장소를 찾아 편안히 서서 심호흡을 한 뒤에 정면을 향해 "야"라고 길게 외치며 두 손을 꽉 쥐어 본다. 호흡이 끊기면 마지막 힘을 쥐어짜 "후"하는 소리를 내며 두 손을 펼

친다.

- **산책하기** | 화가 나면 의식적으로 화제를 바꾸거나 다른 일에 집중하며 주의력을 분산시키는 것이 좋다. 그렇게 하다 보면 자연스럽게 기분이 풀린다. 예를 들어, 탁구, 산책, 음악 감상, 등산 등은 기분전환에 효과가 있다.

- **마음속으로 숫자 세기** | 화가 나기 시작하면 마음속으로 '나는 참을 수 있어!'라고 되뇌며 조용히 하나부터 열까지 숫자를 세어 보자. 그러면 단 몇 초만으로도 분노를 가라앉힐 수 있다. 그런 뒤에 다시 문제를 처리한다면 후회할 일은 일어나지 않을 것이다.

- **심호흡하기** | 초조하거나 불안할 때는 심호흡으로 긴장을 해소할 수 있다. 깊이 숨을 들이마시고 서서히 뱉으면 몸과 마음이 편안해질 것이다.

- **"나는 괜찮아."라고 열 번씩 말하기** | 자기암시를 통해 부정적인 감정에서 벗어나는 것도 감정을 통제하는 좋은 방법이다. 기분이 좋지 않을 때는 자신에게 이렇게 열 번씩 말해보자. "나는 지금 괜찮다. 내 몸과 마음은 아주 편안한 상태다." 그렇게 말하고 나면 실제로 기분이 편안해질 것이다.

 # 감정을 통제하지 못하는 이유

감정은 사람이 가장 익숙하면서도 가장 깊이 경험하는 심리활동이다. 사람은 모두 감정을 가지고 있으며, 가장 기본적인 감정인 희로애락을 반복적으로 체험하며 살아간다.

아침에는 기분이 좋아서 뭐든지 잘 풀릴 것 같았다가 오후에 갑자기 기분이 가라앉으면서 뭘 해도 안 될 것 같은 느낌이 들 때가 있다. 이처럼 한 사람의 감정 기복으로 인해 노벨상을 받지 못할 뻔한 사람의 이야기가 있다.

어느 날, 독일의 유명한 화학자 프레드릭 오스트발트Friedrich Ostwald는 치통으로 인해 기분이 매우 안 좋았다. 그때 어떤 청년이 논문을 봐달라고 가져왔는데, 그는 대충 훑어보고는 내용이 마음에 들지 않아 쓰레기통에 버렸다. 그런데 며칠 뒤 치통이 사라지고 오스트발트의 기분도 좋아지자 얼마 전에 봤던 논문 내용이 문득 떠올랐다. 그래서 다급히 쓰레기통을 뒤져 논문을 찬찬히 읽어보니 과연 그 안에는 놀랄만한 내용이 들어 있었다. 그는 바로 과학 잡지에 청년의 논문을 추천했다. 논문은 학술계에 센세이션을 불러왔고, 훗날 논문을 작성한 청년은 노벨상을 수상하는 영광을 안았다. 오스트발트의 기분이 좋아지지 않았다면 그 논문은 쓰레기통에서 세상의 빛을 보지 못했을 것이다.

사람의 감정은 신념과 사고의 영향을 많이 받는다. 신체적인 이유로 기분이 나빠졌다면 약물치료를 통해 상태를 개선할 수 있다. 하지만 비이성적인 사고방식은 나쁜 습관처럼 자신을 갉아먹는다는 것을 알면서도 쉽게 고쳐지지 않는다. 이것이 바로 감정을 통제하지 못하는 이유이다.

Lesson Point

감정은 옳고 그름이 없다. 어떤 것은 짧게 지나가고 어떤 것은 오랫동안 가슴에 쌓이기도 한다. 감정의 기복은 우리의 심리상태나 생각과 관련이 있다. 생각하기에 따라 누군가에는 슬픈 일이, 또 다른 누군가에게는 즐거운 일이 될 수도 있다.

하버드 심리학 수업

사람은 감정적인 동물이라서 무슨 일이든 감정에 따라 행동한다는 주장이 있다. 사람들에게 아주 이성적이라는 말을 듣는 사람의 경우, '이성적'으로 문제를 해결하지만 그것도 사실은 당시 자신의 감정에 영향을 받은 결과라는 주장이다. 즉, '이성적인 사고' 자체도 일종의 감정 상태로 보는 것이다.

긍정적인 감정은 '가장'할 수 있다

심리학에서는 스스로 즐거운 척 가장하고 그렇게 행동하면 실제로 그런 감정을 느끼게 된다고 주장한다. 미국의 유명한 교육자 데일 카네기Dale Carnegie는 이렇게 말했다.

"내가 하는 일이 즐겁다고 '가장'한다면, 부정적인 감정은 줄어들고 실제로 일이 즐겁게 느껴질 것이다."

수많은 서류와 서신을 처리하고 문서를 입력하고 복사하는 일에 흥미를 잃어가던 비서가 있었다. 한 번 일에 흥미를 잃으니 더 하기 싫어지고 몸도 마음도 훨씬 피곤해지는 것 같았다. 그러던 어느 날 이런 생각이 들었다.

'이건 내 일이고, 나름 좋은 회사에 다니고 있어. 앞으로는 좀 더 재밌게 일해야지.'

그녀는 자신이 일을 아주 좋아한다고 '가장'하고 회사를 다녔다. 그러자 시간이 흘러 그녀에게 신기한 일이 발생했다. 그렇게 하기 싫던 비서 업무가 재밌게 느껴지기 시작한 것이다. 일에 재미가 붙자 업무효율도 크게 향상되었고, 승진의 기쁨도 맛보았다. 그 뒤로는 항상 즐겁게 초과근무까지 할 수 있게 되었다.

역할연기는 자신이 원하는 감정을 느낄 수 있게 도와주며, 이것은 자신의 감정을 '가장'하는 것과 비슷한 효과를 가진다.

오랫동안 심리학자들은 사람들이 자신의 감정을 바꾸지 않는 한 행동을 바꿀 수 없다고 생각해왔다. 눈물을 뚝뚝 흘리는 아이를 보며 "좀 웃어봐"라고 말하면 아이는 억지로 웃어 보인다. 그러고 나면 실제로 기분이 좋아져 기분 좋게 웃게 되는 경우가 많다.

미국의 저명한 심리학자 폴 에크만Paul Ekman은 실험을 통해 감정의 변화가 행동의 변화를 불러온다는 사실을 입증했다. 실험 참가자들에게 나이가 들면 어떤 감정을 느끼게 될지 상상해보게 했더니 실제로 80% 이상의 사람들이 그런 감정을 느끼게 되었다고 답했다. 일부러 분노를 가장하면 그로 인해 심박수와 체온이 점점 상승하고, 시간이 흐를수록 기분이 나빠지면서 화가 나는 것도 바로 같은 이유다.

심리학 연구에 따르면, 아름다운 풍경을 보면 부정적인 감정에서 벗어나는 데 도움이 된다. 예를 들어, 화가 났다면 즐거웠던 모습을 떠올리거나 스스로 마음을 진정시킬 수 있는 말을 할 수도 있고, 웃으며 자신을 격려하는 것도 큰 도움이 된다. 즐거웠던 일을 상상하면 진짜 웃음이 나올 것이다. 큰 소리로 책을 읽는 것도 도움이 된다. 책을 읽을 때는 우울한 내용보다는 즐거운 내용을 고르는 게 좋다. 심리학자들은 마음이 복잡하거나 걱정이 많을 때 표정을 지어가며 큰 소리로 책을 읽으면 기분이 좋아진다고 주장한다.

의식적인 행동을 통해 기분을 바꾸는 것과 감정을 가장해 행동을 바꾸는 것은 모두 우리가 고난과 역경을 이겨내는 데 큰 도움이 된다. 영국의 소설가 토머스 엘리엇Thomas Sterns Eliot은 이렇게 말했다.

"인생에서 우리가 행동을 결정하는 것처럼 행동도 인생을 변화시킬 수 있다."

행동은 인생을 변화시킬 수 있고, 감정은 행동을 변화시킬 수 있다. 다시 말해, 긍정적인 감정을 유지한다면 좌절하고 패배했을 때 스스로 행복하다고 '가장'할 수 있다. 그러면 실제로 행동도 그렇게 변하고 인생도 행복해질 수 있다는 말이다.

Lesson Point

기분이 나쁠 때 감정대로 행동하는 사람은 영원히 감정의 노예에서 벗어나지 못할 것이다. 자신의 감정을 통제하고 실질적인 행동으로 감정을 변화시킬 수 있는 사람만이 스스로 자신의 감정을 통제할 수 있음을 증명할 수 있다.

하버드 심리학 수업

미국 시카고 교외의 호손Hawthorne 공장은 직원들의 업무효율을 높이기 위해 실험을 통해 직원들의 불평과 불만을 모두 이야기하게 했는데, 그 결과 실제로 업무효율이 크게 증가했다. 그때 진행했던 실험을 '호손 실험'이라고 부른다. 원래 공장에서는 업무조건과 환경 등 외부 요인을 개선하여 생산효율을 높이려고 했는데, 실험 결과 생산효율에 영향을 미친 결정적인 요인은 외부 요인이 아니라 내부 요인이었다는 사실을 깨달았다. 그리고 감정을 발산하는 것이 얼마나 중요한 것인지 알게 되었다.

 역경을 만났을 때 분노하는 것은
최악의 선택이다

어느 날, 농부가 이웃과 사소한 일로 다퉜는데, 얼굴이 벌겋게 달아오르도록 싸웠다. 서로 양보할 기미가 보이지 않자 농부는 씩씩거리며 지혜롭고 공정하기로 알려진 현자를 찾아가 시비를 가리려 했다.

"제 얘기 좀 들어주세요. 오늘 이웃과 한바탕했는데 그자가 자꾸 억지를 쓰지 뭡니까!"

농부는 현자를 보자마자 노발대발해가며 이웃을 헐뜯고 욕했다. 하지만 현자는 그의 하소연을 끊으며 말했다.

"죄송합니다. 제가 마침 일이 있어서 그러는데 내일 다시 와주시겠어요?"

이튿날 아침, 농부는 여전히 분노에 찬 표정으로 현자를 찾아왔다. 하지만 전날에 비하면 화가 많이 누그러진 상태였다.

"오늘은 반드시 시비를 가려주셔야 해요. 그 이웃이란 작자가 말이에요……." 그는 다시 이웃에 대한 험담을 늘어놓았다.

"당신의 화가 아직도 가라앉지 않았군요. 마음이 편안해지면 다시 찾아와 주세요! 지금은 어제 다 못한 일을 하러 가야 해서요."

며칠 뒤, 농부는 다시 현자를 찾아가지 않았다. 그러던 어느 날, 현자는 산책을 하다가 그 농부를 만났다. 농부는 바쁘게 어딘가 가고 있었는데 보아하니 분노는 이미 사라진 것 같았다. 현자가 미소를 지으며 물었다.

"아직도 제게 시비를 따질 일이 있나요?"

농부는 겸연쩍게 웃으며 말했다.

"분노는 다 사라졌어요! 지금 생각해보니 그렇게 대단한 일도 아닌데 왜 그리 화를 냈나 싶어요. 괜히 귀찮게 해드려 죄송합니다."

현자는 여전히 온화한 표정으로 말했다.

"화가 다 풀렸다니 잘됐네요. 앞으로도 기억하세요! 절대 분노의 말이나 행동을 하지 않겠다고요."

하버드 대학에서는 학생들에게 이렇게 가르친다.

"역경을 만났을 때 분노하는 것은 최악의 선택이다. 분노로 인해 피해를 보는 것은 언제나 자기 자신이다. 주변을 둘러보면 화를 내고 있는 사람들을 쉽게 찾을 수 있다. 사람은 누구나 분노할 수 있다. 가게에서는 직원과 손님이 싸우고, 택시 안에서는 기사가 교통체증 때문에 화를 내며, 버스에서는 자리를 먼저 차지하기 위해 상대를 비방하고…… 이런 사례는 셀 수도 없이 많다. 그렇다면 당신은 어떤가? 걸핏하면 머리끝까지 화를 내는 편은 아닌가? 평생 분노하면서 살아오지는 않았는가? 이런 감정들이 당신에게 아무런 도움도 되지 않는다는 사실을 알고 있는가? 아마도 자신의 불같은 성질 때문에 화를 내는 사람들은 이렇게 변명할 것이다.

'그때는 정말 화가 나서 그랬어요, 가슴속에 끓어오르는 화를 쏟아내지 않으면 답답해 죽을 것 같아요.' 이런 핑계를 대며 수시로 화를 내는 사람은 그저 습관적으로 화를 내는 것에 불과하다."

미국의 한 인체생리학자는 다음과 같은 실험을 진행했다. 튜브 한쪽 끝은 얼음물이 들어 있는 용기에 넣고 다른 한쪽 끝은 사람의 코에 연결해 다양한 감정 상태에서 표출되는 액체를 수집했다. 그랬더니 마음이 평온한 상태에서는 물이 투명하고 깨끗했고, 슬플 때는 하얀색 침전물이 생겼으며, 후회할 때는 단백질 침전물이 생겼다. 화를 낼 때는 보라색 침전물이 생겼다. 그리고 화를 낼 때 생성된 보라색 침전물을 실험용 쥐에 주사했더니 12분 만에 죽고 말았다.

이렇듯 '분노는 독약'이라는 사실을 명심하고, 화가 날 때는 '생각의 전환'과 '덜 원망하고 더 포용하기'를 통해 부정적인 감정을 떨쳐내고 긍정적인 감정을 받아들여야겠다.

Lesson Point

사람은 언제나 자신의 감정을 통제할 수 있어야 하는데, 인생의 중요한 순간에는 더욱 그러하다. 화를 내기 전에 먼저 냉정하게 자신에게 이렇게 물어보자. "다른 사람들은 내 못된 성질에도 화를 내지 않는데 왜 나만 화를 내려는 걸까?" 그리고 감정을 통제한다면 화를 가라앉힐 수 있을 것이다.

하버드 심리학 수업

감정을 바로 표출하지 않으면 마음의 병이 생긴다. 현재 감정을 억제하고 있는데도 의식하지 못한다면 '표층의식'에서 '심층의식'으로 옮겨가 평생 영향을 미칠 것이다.

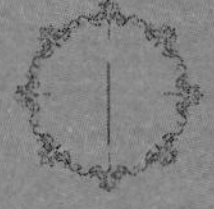

무슨 일을 하든 성격은 드러나게 되어 있다.

-하버드 대학교 졸업생 미국의 철학자 랠프 월도 에머슨 Ralph Waldo Emerson

Chapter 18

성격이
운명을
결정한다

 열여덟 번째 성공 습관
성격 조절하기

성격은 현실에 대한 일관된 태도와 행동양식에서 표출되는 인격적 특징이다. 개인의 인품을 표현하는 성격은 가치관, 인생관, 세계관의 영향을 받아 형성된다. 성격마다 다른 행동양식과 사고방식을 가지며, 이것으로 인해 사람들은 서로 다른 인생을 살고 있다. 우리는 후천적인 노력으로 더 좋은 성격을 가질 수도 있다.

성격을 개선하기 위해서는 다음과 같은 방법을 사용할 수 있다.

- **테스트를 통해 자신의 성격적 결함을 찾아라** | 성격을 개선하기 위해서는 자신의 성격적 결함을 정확히 파악하고 전략을 세우는 것이 좋다. 전문적인 성격 테스트나 성격심리에 관련된 서적을 통해 자신의 성격적 결함을 찾아보자.

- **성격을 개선하기 위한 행동지침을 작성하고 꾸준히 따라라** | 성격을 바꾸는 일은 하루아침에 이루어지지 않으며, 장기적이고 체계적인 접근이 필요하다. 우선 새로운 습관을 키우는 일에서부터 시작한다. 매일 어떤 행동을 반복함으로써 새로운 습관을 형성하다 보면 성격도 바뀌게 될 것이다.

- **주변 사람들 중에 성격이 좋은 사람들의 특징을 기록해라** | 성격이 밝은 사람들과 어울리면 긍정적인 기운을 느낄 수 있다. 주변에 성격이 좋은 사람들의

특징을 기록하고 자신과 비교하며 그들의 장점을 배워보자.

- **내 성격에 대한 사람들의 평가를 기록해라** | 내 성격에 대한 주변 사람들의 평가를 기록하고 분석하여 집중적으로 개선할 점을 찾아보자. 나쁜 성격을 바로잡는 데 큰 도움이 될 것이다.

- **내 성격적 결함을 보충해 줄 수 있는 사람과 친구가 되어라** | 성격적 결함을 서로 보충해 줄 수 있는 친구를 사귀어 보자. 내성적인 사람이라면 외향적인 사람과 친구가 되어 보는 것도 괜찮다. 그런 친구와 함께 있다 보면 자연스럽게 영향을 받아 부족한 점을 채우게 될 것이다.

- **성격심리에 관한 공부를 해라** | 자신의 성격적 결함을 보충하고, 개선하기 위해서는 전문적인 지식이 필요하다. 성격심리에 관한 서적이나 텔레비전 프로그램은 큰 도움이 될 것이다. 정확히 이해하면 제대로 된 전략을 세울 수 있다.

 # 내 성격에서 장점을 찾아라

동물들은 대자연에 적응하기 위한 자기만의 특기를 가지고 있다. 매는 시력이 좋아서 고공을 비행하면서도 사냥감의 움직임을 정확히 확인할 수 있다. 사자는 누구도 감히 대적할 수 없는 위풍당당한 기세를 풍긴다. 동물들이 저마다 다른 특기를 가지고 있는 것처럼 사람도 각자 다른 성격을 가지고 있다. 성격에는 장점과 단점이 존재하는데, 장점을 극대화하여 자신을 발전시킬 수도 있다.

19세기, 프라하의 가난한 유대인 가문에서 태어난 남자아이가 있었다. 아이는 어릴 때부터 남성스러운 기질은 찾아보기 힘들었고, 토끼처럼 온순하고 내성적이며, 예민한 성격을 가지고 있었다. 주변으로부터 남자답지 못하다는 소리를 들으며 성장한 그는 항상 위축되고 주눅 들어 지냈다.

아이의 아버지는 그를 강한 남자로 키우고 싶었다. 어디서나 당당하고 늠름한 남자가 되길 바라며 언제나 엄격하게 아들을 대했다. 하지만 아버지의 거칠고 난폭한 교육에도 불구하고 아이의 성격은 변하지 않았다. 여전히 유약하고 자신감이 없었으며 소심했다. 늘 불안감에 시달렸던 아이는 자연스럽게 사람들의 말투와 안색을 관찰하며 눈치를 살피게 되었다. 그리고 홀로 구석에 숨어 언제 또 상처를 받을지 상상하며 불안에 떨었다.

일반적으로 이런 아이는 성인이 되어도 큰일을 이루기 어렵다. 하지만 아이는 커서 세계적으로 명성을 떨치는 위대한 문학가가 되었다. 이 아이는 바로 프란츠 카프카Franz Kafka다.

그렇다면 소심하고 겁 많은 남자아이가 어떻게 세계적인 문학가로 성장할 수 있었을까? 이유는 간단하다. 카프카는 자신의 성격에 꼭 맞는 직업을 찾아냈을 뿐이다.

카프카와 같은 사례는 아주 많다. 자기만의 세계에 빠져 있는 사람들은 자신에게 좀 더 집중하며 마음속에 큰 우주를 품고 있다. 그리고 다른 사람들이 느끼지 못하는 것까지 느낄 수 있다. 그들은 외부 세계에서는 겁쟁이지만 정신 세계에서는 최고의 왕이다. 이런 성격을 가진 사람이 군인, 정치인, 변호사가 된다면 겁쟁이가 될 테지만, 정신적인 영역의 일을 선택한다면 왕이 될 수 있다.

카프카는 자기만의 천국인 창작의 세계에서 자유롭게 자신의 역량을 발휘했다. 그는 현대문명의 부조리한 시스템과 왜곡된 사고방식, 무너진 인성을 철저히 분석하고 파헤쳐 인생과 운명에 관한 깊은 통찰과 반성을 보여주었다.

카프카와 같이 남자답지 못하고 열등의식에 사로잡힌 소심한 성격이 아직도 나쁘다고만 생각되는가? 사실 소심하고 예민한 사람은 신중하고 생각이 깊기 때문에 다른 영역에서 충분히 활용할 수 있는 장점을 가진다. 자기만의 세계에 잘 빠지는 사람은 예술, 창작 세계에서 독특한 견해를 주장할 수도 있다. 그리고 융통성이 부족하고 말수가 없는 사람은 논리적인 사고 능력을 가졌을 가능성이 높다.

따라서 자기 성격의 장점을 정확히 파악하고 적절한 영역에서 역량을 발휘할 수 있도록 하는 것이 중요하다. 그러니 남들과 다른 성격 때문에 열등감을 느낄 필요는 전혀 없으며, 자기 성격의 장점을 찾는 것이 우선이다.

 # 성격의 단점을 파악해
적절한 '처방'을 내려라

서양의 한 철학자는 이렇게 말하며 성격의 중요성을 강조했다.

"한 사람의 성격은 성공적인 사업, 행복한 가정생활, 양호한 인간관계에 결정적인 역할을 한다."

따라서 성공하고 싶다면 완벽한 성격을 가져야 한다. 그러기 위해서는 자기 성격의 단점을 정확히 파악하고 적절한 '처방'을 내려야 한다.

영국의 유명한 검술사 오마르Omar에게는 30년간 겨루었지만 승부를 내지 못한 도전자가 있었다. 그러던 어느 날, 결투 중이던 도전자는 실수로 말에서 떨어지고 말았다. 오마르에게는 그를 꺾을 수 있는 절호의 기회가 주어졌다. 쓰러진 도전자에게 검을 휘두르면 오랜 승부를 끝낼 수 있었다. 오마르가 승리를 확신하고 있을 때, 화가 난 도전자는 갑자기 머리를 바닥에 찧더니 고개를 들어 오마르에게 침을 뱉었다. 그것으로 자신의 분노를 표출하고 오마르를 모욕하고 싶었기 때문이다. 생각지도 못하게 얼굴에

침을 맞은 오마르는 잠시 생각하더니 검을 내려놓으며 말했다.

"일어나게. 결투는 내일 다시 하는 게 좋겠군."

도전자는 예상치 못한 오마르의 행동이 이상해보였지만 뭐라고 대꾸해야 할지 생각이 나지 않았다. 오마르는 황당해하는 도전자를 보며 말했다.

"나는 30년 동안 한순간도 분노의 검을 휘두른 적이 없네. 그래서 결투 중에도 냉정을 유지할 수 있었고 패배한 적이 없지. 하지만 방금 당신이 뱉은 침을 맞는 순간 분노의 불길이 치솟았고 계속 결투를 하다가는 살인을 할 수도 있다는 생각이 들었네. 그러면 승리하더라도 마음껏 기뻐할 수 없겠지. 그러니 내일 다시 결투를 하는 것이 좋겠네."

하지만 다음 날이 되어도 두 사람은 결투를 시작하지 않았다. 도전자는 분노를 다스리는 법을 배우기 위해 오마르의 제자가 되었다.

오마르가 도전자의 침을 맞고 그의 목숨을 거두었다면 영국 역사상 최고의 검술사라는 명예는 얻지 못했을 것이다. 하지만 오마르는 쉽게 분노하는 자신의 성격을 통제하기 위해 노력했고, 비록 눈앞에서 승리할 수 있는 절호의 기회는 놓쳤지만 30년 동안 으르렁대던 도전자를 친구로 만들 수 있었다.

고도高島는 신라新羅의 용감한 장군으로 알려져 있지만, 처음부터 그런 것은 아니었다. 고도는 원래 소심하고 겁이 많아 전장에서도 틈만 나면 줄행랑을 치기 일쑤였다. 자기보다 왜소하고 힘이 없어 보이는 적 앞에서도 무서워서 벌벌 떠는 겁쟁이였다. 그러던 어느 날, 공주가 신하들의 계략에 걸려들어 궁에서 피신을 해야 하는 위급한 순간에 고도가 공주를 호위하는 중요한 직책을 맡게 되었다. 고도는 중무장한 병사들이 쫓아오자 두려움에 떨며 달아나고 싶었지만, 공주를 피신시켜야 한다는 임무를 떠올리며 애써 두려움을 떨쳐냈다. 그리고 용감히 나가 공주를 헤치려는 자들과 육탄전을 벌였고 공주를 피신시키는 데 성공한다.

얼마 후, 누명을 벗은 공주는 다시 궁으로 돌아왔고 고도를 중요한 자리에 임명했다. 고도는 여러 전쟁터를 누비며 자신감을 회복했고 신라에 이름을 떨치는 장군이 되었다.

사실 고도의 몸속에는 용맹한 장수의 피가 흘렀지만, 소심한 성격 때문에 빛을 보지 못하고 있었다. 그런데 두려움을 극복하고 소심한 성격을 버리니 과연 장군의 모습을 되찾았다. 성격이 바뀌면서 고도의 인생이 바뀐 것이다.

Lesson Point

현대인에게 완벽한 성격은 성공적인 사업, 행복한 가정생활, 양호한 인간관계를 위한 밑바탕이자 성공한 인생을 위한 전제조건과 같다. 따라서 자신의 성격적 결함을 정확히 파악하고 개선하는 노력이 반드시 필요하다.

하버드 심리학 수업

성격심리학자 양젠楊健은 심리학, 행동학, 성격학 등의 선진 학문을 결합하고, 사람의 행동양식, 습관, 사고방식에 관한 연구를 통해 성격유형을 외향형, 주도형, 완벽형, 평화형의 네 가지로 분류했다.

성격은 사람을
판단하는 기준이다

성격은 사람을 판단하는 기준이다. 매력적인 성격을 가진 사람은 어딜 가나 환영받는다. 그렇다면 좋은 성격을 지니기 위해서는 어떻게 해야 할까? 미국의 유명한 연설가 로빈 시걸Robin siegel은 "성격은 그 사람의 모든 습관을 보여주는 거울이다."라고 말했다. 이처럼 좋은 성격을 갖기 위해서는 좋은 습관을 길러야 한다.

케임브리지 대학에서 문학 석사학위를 취득한 벤저민 프랭클린Benjamin Franklin은 세계적인 위인이다. 그는 피뢰침을 발명했고 미국 독립전쟁에 참여했으며, '자유, 평등, 박애' 사상을 천명한 독립선언문의 초안을 작성했다. 그는 정치가, 작가, 화가, 철학자였으며, 프랑스어, 스페인어, 이탈리아어, 라틴어를 독학했다.

프랭클린은 다양한 영역에서 우수한 성과를 거두면서 국적과 피부색을 뛰어넘는 존경의 대상이 되었다. 그는 79세의 고령에 이르러 장장 15페이지에 걸친 특수한 훈련법을 공개했는데, 이것이 바로 그가 평생 이룬 성공과 행복의 비결이었다.

젊은 시절, 프랭클린은 성공을 꿈꾸는 평범한 청년이었다. 그러던 어느 날 그는 연구를 통해 성공하기 위해서는 완벽한 성격을 가지고 있어야 한다는 사실을 깨달았다. 완벽한 성격은 절제, 과묵, 질서, 과감, 검소, 근면, 진심, 공정, 적당, 청결, 진정, 정결, 겸손의 13가지로 이루어진다는 것을 알았다. 하지만 알고 있는 것만으로는 부족했다. 13가지 원칙을 자신의 습관으로 만드는 게 중요했다. 그는 노트를 한 권 준비해서 각 장마다 칸을 만들었다. 그리고 기간을 정해 하나씩 훈련하며 결과를 노트에 남겼다.

성격의 힘은 외모나 나이가 아니라 내면에서 나온다. 좋은 성격을 가지고 있다면 어디를 가든 사람들의 시선을 사로잡을 수 있으며, 부와 행운, 성공이 따라올 것이다.

성격은 선천적으로 타고나는 것이지만 후천적인 노력으로 충분히 바뀔 수 있다. 지금부터 조금씩 자신의 성격적 결함을 떨쳐내고 새로운 성격을 훈련해 보자. 아름다운 인생이 눈앞에 펼쳐질 것이다!

Lesson Point

"행동의 씨앗을 뿌리면 좋은 습관을 수확할 것이고, 좋은 습관의 씨앗을 뿌리면 좋은 인격을 수확할 것이다."라는 말처럼 습관이 성격에 미치는 영향은 아주 크다. 좋은 습관을 키워 좋은 성격을 만들어 보자.

단점이 없는 사람은 없다. 성공한 사람은 장점은 확대하고 단점은 축소시키지만,
실패한 사람은 단점으로 인해 인생을 망친다.

-하버드 대학 스티븐 제이 굴드Stephen Jay Gould 교수

불완전한
자신을
인정하라

열아홉 번째 성공 습관
고집 버리기

사람은 모두 완벽해지길 원하지만 뭐든 지나치면 고집이 된다. 완벽주의자는 완벽함을 추구하지만 그것은 완벽하지 않다고 생각하는 일들을 대상으로 하기 때문에 갈등이 생길 수밖에 없다.

완벽을 추구하는 고집쟁이가 되지 않으려면 다음과 같은 방법을 사용해 보자.

- **매일 아침 조깅을 해라** | 매일 아침 조깅이나 좋아하는 운동을 해보자. 건강한 육체와 정신을 가꾸게 되면 인생의 아름다움을 깨닫게 되며, 완벽주의에서도 벗어날 수 있다.

- **자신의 장점과 단점을 작성하고 점수를 매겨라** | 완벽주의자는 과도한 목표를 설정한 뒤 달성하지 못하면 자책하며 괴로워한다. 목표를 세우기 전에 자신의 장점과 단점을 작성하고 점수를 매겨보자. 점수에 맞춰 목표를 설정하면 수월하게 달성할 수 있을 것이다.

- **주말에 이불을 개지 마라** | 평소 지나치게 완벽을 추구하는 사람이라면 가끔 자신을 내려놓아도 좋다. 주말에 이불을 정리하지 않고 집안을 어지러운 상태로 둔 채 지내면서 자신에게 이렇게 말해보자. "조금 지저분하지만 괜찮

왔지? 그것 봐, 불완전하다고 두려워할 필요 없어.”

- **실패를 통해 얻은 경험과 교훈을 기록하고 분석해라 |** 완벽주의자는 실패를 잘 받아들이지 못한다. 따라서 실패를 할 때마다 실패를 통해 얻은 경험과 교훈을 기록하고 그 원인을 분석해 보자. 절망의 늪에 빠지지 않고 실패를 극복할 수 있을 것이다.

- **자신이 잘할 수 있는 일을 찾아라 |** 자신이 잘할 수 있는 일을 찾으면 인생이 생각보다 암울한 것만은 아니라는 생각이 들 것이다.

- **마감일을 정해라 |** 완벽주의자는 완벽해지기 위해 많은 시간과 노력을 낭비하기 때문에 해야 할 일의 마감일을 정해 놓는 것이 좋다. 예를 들어, 이번 주 금요일까지 일을 마치기로 정했으면 마감일에 맞춰 일을 해야 하기 때문에 계속 완벽해지고 싶은 마음을 억제하면서 일의 효율도 높일 수 있다.

완벽한
사람은 없다

정작 가지고 있을 때는 소중함을 모르다가 잃어버리고 난 뒤에야 후회하는 사람들이 많다. 사람들은 항상 '가질 수 없는' 것들을 갈망하느라 '가지고 있는' 소중한 보물을 잃어버린다.

생전에 선량하고 남을 잘 도우며 살던 사람이 죽어서 천사가 되었다. 천사가 된 그는 여전히 인간 세상에 내려와 종종 사람들의 소원을 들어주었다. 천사는 소원을 이룬 사람들이 풍기는 행복한 기운을 좋아했다.

하루는 슬픈 표정으로 괴로워하고 있는 농부를 만났다. 농부는 천사에게 하소연했다.

"저희 집 소가 죽어서 밭일을 못하고 있어요. 앞으로 농사는 어떻게 짓죠?"

천사는 농부에게 건강한 소를 내려주었다. 농부는 뛸 듯이 기뻐했고, 천사는 농부의 행복한 기운을 느낄 수 있었다.

어느 날, 천사는 상심에 빠진 남자를 만났다.

"지갑을 도둑맞아서 고향으로 돌아갈 여비가 없어요."

천사는 남자에게 고향으로 돌아갈 수 있는 여비를 선사했다. 남자는 뜻밖의 행운에 행복한 기운을 발산했다.

인간세상을 돌아다니던 천사는 시인을 만났다. 시인은 젊은 나이에 외모도 출중하고 뛰어난 재능과 많은 재산, 아름다운 아내까지 모든 것을 다 가졌는데도 불구하고 행복해 보이지 않았다. 천사가 물었다.

"당신은 행복하지 않나요? 제가 도와드릴까요?"

"저는 모든 것을 다 가졌지만 단 하나 못 가진 게 있어요. 그걸 줄 수 있나요?"

"물론이죠. 저는 뭐든지 다 해줄 수 있답니다."

"행복을 주세요. 그것 없는 제 인생은 완벽하지 않아요."

천사는 시인의 말에 적잖이 당황했으나 잠시 생각하더니 시인이 가진 모든 것을 빼앗았다. 시인의 어마어마한 재산과 출중한 외모, 뛰어난 재능은 물론이고 아름다운 아내까지 하루아침에 모조리 사라졌다.

한 달 뒤, 빈털터리가 된 시인은 누추한 몰골로 아사 직전의 상태에 처해 고통스러운 삶을 겨우 이어가고 있었다. 시인을 찾아온 천사는 다시 모든 것을 원래대로 돌려주었다. 시인은 아내를 꼭 껴안으며 천사에게 감사의 인사를 했다.

"행복을 찾아주셔서 감사합니다."

시인은 완벽한 삶을 살고 있으면서도 만족하지 못하고 더 완벽해지려고 욕심을 부렸다. 하지만 완벽한 인생은 어디에도 존재하지 않는다. 완벽을 추구하는 심리가 미래의 발전을 위해 도움이 된다고 주장하는 사람들도 있지만, 완벽주의자가 추구하는 '완벽'은 영원히 채워질 수 없다. 그들은 신기루와 같은 환상을 좇고 있기 때문이다. 세상에 완벽한 사람은 없다. 니콜라이 체르니셰프스키Nikolai Chernyshevsky는 "태양에도 흑점이 있는데 하물며 인간사에 부족한 점이 없을 수 있으랴."라고 말했다. 인생은 불완전하고, 완벽한 사람은 존재하지 않는다.

간단한 이치지만 실제로 자신의 일이 실패하거나 불완전한 상태가 되면 사람들은 하늘을 원망하기 바쁘다. 그들은 제 손안의 행복은 소홀히 한 채 다른 사람의 행복만 부러워하니 늘 불안하고 고통스러울 수밖에 없다.

모든 일을 완벽하게 처리해야 한다면 심리적 부담 때문에 행복하게 살 수 없을 것이다. 마음속으로 완벽을 추구한다면 발전적인 방향으로 나아갈 수 있지만, 현실에서 완벽을 추구하는 것은 빠져나올 수 없는 고통의 늪으로 제 발로 걸어가는 일과 같다.

심리학자 블루마 자이가르닉Bluma Zeigarnik은 사람들이 끝마친 일은 쉽게 잊어버리는 반면 끝마치지 못하거나 완성되지 못한 일은 잘 잊어버리지 못한다는 사실을 발견했다. 심리학에서는 이런 현상을 자이가르닉 효과Zeigarnik effect라고 한다. 사람은 선천적으로 한 번 시작한 일은 끝까지 완성하려는 본능을 가지고 있다. 사람들이 완성한 일을 쉽게 잊어버리는 이유는 일을 완성하려는 욕망이 충족되었기 때문이다. 하지만 끝마치지 못한 일에 대해서는 잘 잊어버리지 못하고 오랫동안 기억하게 된다.

 불완전한 자신을
인정하라

세상에 완벽한 사람은 없다. 자신이 불완전하다고 해서 하늘을 원망하거나 숨을 필요는 없다. 하늘은 모든 사람에게 공평하기 때문이다. 외모가 출중하지는 않지만 음악적 재능은 뛰어난 사람이 있고, 목소리는 아름답지 않지만 명석한 두뇌를 가진 사람도 있다.

어릴 때부터 가수의 꿈을 꾸던 여자가 있었는데 못생긴 외모 때문에 고민이 많았다. 입이 크고 뻐드렁니가 콤플렉스였던 그녀는 공개 오디션을 볼 때마다 윗입술로 뻐드렁니를 가리려고 애썼다. 하지만 그녀가 그러면 그럴수록 우스꽝스러워졌고 항상 실패의 쓴맛을 봐야 했다.

그러던 어느 날 오디션에서 그녀의 노래를 듣고 음악적 재능을 발견한 남자가 있었다. 여자를 부른 그는 단도직입적으로 말했다.

"당신을 계속 지켜봤는데 못생긴 뻐드렁니를 가리려고 하는 건가요?"

여자는 당황한 빛이 역력해졌다. 하지만 남자는 아랑곳하지 않고 계속 말했다.

"그게 뭐 어때서요? 뻐드렁니를 가진 게 무슨 대역 죄인이라도 되나요? 앞으로는 가리지 말고 입을 크게 벌리고 노래하세요. 모든 사람들이 당신의 아름다운 목소리를 감상할 수 있도록이요."

남자의 충고를 들은 여자는 말 그대로 뻐드렁니에 신경을 쓰지 않고 노래를 불러 보았다. 입을 크게 벌리고 온힘을 다해 노래에만 집중하니 과연 더 아름다운 목소리가 그녀의 입을 통해 흘러나왔다. 그리고 마침내 가수가 되고 싶다는 꿈이 실현되었다.

세상에 완벽한 사람이나 사물은 존재하지 않는다. 다만 완벽해지려는 사람들이 있을 뿐이다.

한 귀퉁이가 잘려나간 동그라미가 있었다. 동그라미는 다시 완벽해지고 싶어서 떨어져나간 조각을 찾아 헤매기 시작했다. 불완전한 동그라미는 느리게 굴러다니기 때문에 길가에 핀 꽃을 구경하고 곤충과 대화를 나누며 따스한 햇볕을 즐길 수 있었다. 그리고 수많은 조각을 만나지만 자신에게 딱 들어맞는 것을 찾지 못하여 계속 세상을 헤매게 되었다.

그러던 중 드디어 동그라미는 자신에게 딱 들어맞는 조각을 발견하고 기뻐했다. 떨어져나간 조각을 다시 붙인 동그라미는 완벽해졌고 빠르게 굴러다닐 수 있게 되었다. 하지만 더 이상 길가의 꽃과 곤충은 거들떠보지 않게 되었다. 완벽한 동그라미는 불완전했던 시절에 보고 느끼던 세상과 다른 세상에 살게 되었다는 것을 깨달았다. 그때서야 가던 길을 멈춘 동그라미는 조각을 다시 제자리에 돌려놓고 불완전한 상태로 돌아갔다.

사람도 불완전한 동그라미처럼 잘려나간 조각을 포기하지 못하고 평생 완벽을 추구하느라 시간을 낭비한다. 그리고 원래 가지고 있던 행복을 잃어버리고 나서야 후회한다.

세상에 완벽한 사람은 없다. 약점이나 결점이 있다고 슬퍼하거나 숨기려고 애쓸 필요는 없다. 때로는 팔이 잘려나간 비너스Venus처럼 불완전한 것도 아름다워질 수 있다. 세상은 어쩌면 불완전해야 비로소 완전해질 수 있는 것인지도 모른다.

불완전하다는 이유로 자신을 원망할 필요는 없다. 세상에 완벽한 사람은 존재하지 않는다. 결함이 있어야 세상을 더 소중하게 생각하고 아름다움을 추구할 수 있다.

'나무통 법칙'은 나무통에 물을 얼마나 넣을지는 가장 높은 판자가 아니라 가장 낮은 판자로 결정된다는 의미이다. 이처럼 사람도 자신의 장점보다는 나쁜 습관, 열등감, 질투심 등의 단점이 성공을 불러온다. 따라서 나무통에 물을 더 넣고 싶다면 가장 낮은 판자의 높이를 높여야 하는 것처럼 우리도 성공하고 싶다면 자신의 단점을 보완해야 한다.

 # 모든 사람을 만족시킬 수 있는 사람은 없다

미국 빌 클린턴Bill Clinton 전 대통령은 취임식 때 이렇게 말했다. "저를 비난하는 사람들에게는 어떠한 변명을 해도 소용이 없습니다. 그들은 제가 자리에서 물러나기만을 바랄 뿐이니까요. 저는 지금까지 제 실력과 노력으로 최선을 다해왔습니다. 제가 옳았다는 게 밝혀진다면 반대 세력은 스스로 무너질 것입니다. 하지만 제가 틀렸다고 밝혀지고 10일 후에 다시 옳았음이 입증된다면 아무 소용없습니다."

모든 사람을 만족시킬 수 있는 사람은 없다. 타인의 시선에 연연하는 사람은 자신의 빛을 스스로 꺼뜨리는 것과 같다.

셀리아는 어릴 때부터 리듬체조를 배워서 몸놀림이 유연하고 민첩했다. 하지만 불의의 사고로 하체에 심각한 부상을 당한 그녀는 후유증으로 한쪽 다리를 절게 되었다. 그때부터 셀리아는 크게 상심하여 밖으로 나가지 않고 집에서만 생활했다. 그리고 도망치듯 요크셔Yorkshire의 작은 마을로 이사했다.

　그러던 어느 날, 마을의 레이놀즈 선생이 한 여자아이를 데리고 찾아와 그녀에게 스코틀랜드 민속춤을 가르쳐 달라고 청했다. 셀리아는 레이놀즈의 간곡한 부탁을 거절하지 못하고 억지로 그러겠다고 허락했다. 하지만 자신의 저는 다리를 보여주기 싫었던 그녀는 언제나 의자에 앉아있었다. 선천적으로 몸이 둔했던 아이는 매일같이 셀리아를 찾아와 춤을 연습했지만 최소한의 박자도 맞추지 못했다.

　아이가 박자를 계속 틀리자 셀리아는 자기도 모르게 일어나서 시범을 보여주었다. 그리고 동작을 보여주고 몸을 돌렸을 때 아이가 자신의 절룩거리는 다리를 보고 있다고 느낀 그녀는 깜짝 놀랐다. 셀리아는 이제까지 숨겨왔던 장애가 들통났다고 생각하자 열등감에 휩싸여 아이에게 분노를 폭발시키고 말았다. 셀리아에게 큰 상처를 받은 아이는 그대로 도망쳐버렸다. 셀리아는 시간이 흐를수록 아이에 대한 미안함이 커져갔다. 학교를 찾아간 그녀는 아이를 만나 말했다.

　"너를 전문 무용수로 만들어주겠다고 약속할 수는 없지만, 훌륭한 춤꾼으로 만들어줄 수는 있을 거야."

　그날 두 사람은 함께 운동장에서 춤을 췄고 그 모습을 본 학생들은 두 사람을 보기 위해 몰려들었다. 하지만 여자아이의 느릿느릿한 춤동작은 학생들의 웃음거리가 되었다. 창피함에 얼굴이 빨갛게 달아오른 아이는 계속 실수를 저질렀고, 동작을 할 때마다 불안하게 움직였다. 아이가 느낄 열등감을 누구보다도 잘 이해하는 셀리아는 아이에게 다가가 속삭였다.

　"무용수가 자기 발에만 신경 쓰면 춤을 즐기지 못해. 그리고 다른 사람들도 무용수의 발만 쳐다보게 될 거야. 그러니 고개를 들고 웃으며 노래에 몸을 실어 봐. 스텝 따위는 틀리든 말든 신경 쓰지 말고 말이야."

말을 마친 셀리아는 아이와 함께 서서 레이놀즈 선생에게 신호를 보냈다. 레이놀즈가 아코디언을 연주하자 두 사람은 박자에 맞춰 신나게 춤을 추기 시작했다. 춤을 추는 동안 아이의 스텝은 여러 번 틀렸고 동작도 많이 어설펐다. 하지만 아이의 웃음에 전염된 학생들은 더 이상 아이의 제멋대로 움직이는 동작과 박자에 신경 쓰지 않고 춤을 감상했다.

다른 사람의 시선에 연연해서는 자신의 길을 찾기 어렵다. 사람은 모두 자기만의 시선으로 세상을 바라본다. 누군가는 동그라미의 둥근 선을 보고, 누군가는 삼각형의 직선을 보고, 또 누군가는 비대칭의 아름다움을 본다.

다른 사람의 견해만 듣고 자신의 재능과 개성을 숨길 필요는 없다. 자기 내면의 소리에 귀를 기울이는 것이 무엇보다 중요하다. 무슨 일이든 다른 사람의 생각에 휘둘리지 말고 자기 주장대로 밀고 나갈 줄 알아야겠다.

Lesson Point

여론은 세상에서 가장 가치가 떨어지는 상품과 같다. 사람들은 언제든지 다른 사람들을 평가할 수 있지만, 그것은 깊은 사고를 거치지 않은 일방적인 의견에 불과하기 때문에 어떠한 영향도 미칠 수 없다.

하버드 심리학 수업

애로우Arrow의 불가능성 정리Impossibility theorem에 따르면 사회 구성원의 선호가 서로 다르기 때문에 민주주의 제도에서 모두를 만족시킬 수 있는 합의를 도출할 수 없다. 이처럼 모든 사람을 만족시킬 수 있는 방안은 존재하지 않는다.

 # 불완전함을 포용할 수 있어야
완전해질 수 있다

밝게 빛나는 보름달을 좋아하면 달의 어두운 부분과 보름달이 되기 전에 불완전한 모습까지 받아들여야 한다. 달콤한 과일을 좋아하면 쓰고 떫은 성장 과정까지 포용해야 한다. 우리의 인생도 마찬가지로 좋을 때가 있으면 힘들 때도 있는 법이다.

청년 이반은 안톤 체호프Anton Chekhov의 소설에서 "이미 지나가버린 인생은 초고인 셈이고, 다른 인생이 다시 시작될 것이다."라는 구절을 보고 너무나 마음에 든 나머지 신에게 그렇게 살게 해달라고 기도했다. 신은 체호프의 명성을 고려해 이반의 기도를 들어주기로 했다. 단, 결혼할 상대를 고르는 일에 한해서는 그의 기도대로 해주기로 약속했다.

이반은 아름다운 미녀를 만나 첫눈에 반했고 여자도 이반이 마음에 드는 눈치였다. 두 사람은 바로 결혼해 부부가 되었다. 하지만 여자는 아름답기만 할 뿐 대화가 통하지 않아 사는 재미가 없었다. 이반은 '초고'를 끝내고 다시 시작하기로 했다.

두 번째 만난 상대는 미모는 물론이고 대화도 잘 통하고 총명한 여자였다. 하지만 결혼한 지 얼마 되지 않았을 때 이반은 여자가 화를 잘 내고 개성이 강한 사람이라는 것을 알았다. 게다가 총명한 그녀는 자신을 남편으로 대하지 않고 돈을 벌어다주는 수단으로만 생각했다. 괴로운 나날을 보내던 이반은 도저히 참을 수 없어 신에게 '초고'를 한 번 더 쓸 수 있게 해달라고 애원했다. 신은 이반의 소원을 들어주었다.

세 번째 만난 상대는 아름답고, 영리하며, 성격까지 착한 여자였다. 두 사람은 부부가 되어 화목한 가정을 꾸렸다. 이반은 드디어 모든 것이 만족스러웠다. 그런데 반 년 뒤 큰 병에 걸린 부인은 침대에 누워 거동조차 하지 못하게 되었다. 병환이 깊어지자 아름다웠던 얼굴도 사라지고 말았다.

이반은 평생 해로하기로 약속했지만 부인의 병치레를 감당하고 싶지 않았다. 그는 자신이 불행하다고 생각했다. 그가 만난 세 명의 부인은 모두 장점이 많았지만 단점도 가지고 있었기 때문이다. 이반은 또다시 '초고'를 쓰고 싶었다. 신은 분노한 기색이 역력했지만 이반의 소원을 들어주었다.

이반은 여러 번의 시행착오를 겪은 끝에 젊고, 아름답고, 착하고, 건강한 '천사'같은 여자를 만났다. 완벽한 여자를 만난 이반은 신에게 그녀와 결혼하게 해달라고 기도했다. 그런데 '천사'같은 그녀는 이반과의 결혼을 원하지 않았다. 그녀는 변덕스럽고, 탐욕스러우며, 병에 걸린 아내도 언제든지 버릴 수 있는 난봉꾼 같은 이반과는 평생 함께 살 자신이 없다고 전했다. 이반은 드디어 완벽한 상대를 만났다며 좋아했지만, 상대에게 거절당한 이반은 그때서야 자신의 잘못을 깨달았지만 때는 이미 늦었다.

사람들은 누구나 완벽해지고 싶은 마음이 있다. 잔인한 현실을 알게 되면 될수록 완벽해지고 싶은 욕구는 더 강해진다. 완벽주의는 이상을 만족시켜주지만, 일단 한 번 실패하게 되면 사람들을 더 큰 절망으로 몰아넣는다. 사랑이나 우정에 대한 기대가 크면 상대방이 만족시켜주지 못했을 때 느끼는 좌절이 더 커지는 것도 마찬가지다.

세상에 완벽한 것은 없으며, 모두 결함을 가지고 있다. 그것을 최대한 완벽해 보이도록 노력할 수는 있지만 실제로 완벽하게 만드는 것은 불가능하다.

많은 사람들이 엄청난 집값과 막중한 스트레스, 상사의 질책, 동료와의 치열한 경쟁, 가정에서의 부담 등으로 하늘을 원망하며 살아간다. 하지만 이것은 모두 지나친 완벽주의를 추구하며 스스로 족쇄를 씌운 결과다. 완벽해지고 싶다면 먼저 세상 모든 일이 불완전하다는 사실을 인정해야 한다.

Lesson Point

세상에 완벽한 것은 없으며 인생은 절대 자기 뜻대로 흘러가지 않는다. 완벽을 추구하는 것은 인생에 대한 긍정적인 태도지만, 지나치면 자신을 위험에 빠트릴 수 있다. 지나친 완벽주의는 모든 것을 잃게 만들며, 시간이 지날수록 완벽에서 멀어지게 할 뿐이다.

하버드 심리학 수업

심리학에서 상황이론contingency theory은 내부 환경과 외부 환경에 모두 완벽한 조직은 없으며 어떤 상황에도 적합한 원칙이나 방법도 존재하지 않는다는 이론이다. 따라서 각각의 상황에 따른 전략이 중요하다.

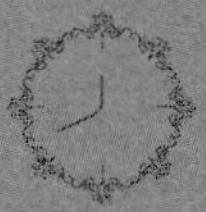

가장 두려운 존재는 바로 나 자신이다.

-하버드 대학 졸업생, 미국 사상가 헨리 데이비드 소로우 Henry David Thoreau

Chapter 20

가장 두려운 존재는 바로 나 자신이다

스무 번째 성공 습관
용감해지기

공포는 사람의 성장과장에서 나타나는 심리상태로, 자율성을 억제하고 삶의 즐거움을 감소시키며 성장을 방해한다. 따라서 우리는 공포의 굴레에서 벗어나 위기에 정면으로 맞설 수 있는 용기를 키워야 한다.

공포를 극복하기 위한 방법은 아래와 같다.

- **번지점프를 해라** | 공포를 극복하기 위해서는 담력을 키워야 한다. 그러기 위해서는 한계에 도전할 수 있는 운동을 해보는 것이 좋다. 높은 곳을 두려워하는 사람이라면 번지점프나 스카이다이빙에 도전할 수 있다. 번지점프를 자주 하다 보면 높은 곳에 대한 공포가 서서히 사라지면서 담력이 증가할 것이다.

- **익숙한 물건을 휴대해라** | 열쇠고리나 만년필, 여행용 만능칼 등 평소 익숙한 물건을 가지고 다니다가 공포심이 느껴질 때 꺼내보자. 익숙한 물건은 그 자체로 친밀감과 신뢰감을 주기 때문에 공포심을 극복하는 데 도움이 될 것이다.

- **농구를 하거나 음악을 들어라** | 농구를 하거나 산책, 음악 감상, 묵상 등을 통해 주의력을 분산시키면 공포 분위기에서 벗어날 수 있다.

- **손이나 발의 근육을 수축, 이완시켜라** | 심각한 공포심에 빠졌을 때 손이나 발의 근육을 수축, 이완시키면 아드레날린이 분비되어 공포심을 줄여줄 수 있다. 단, 너무 격렬하게 하지 않도록 주의한다.

- **복식호흡을 해라** | 생리적으로 복식호흡은 산소를 흡수하고 이산화탄소를 배출하는 데 아주 효과적이며 신체를 편안하게 만들어준다. 복식호흡에서 숨을 들이마실 때는 복부를 팽창시키고, 숨을 내쉴 때는 복수를 수축시키되 가슴은 움직여서는 안 된다. 천천히 호흡하며, 숨을 들이마시고 내쉬기 전후에 잠시 멈추고 머릿속 잡념을 비운다.

- **책을 많이 읽어라** | 모르는 게 많으면 공포심도 커지고, 아는 게 많으면 공포심도 줄어든다. 어떤 일에 공포심을 느낀다면 그 일에 대해 모르는 게 많다는 의미다. 따라서 평소 심리, 역사, 자연과학 분야의 서적을 많이 읽는 것이 좋다.

 # 자신을 믿고 공포심을 극복해라

공포는 사람의 의지와 생명을 파괴한다. 공포는 위장을 망가뜨리고, 정신적, 육체적 활동을 감소시켜 건강을 위협한다. 공포는 사람의 희망을 빼앗고 패기를 꺾으며 심장쇠약을 일으키고 심지어 아무 일도 못하게 만들기도 한다.

살면서 공포심만큼 사람을 힘들게 하는 것은 없다. 『성경Bible』에도 공포심에 휩싸여 고통 받는 사람을 마귀에 쓰였다고 표현했다.

관광 중이던 웨슬리는 산속의 정취를 더 느끼고 싶어서 숲으로 들어갔다가 방향을 잃고 길을 헤매게 되었다. 그가 한창 두리번거리고 있을 때 나물을 뜯으러 온 소녀를 만났다. 소녀는 생긋 웃으며 물었다.

"경치를 감상하러 오셨다가 길을 잃었죠? 제가 내려가는 길을 알려줄 테니 따라오세요. 산 아래로 가면 여행사 차가 기다리고 있을 거예요."

웨슬리는 가슴을 쓸어내리며 소녀를 따라 숲길을 걸어갔다. 숲속 식물들은 햇살을 받아 반짝였고 물안개가 아름답게 피어올랐다. 그가 황홀한 풍경에 도취되어 있을 때 소녀가 말했다.

"이제 '귀신의 계곡'을 건너야 해요. 아주 위험한 곳으로 알려져 있지만 산을 내려가려면 반드시 지나쳐야 해요. 자칫 잘못하다가는 굴러 떨어질 수 있으니 조심하세요."

"도착하기 전에 그런 말을 하면 어떡해요? 긴장돼서 더 위험한 거 아니에요?"

소녀는 겁먹은 웨슬리를 보며 말했다.

"위험하다는 걸 알면 조심하게 행동할 테니 더 안전해지죠. 이곳에서 추락사고가 몇 번 있었는데 그게 모두 길 잃은 여행객들이 조심하지 않고 지나가다가 미끄러져서 생긴 사고예요. 저처럼 이곳이 위험하다는 걸 아는 사람들은 매일 지나가도 사고가 일어나지 않아요."

소녀의 말을 들은 웨슬리는 식은땀을 흘리며 두려움에 휩싸였다. 급기야 소녀를 먼저 보내고 자신은 '귀신의 계곡'을 우회할 수 있는 다른 길을 찾아보기로 했다. 혼자 남게 된 그는 산속을 몇 시간이나 헤매도 내려가는 길을 찾지 못했다. 날이 저물자 웨슬리는 어두운 산길을 계속 가지도 못하고, 홀로 '귀신의 계곡'을 건너지도 못한 채 산속에서 밤을 보냈다.

다음 날 길을 헤매던 웨슬리는 다시 나물을 뜯으러 온 소녀를 만났다. 이미 극도의 공포심에 사로잡힌 그는 소녀에게 '귀신의 계곡'을 건널 수 있게 도와달라고 부탁했다. 소녀는 기다란 나무 막대의 한쪽 끝을 잡고 나머지 한쪽 끝을 그에게 잡게 한 뒤 앞장섰다. 그렇게 웨슬리는 '귀신의 계곡'을 건너기 시작했다.

얼마 후, 그는 '귀신의 계곡'이 자신이 생각했던 것만큼 무서운 곳이 아니라는 사실을 깨달았다. 사실 그가 두려워했던 것은 자기 마음속에 있던

'공포'였다.

공포는 가장 해소하기 어려운 심리 상태다. 앞으로 안 좋은 일이 일어날 거라고 예상되면 부정적인 감정이 발생하고 초조하고 불안해지기 시작한다. 마음속에 공포가 자리 잡으면, 자신감이 떨어지며 눈앞에 있는 길도 제대로 보지 못하고 판단력을 상실한다.

공포심을 극복하기 위해서는 다른 사람의 도움에 기대지 말고 자신을 믿어야 한다. 위급한 순간에는 결국 자신의 힘과 의지로 해결해야 하기 때문이다.

공포심을 극복하는 일은 아주 어려운 일이지만 모두 생각하기에 달렸다. 사실 사람들이 느끼는 공포와 걱정은 모두 머릿속으로 상상한 결과다. 따라서 공포심을 극복하기 위해서는 무의식속에 잠재되어 있는 '공포'를 철저히 제거해야 한다.

Lesson Point

사람은 누구나 고난이나 위기에 처하면 공포심에 사로잡히게 된다. 하지만 진짜 극복해야 할 공포는 바로 자기 자신이다. 공포를 정면으로 마주하고 '겁쟁이' 모자를 벗겨줄 수 있는 용기가 필요하다.

하버드 심리학 수업

심리학자들은 기회나 성공에 직면한 사람들이 갑자기 도망치거나 위축되는 심리를 요나 콤플렉스Jonah complex라고 부른다. 사람은 실패에 대한 두려움과 성공에 대한 두려움을 모두 가지고 있다. 요나 콤플렉스는 성공에 대한 공포다. 성공에 대한 공포는 부정적인 심리를 유발하고, 요나 콤플렉스에 빠진 사람들은 자신이 잘 할 수 있는 일인데도 애써 피하고 도망치며, 스스로의 잠재력을 개발하지 않고 포기해 버린다.

 # 고난을 정면으로 마주해야
빛나는 인생을 살 수 있다

사람은 자신에게 상처를 입힐 만한 위험을 본능적으로 피한다. 지그문트 프로이트Sigmund Freud는 이렇게 말했다.

"아프리카 밀림에서 뱀을 보고 공포를 느끼는 것은 정상이다. 이때 공포는 자신을 보호하기 위한 심리기제다. 하지만 안전한 자신의 집에 있는데도 카펫 밑에 뱀이 숨어 있을지도 모른다는 공포는 비정상적인 현상이다."

왜 사람들은 안전한 집에서도 공포를 느끼는 걸까? 그것은 사람이 위험을 피하려는 본능이 있기 때문이다. 즉, 집에서 자신이 통제할 수 없는 어떤 것으로부터 스스로 보호하려는 심리다.

방문 판매 사원인 요크는 고객들에게 문전박대를 자주 당하다 보니 '노크 공포증'에 걸리고 말았다. 그는 자신의 '노크 공포증'을 치료하기 위해 유명한 심리학자를 찾아가 자문을 구했다. 심리학자가 말했다.

"당신은 지금 방문하려는 고객의 집 앞에 와 있다고 생각하고 제 질문에 대답해 보세요."

"네 알겠습니다."

"당신은 지금 어디에 있나요?"

"고객의 집 앞에 와 있어요."

"지금 무엇을 하려고 하나요?"

"고객의 집으로 들어갈 생각이에요."

"고객의 집으로 들어갔을 때 최악의 상황은 어떤 건가요?"

"고객에게 쫓겨나는 거예요."

"쫓겨나면 어디로 가게 되죠?"

"그 고객의 집 앞이요!"

"방금 당신이 서 있던 그 위치 아닌가요? 최악의 상황이 벌어진다 해도 그저 제자리로 돌아올 뿐이군요. 그런데 뭐가 두려운 거죠?"

심리학자의 말에 요크는 갑자기 표정이 밝아졌다. 그가 노크를 한 뒤에 일어날 최악의 상황은 상상하는 것보다 두렵지 않다는 것을 깨달았다. 요크는 고객의 집을 방문할 때 더 이상 공포를 느끼지 않게 되었다. 그는 종종 자신에게 이렇게 말한다.

"다시 한 번 해보자. 성공하지 않아도 상관없어. 실패한다 해도 좋은 경험이 될 거야. 최악의 결과라고 해봤자 제자리로 돌아오는 거야. 내가 손해 볼 건 아무것도 없어."

요크의 공포는 최악의 상황으로 인해 자신이 피해를 볼 수 있다는 두려움에서 나왔다. 이러한 공포는 오랫동안 인류에게 전해 내려온 본능이다. 사실 사람들이 느끼는 대부분의 공포는 프로이트가 지적한 대로 카펫 밑에 숨어 있는 뱀과 같은 것으로, 허구에 불과하다.

건강을 걱정하는 사람들은 자신이 큰 병에 걸릴까봐 노심초사하며 불안에 떤다. 항상 자신의 심장과 혈압, 폐에 이상이 없는지 걱정하며 잠을 이루지 못할까 두려워한다. 몸이 조금이라도 불편하면 맥박을 확인하고 자신이 병에 걸리지 않았다는 증거를 찾으려고 애쓴다.

실패의 쓴맛을 경험했던 사람들은 자신감이 없고 우유부단하다. 이들은 항상 남들보다 못났다고 생각하며, 자신은 사람들이 무시하고 조롱하는 대상에 불과하다고 여긴다. 그런 생각이 깊어지면 정신이 피폐해지고 삶의 즐거움이나 사랑과 우정의 아름다움을 느끼지 못하게 된다.

오타와Ottawa 대학 심리학과 브레드 교수는 두려움이 심각한 상태에 이르면 병리현상으로 발전한다고 주장했다. 공포심이 생기면 자신의 마음을 들여다보는 시간이 필요하다. 공포심은 자신이 머릿속으로 만들어낸 허구에 불과하다는 사실을 이해할 때, 서서히 사라질 것이다.

인생 여정에는 수많은 위험이 도사리고 있으며, 이런 위험을 피하고 스스로 보호하려는 과정에서 공포심이 나타난다. 공포심에 정면으로 맞서서 용감히 앞으로 나아갈 수 있을 때 우리는 성정할 수 있다. 자신이 만들어낸 공포심을 극복하지 못한다면 성공은 점점 멀어질 것이다.

Lesson Point

두려움과 공포는 활력을 빼앗고 업무효율과 삶의 질을 떨어뜨린다. 심지어 우리의 정신건강을 위협하고 심리적인 질병을 유발하기도 한다. 이것은 내분비선에서 분비되는 호르몬과 같이 적당하면 건강에 도움이 되지만, 지나치면 건강에 심각한 피해를 미친다.

 # 두려움 없는 인생을 살아라

　　인생이 통조림이라면 공포심은 통조림 속에 들어 있는 식품과 같다. 통조림을 열어 공포심을 꺼낼 수 있는 사람만이 자신에게 두려움 없는 인생을 선물할 수 있다.

　　잭은 보스턴 작은 마을에 사는데 항상 바다에 가고 싶어 했다. 그러던 어느 날, 기회가 되어 바다에 도착했는데 마침 안개가 자욱하게 깔리고 바닷바람이 매섭게 부는 흐린 날이었다.

　　'여기가 내가 그토록 오고 싶어 하던 바다란 말인가?'

　　생각했던 것과 다른 바다를 보고 실망한 그는 기분이 좋지 않았다.

　　'다시는 바다를 좋아하나봐라. 내가 뱃사람이 아닌 게 정말 다행이군. 바다는 너무 위험해.'

　　잭이 그렇게 생각하고 있을 때 우연히 뱃사람을 만나 대화를 하게 되었다. 뱃사람이 말했다.

"바다가 항상 이렇게 안개가 자욱하고 추운 건 아니에요. 날씨가 좋은 날엔 정말 아름답죠. 저는 날씨에 상관없이 늘 바다를 사랑해요."

"바다에서 일하면 위험하지 않나요?"

"좋아하는 일을 하면 위험하다는 생각은 안 하게 되요. 우리 집은 대대로 바다를 사랑해 왔어요."

"그럼 아버지는 지금 어디에 있나요?"

"바다에서 목숨을 잃었어요."

"할아버지는요?"

"대서양에서 목숨을 잃었어요."

"형제들은요?"

"인도에 갔을 때 강에서 악어에 물려 죽었어요."

"제가 당신이라면 영원히 바다에 가지 못했을 거예요."

남자의 말에 깜짝 놀란 잭이 말했다. 그러자 뱃사람이 물었다.

"당신의 부모님은 어디에서 돌아가셨나요?"

"침대에서요."

"당신의 할아버지는요?"

"침대에서요."

"당신 말대로라면 영원히 침대에 올라가지 못하겠군요!"

공포를 느끼는 심리는 적절히 통제하고 조절할 수 있다.

네 명의 사람이 두 협곡을 잇는 다리를 건너려 했다. 수백 미터 높이에 설치된 다리는 발을 잘못 디디면 바로 추락할 정도로 위태로웠다. 넷 중 두 명은 시각 장애인과 청각 장애인이었고, 나머지 두 명은 비장애인이었다. 그런데 네 명 중 셋은 무사히 다리를 건넜으나 비장애인 한 명은 물살이 세찬 급류 구간을 지나던 중 목숨을 잃고 말았다. 시각 장애인이 말했다.

"저는 앞이 보이지 않아서 산이 얼마나 험준한지 몰라요. 그저 편안히 밧줄을 잡고 건넜을 뿐이죠."

청각 장애인이 말했다.

"저는 귀가 안 들려서 물살의 거친 소리를 들을 수 없어요. 그래서 고요한 마음으로 다리를 건넜어요."

안전하게 다리를 건넌 비장애인이 말했다.

"저는 제 마음속의 다리를 건넜어요. 험준한 봉우리와 급류는 아무 상관이 없었죠. 단지 한 걸음씩 앞으로 나아갔을 뿐이에요."

위의 이야기에서처럼 공포도 충분히 통제하고 조절할 수 있다. 공포는 자신감을 떨어뜨리고 원래 존재하지 않았던 위협으로 자신을 상처 입히지만 용기는 사람을 강하게 만들어주고 위협으로부터 자신을 지켜준다.

<hr>

하버드 심리학 수업

'눈에서 멀어지면 마음에서도 멀어진다'는 말은 자신을 보호하기 위해 스스로를 기만하는 행위다. 사람들은 받아들일 수 없는 사건이나 견딜 수 없는 일에 부딪히면 현실을 부정하고 도피하려는 심리가 생기는데, 공포심을 느끼는 사람들은 자신을 속임으로써 그것에서 멀어지려고 한다.

목표는 삶에 의미와 목적을 부여한다. 사람은 목표가 있어야 자신이 나아갈 방향과 해야 할 일을 정할 수 있다. 목표가 없으면 삶의 방향을 잃고 세월을 낭비하게 된다.

무일푼으로 성공한 전형적인 자수성가형 백만장자 브라이언 트레이시Brian Tracy는 "성공은 목표를 달성하는 것이다. 성공을 제외한 나머지는 성공을 위한 주석에 불과하다."라고 말했다. 실제로 트레이시처럼 성공한 사람들은 목표를 설정했기 때문에 성공할 수 있었다.

하버드 대학 심리학과 교수 새뮤얼 스마일스Samuel Smiles 박사는 70세 고령의 나이에도 생각만큼은 여전히 젊었다. 어느 날 앳돼 보이는 기자가 스마일스 박사를 인터뷰하기 위해 찾아왔다.

"저는 아주 오래 전에 중국 노인을 만난 적이 있어요. 2차 세계대전 시기 일본의 포로수용소에 있을 때였어요. 그때 상황은 정말 견디기 힘들 정도로 최악이었어요. 식량은 물론이고 마실 물도 변변치 않았고 주변에는 온통 이질과 말라리아 환자로 가득했어요. 포로로 끌려와 모진 고문을 당한 사람들은 차라리 스스로 목숨을 끊어 끔찍한 고통에서 해방되길 원했어요. 저도 그렇게 죽음의 문턱을 넘으려 했어요. 그런 제 목숨을 구한 것은 어느 날 홀연히 나타난 중국 노인이었어요."

기자는 스마일스의 이야기에 감동해 다음 이야기를 기다렸다.

"당시 광장에 앉아 바람을 몸으로 막아야 했던 포로들은 점점 지쳐갔어요. 저는 전기가 통하는 울타리를 붙잡고 자살을 해야겠다고 생각했죠. 그때 갑자기 제 눈앞에 중국 노인이 나타났어요. 몸도 마음도 쇠약해진 저는 환영을 보고 있는 게 아닌가 의심했어요. 일본에서 중국 노인이 어디서 왔는지 도무지 이해가 안됐죠. 그런데 그 노인의 한 마디가 제 목숨을 구했어요."

기자가 물었다. "도대체 중국 노인이 뭐라고 했나요?"

"아주 간단한 질문이었어요. '여기서 나가면 가장 먼저 하고 싶은 일이 뭔가?' 그때까지 한 번도 생각해 보지 못한 질문이었죠. 저는 수용소에서 나가면 가장 먼저 사랑하는 아내와 아이들을 보고 싶다고 대답했어요. 그리고 그 대답을 하는 순간 제가 살아야 할 이유를 깨닫고 절대 죽지 않겠다고 다짐했어요. 그 이후로는 수용소에서의 생활도 참을 수 있었어요. 시간이 지날수록 종전과 가까워질 것이고, 내 꿈과 가까워진다고 생각하니 고통도 견딜 만하더라고요. 당시 중국 노인의 한 마디는 제 목숨을 구했을 뿐 아니라, 제게 아주 중요한 사실을 가르쳐 주었어요."

기자가 물었다. "그게 뭔가요?"

"바로 목표의 힘이에요."

목표는 우리 삶에 의미와 목적을 부여한다. 물론 목표 없이도 살아가는

데 지장은 없다. 하지만 즐겁고 행복한 삶을 원한다면 반드시 살아갈 목표가 있어야 한다.

목표는 분명한 것이 좋다. 성공학자 나폴레온 힐Napoleon Hill은 이렇게 말했다.

"성공하고 싶다면 분명히 추구할 목표를 세우고 지혜와 에너지를 집중해야 한다. 그렇게 한 걸음씩 목표를 향해 나아간다면 성취감과 향상된 자신감을 느낄 수 있을 것이다."

목표는 자신과 가족에게 단기적, 장기적 이익을 가져다준다. 목표는 열망이며, 마음속 깊은 곳에 숨어 있는 무의식이다. 목표는 창의력을 자극하고 정신력을 키워준다. 추구하고자 하는 강렬한 목표가 생기면 폭발적인 에너지를 발산할 것이다.

견고한 목표가 있으면 어떤 고난 앞에서도 두려워하지 않고 용감히 앞으로 나아가 장애물을 뛰어넘을 수 있다.

Lesson Point

목표를 달성하는 것이 바로 성공이다. 자신이 달성해야 할 목표에서 눈을 떼지 않는 사람은 작은 일에 연연하지 않으며 용감하게 앞으로 나아가 반드시 성공할 것이다.

하버드 심리학 수업

심리학에서 '학습된 무기력learned helplessness'이란 오랫동안 축적된 실패의 경험은 자신감을 떨어뜨리고 창의력을 감소시킨다는 것을 의미한다. 따라서 성공하기 위해서는 실패의 경험에서 벗어나 더 높은 목표를 설정하는 것이 중요하다. 어떤 목표를 설정하느냐에 따라 인생이 달라질 것이다.

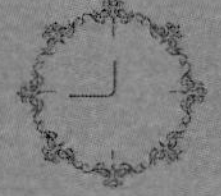

행복은 인생을 판단하는 유일한 기준이자, 모든 목표의 최종 목표이다.

-하버드 대학 탈 벤 샤하르Tal Ben Shahar 교수

행복은
생각하기
나름이다

 스물한 번째 성공 습관
행복해지기

행복은 감각의 일종으로 마음에서 뻗어 나오는 기분 좋은 감정이다. 행복은 재산이나 사회적인 지위, 권력과 관계없으며, 진정한 행복을 이해하는 사람들 역시 이러한 것들에 관심을 두지 않는다. 행복은 손에 닿지 않는 먼 곳에 있지 않고 항상 가까이에 있기 마련이다.

가까운 곳에 있는 행복을 찾기 위해 다음과 같은 방법을 사용할 수 있다.

- **비 오는 날 비를 맞아 보아라** | 비 오는 날 비를 맞으며 거리를 걸어 보자. 온몸이 상쾌해지는 게 느껴질 것이다. 인생이 뜻대로 풀리지 않고 마음이 초조하거나 불안하다면 비를 맞으며 훌훌 털어버리고 새로운 마음으로 다시 시작해 보자.

- **시계를 풀어 놓아라** | 시계를 풀어 놓고 시간에 쫓기지 않으며 하루를 보내보자. 여유가 생기면서 소소한 행복을 느낄 수 있을 것이다.

- **매일 아침 거울을 보며 웃어라** | 인생은 거울과 같다. 내가 울면 함께 울고 내가 웃으면 함께 웃는다. 항상 행복한 표정을 짓고 있으면 눈앞에 행복한 인생이 펼쳐질 것이다.

- **10시에 자고 6시에 일어나라** | 잠을 충분히 자야 체력과 정신력이 충전되어

　　　　　　　　　　　　　　　　　　　　　　　　

몸과 마음이 지치지 않는다. 매일 밤 10시에 자고 아침 6시에 일어나는 습관을 들여 보자.

- **행복 일기를 써라** | 자신이 좋아하는 색상과 디자인의 노트를 골라 매일 행복했던 순간에 대해 기록해 보자. 일기처럼 그때 느꼈던 감정을 자세히 적어놓고 자주 들여다보면 행복이 더 커질 것이다.

- **조용히 날아가는 새를 감상해라** | 눈코 뜰 새 없이 바쁠 때 가족이나 친구들과 영화를 보거나 산책을 하며 여유를 가져보는 건 어떨까? 공원 잔디밭에 누워 구름이 움직이는 모습과 날아가는 새를 감상해 보자.

 지금이 딱
좋은 인생이다

배고플 때 먹은 설탕은 꿀보다 달고, 배부를 때 먹은 꿀은 설탕보다 싱겁다. 행복도 마찬가지다. 지금 딱 좋은 느낌이 행복이다. 여기에서 부족해도 안 되고, 넘쳐서도 안 된다. 따라서 행복의 적정량을 아는 사람은 훨씬 오래 행복을 누릴 수 있다.

어느 날, 부자가 가난한 사람에게 물었다.

"당신은 행복이 뭔지 아시오?"

"그럼요. 저는 지금도 아주 행복한 걸요."

부자는 누추한 옷을 걸치고 다 쓰러져가는 초가집에 사는 가난한 사람이 행복하다는 말을 믿을 수 없었다.

"나야말로 진짜 행복하다오. 나는 방이 백 칸이나 있는 저택에서 수천 명의 하인들을 부리고 매일 산해진미를 먹고 화려한 옷을 걸치죠. 찢어지게 가난한 당신보다는 내가 더 행복한 것 같지 않나요?"

그런데 며칠 뒤, 부자의 집에 큰 화재가 나서 재산을 하나도 남김없이 태우고 말았다. 수족 같던 하인들은 다 달아나고 부자는 하루아침에 알거지가 되었다. 구걸을 하게 된 남자는 지난번 대화를 나누었던 가난한 사람의 집 앞을 지나가는데 너무 목이 말랐다. 그때 가난한 사람이 사발에 물을 따르며 물었다.

"당신은 행복이 뭐라고 생각하시오?"

거지가 된 남자가 간절한 표정으로 답했다.

"행복이란 목마를 때 물을 마실 수 있는 겁니다."

부귀영화를 누리며 화려한 옷을 걸치고 맛있는 음식을 먹는 것도 좋지만 그런 생활이 매일 반복되면 습관이 되어 좋은 줄도 모르게 된다. 이처럼 호화로운 생활에 빠지면 행복은 줄어들 수밖에 없다. "행복이란 목이 마를 때 물을 마실 수 있는 것"이란 말처럼 필요한 순간 원하는 것을 충족할 수 있을 때 행복은 더 증가한다.

행복은 다양성과 보편성을 가진다. 행복한 사람들이 마음속 깊은 곳에서 우러나오는 기쁨과 만족감은 기본적으로 같은 것이다. 이것은 행복의 보편성이다. 그런데 사람마다 행복을 느낄 수 있는 일들은 천차만별이다. 이것은 행복의 다양성이다.

하느님이 행복의 씨앗을 행복의 신에게 주며 인간 세상에 뿌리라고 명했다. 행복의 신이 물었다.

"행복의 씨앗을 어떻게 뿌려야 하나요?"

"모든 곳에 똑같이 뿌려서 사람들이 같은 행복을 얻을 수 있도록 하라."

"그러면 모든 사람이 같은 인생을 살게 되지 않을까요?"

하느님의 말을 이해하지 못한 행복의 신이 물었다. 그러자 하나님이 웃으며 말했다.

"행복의 씨앗은 사람들이 각자 키우는 것이다. 제멋대로 흥청거리며 사는 사람은 행복의 씨앗이 일찍 발아해 한순간에 모든 행복을 느끼게 될 것이다. 하지만 행복을 소중하게 생각하고 자신의 분수를 아는 사람은 탐욕을 부리지 않으니 오랫동안 물 흐르듯이 행복을 느낄 수 있을 것이다."

행복의 신은 하나님의 말에 크게 깨닫고 행복의 씨앗을 가지고 길을 떠났다.

사실 행복은 아주 단순한 것들이다. 가족이 건강한 것도 행복이다. 세상에는 부모의 얼굴조차 보지 못하고 고아가 된 아이들로 넘쳐나기 때문이다. 직업이 있다는 것도 행복이다. 자신의 힘으로 생존할 수 있는 능력을 가졌고 노동이 주는 즐거움을 느낄 수 있기 때문이다. 이 세상에 태어난 것도 행복이다. 세상의 빛을 보지 못하고 죽는 생명이 아주 많기 때문이다. 이 밖에도 행복은 생활 곳곳에서 우리가 찾아주기만을 기다리고 있다.

Lesson Point

평범한 일상에는 강렬한 사건도 감동적인 이야기도 없지만 그것이 바로 삶의 본질이다. 평범한 일상에 흩어진 소소한 행복은 반딧불처럼 미미해보이지만 그런 하루가 쌓이고 쌓이면 인생을 환하게 밝히는 빛이 된다.

Lesson 03 삶을 대하는 태도를 살펴라

삶이 그대를 속일지라도

슬퍼하거나 노하지 말라!

우울한 날을 참고 견디면

믿어라, 즐거운 날이 오고야 말리니.

마음은 미래를 향하고

현재는 한없이 우울한 것

모든 것은 찰나의 것, 지나갈 것이니

그리고 지나가는 것은 소중한 것이 되리니.

위의 시는 알렉산드르 푸시킨Aleksandr Sergeevich Pushkin의 〈삶이 그대를 속일지라도What though life conspire to cheat you〉이다. 시에서처럼 삶이 나를 속인다면 어떻게 해야 할까?

영화 〈행복을 찾아서The Pursuit of Happyness〉〉에서 크리스 가드너Chris Gardner는 평범한 가정의 가장이었다. 그런데 어느 날 가드너가 의료기기 대리권을 얻어 행복을 거머쥐었다고 생각한 순간 그의 인생이 바닥으로 곤두박질치기 시작했다. 사업이 망하면서 빈털터리가 된 그는 거리를 전전하는 신세가 되었다.

하지만 가드너는 포기하지 않고 어린 아들을 품에 안은 채 지하철 화장실에서 잠을 청했다. 얼마 후 암흑밖에 남아 있지 않을 것 같은 인생이었지만 장밋빛 미래를 포기하지 않고 노력한 그에게 드디어 빛이 비추기 시작했다.

온갖 시련과 역경이 그를 가로막아도 아들의 손을 놓지 않고 열심히 행복을 향해 달려갔다. 인생은 그가 항상 가지고 다니던 큐브처럼 쉬지 않고 돌려야 완성할 수 있다. 인생의 큐브를 계속 돌릴 수 있는 힘은 사랑하는 아들과 오늘의 노력이 내일의 행운을 불러올 것이란 믿음에서 나온다.

영화에서 온갖 역경과 실패를 맛보면서도 포기하지 않은 가드너는 어느 날 증권가 건물 앞에 멋있게 주차하는 스포츠카를 보고 증권 중개인이라는 직업에 매력을 느껴 새로운 도전을 한다. 그리고 마침내 새로운 행복을 찾는 데 성공한다.

고난과 행복은 정반대의 것이지만 둘 다 잠들어 있던 영혼을 깨우고 인생의 의미와 가치를 보여준다는 공통점을 가진다.

행복은 아름다운 삶에 의미를 부여하고 큰 기쁨을 선사하지만, 고난은 인생을 송두리째 흔들며 큰 고통을 가져다준다. 고난은 영혼을 깨워 고통 속에 밀어 넣지만 우리는 그곳에서 살아 있다는 긴장감을 느낀다. 수많은 고난과 역경은 인생에 대한 깊은 깨달음을 제공하고 행복의 중요한 원천이 된다.

고난을 대하는 태도를 보면 그 사람의 인격을 알 수 있다. 고난을 의연하게 받아들이고 용감하게 맞설 수 있는 사람의 인격은 계속 성장할 것이다.

사람들이 끊임없이 나타나는 작은 좌절과 실패를 통해 인생의 의미를 깨달을 때, 큰 고난은 깊은 심연 속에 자취를 감출 것이다. 우리가 이런 인생의 진리를 깨닫는다면 세상을 더 넓은 가슴으로 포용할 수 있으며, 복잡하고 어지러운 세상에서 다시 길을 잃지는 않을 것이다.

Lesson Point

세상에는 내 뜻대로 되지 않는 일들이 많아도, 용감히 앞으로 나아갈 수 있어야 한다. 엄청난 고난을 경험한 사람은 행복을 창조하고 고난을 받아들이는 능력을 가지게 되지만, 한 번도 고난을 겪어보지 못한 사람은 그럴 수 없다. 우리에게 필요한 것은 고통을 인생에 반드시 필요한 존재로 받아들이고 그것을 소중한 재산으로 생각하는 태도다.

하버드 심리학 수업

경로 의존성path dependence 법칙은 물리학의 '관성'과 유사하다. 즉, 일단 어떤 경로(그것이 좋은 것이든 나쁜 것이든)에 진입하면 의존성이 생겨 같은 경로에서 벗어나기 어렵다는 의미다. 이와 같이 사람도 일단 어떤 선택을 하면 '관성'에 따라 계속 하려 하는 힘이 생겨 쉽게 벗어날 수 없다. 인생을 살다 보면 실패와 좌절을 피할 수 없다. 하지만 실패와 좌절에서 벗어나 새로운 길로 들어서기만 하면 새로운 인생을 살게 될 것이다.

 # 행복을 누리는
삶을 살아라

무언가 바라는 게 있다면 먼저 목표를 설정해야 한다. 사람들은 목표가 생기면 모든 역량을 집중해 목표를 달성하기 위해 노력할 것이다.

목표가 있는 사람은 목표가 없는 사람보다 성공할 확률이 더 높다. 명확한 목표가 생기면 많은 점에서 유리하기 때문이다. 명확한 목표가 있는 사람은 행복할까?

영국 영화 〈사랑의 블랙홀Groundhog Day〉에서 기상캐스터 필 코너스Phil Connors는 일에 대한 애착도 없고 사람들과 잘 어울리지도 않고 심지어 자기 자신을 사랑할 줄도 모른 채 살았다. 따라서 주변 사람들에게 좋지 않은 평가를 받는 것은 당연했다.

필은 2월 2일 '성촉절' 행사를 취재하기 위해 작은 마을을 방문했다. 그런데 마을에 도착한 이후 그에게 신비한 일이 벌어졌다. 매일 아침 눈을 뜨면 어제와 똑같은 하루가 반복되는 것이다. 매일 성촉절이 시작되고 똑같은 시간에 똑같은 일들이 일어났다.

처음에는 반복되는 하루에 혼란스러워하며 현실을 받아들이지 못했지만, 필은 곧 반복되는 하루가 나쁘지만은 않다고 생각했다. 다음 날 눈을 뜨면 다시 새로운 하루가 시작되니 하루 동안은 어떤 짓을 저질러도 상관없었다. 하지만 동료 리타 멕도웰의 마음을 얻지 못한다는 사실을 깨닫고는 좌절에 빠졌다. 그녀와 친해지기 위해 수많은 시간과 노력을 기울여도 하루만 지나면 다시 어색한 사이로 돌아갔기 때문이다.

필은 반복되는 하루에서 벗어나기 위해 자살이라는 극단적인 방법까지 선택했지만 다음 날이면 너무나 멀쩡한 상태로 침대에서 눈을 떴다.

필은 결국 자신이 처한 상황을 받아들이고 하루를 열심히 살아야겠다고 마음먹었다. 그리고 사람들과의 관계를 개선하기 위해 최선을 다했다. 필은 수많은 2월 2일을 보내면서 완전히 다른 삶을 살게 되었다. 그는 마을의 모든 사람을 알게 되었고, 그들 모두와 친구가 되었다.

그는 자신이 그토록 바라던 리타의 마음까지 얻을 수 있게 되었다. 두 사람이 사랑을 확인하고 함께 밤을 보낸 다음 날 필은 리타가 여전히 자기 옆에 있다는 것을 발견했다. 그렇게 2월 2일이 지나고 드디어 2월 3일이 왔다.

인생 목표가 없는 사람은 일상의 소중함을 모르고 무기력한 삶을 살았던 필과 같다. 따라서 명확한 목표와 방향을 갖는 것은 중요하다. 하지만 그것보다 더 중요한 것은 목표를 실현하기 위한 방법과 그 과정을 즐길 줄 아는 마음가짐이다. 필은 반복되는 '성촉절'에서 벗어나 새로운 삶을 시작해야겠다고 결심한 뒤부터 하루를 재밌게 보내기 위해 최선을 다했다. 필은 조금씩 변하는 삶 속에서 진정한 행복이란 무엇인지 깨달았다.

목표를 달성한 결과물이 행복이라고 오해하는 사람들이 많다. 물론 목표를 달성하고 나면 만족감과 성취감을 얻을 수 있지만 그리 오래가지 않는다. 새집을 마련하고 새 차를 사고 승진을 하면 큰 만족감을 느낄 수 있지만 그런 것들은 시간이 지나고 익숙해지면 바로 사라지는 감정이다. 그리고 이로 인해 짧은 행복을 느낄 수도 있을 것이다. 하지만 진정한 행복은 그런 만족감이 오래 지속되는 상태다. 따라서 목표를 달성한 뒤에 느껴지는 짧은 만족감은 행복이라고 부를 수 없다.

행복이란 무엇일까? 행복이란 결과가 아니라 과정이다. 많은 사람이 불행하다고 느끼는 이유는 과정은 소홀히 하고 결과에만 집착하기 때문이다.

목표는 행복해지기 위해 반드시 필요하지만 행복의 전부는 아니다. 진정한 행복을 위해서는 삶의 즐거움과 가치를 가져다 줄 수 있는 목표를 설정하는 것이 중요하다. 그리고 목표를 달성하기 위해 최선을 다하고 그 과정에서 행복을 누릴 수 있어야 한다.

 # 가장 단순한 삶을 살라

동물은 배불리 먹고 아프지 않으면 행복하다고 느낀다. 그런 면에서는 사람도 비슷하지만 그렇게 생각하지 않는 사람들도 많다. 사람들은 사업의 성공을 위해 자신의 삶은 돌보지 않는다. 그들은 바쁜 생활 속에서 인생의 진정한 목적을 상실하고 자신이 정말 원하는 게 무엇인지 잊어버린 채 살아간다. 그리고 어렵고 복잡한 것만 보느라 쉽고 간단한 것을 보지 못한다.

어느 날 수심에 가득 찬 한 청년이 뭐든지 다 안다는 현자를 찾아와 물었다.

"저는 사람들에게 도움이 되는 사람이 되고 싶은데 일이 생길 때마다 머릿속이 복잡해져서 제대로 처리하기가 어렵습니다. 항상 무언가를 선택해야 하는 순간이 되면 뭘 선택해야 좋을지 모르겠어요!"

현자는 청년을 과수원으로 데려갔다.

"과수원에서 과일을 하나 가져와 보게!"

청년은 현자의 말을 듣자마자 과수원으로 가서 신중하게 나무를 골랐다. 그리고 나무에서 가장 맛있어 보이는 과일을 찾기 시작했다. 하지만 하루가 지나도록 어떤 과일을 골라야 할지 결정을 하지 못했다. 결국 빈손으로 돌아온 청년은 울상이 되었다.

"죄송합니다. 과일이 너무 많아서……."

현자는 괜찮다는 뜻으로 고개를 저으며 청년의 발밑에 떨어진 과일을 가리키며 말했다.

"그 과일을 가져오거라."

"아주 고맙구나."

과일을 받은 현자는 웃으며 말했다.

"하지만 저는 아무것도 하지 않았는걸요?"

"방금 과일을 내게 주었지 않느냐?"

"그저 간단한 일이잖아요?"

"바로 그거다! 아주 간단하지! 나는 그저 네게 과일 하나를 가져오라고 했지 반드시 나무에 달려 있는 과일을 가져오라고 한 게 아니다. 자네처럼 생각이 너무 많으면 괴로운 법이지. 단순한 일을 복잡하게 생각하니 고민만 되고 제대로 선택하지 못하는 거라네!"

단순한 삶은 즐거움의 원천이자 번뇌를 없애주어 우리의 몸과 마음을 해방시켜준다. 단순한 삶은 꿈과 이상을 포기하라는 것이 아니라 삶의 본질과 핵심을 강조한다. 물론 단순한 삶이 가난한 삶을 의미하는 것은 아니다. 값비싼 차를 타더라도 삶 자체는 단순할 수 있다. 자신에게 솔직한 태도가 가장 중요하다.

속세를 살아가는 사람의 영혼은 더럽혀질 수밖에 없는데 한 번 묻은 때는 쉽게 지워지지 않는다. 더러워진 영혼을 정화하는 일은 방 청소를 하는 것처럼 쉬운 일은 아니지만, 자주 들여다보고 매일 청소해 주는 것이 좋다.

청소할 때는 불필요한 것을 과감히 버릴 줄 알아야 한다. 너무 많은 것을 가지고 있으면 쉽게 피곤하고 머리가 복잡해진다. 버리고 가벼워져야 여유롭게 아름다운 것들을 느낄 수 있다. 그리고 내 삶을 발전적인 방향으로 이끌어줄 생각은 놔두고, 피곤하고 복잡하게 만들 생각은 과감히 내다버린다. 정말 필요한 것만 남은 단순한 삶을 살 수 있을 때 우리는 더 행복해질 것이다!

Lesson Point

방 청소를 할 때 내가 가장 좋아하는 책, 자료, 사진, 음반, 옷 등을 정리하고 불필요한 것들은 버리고 나면 방이 훨씬 크고 밝아질 것이다!

하버드 심리학 수업

오컴의 면도날Occam's razor은 영국 철학자 윌리엄 오브 오컴William of Ockham이 제시한 개념이다. 이것은 어떤 일에 있어서 대부분은 무의미한 것에 불과하고, 가장 단순한 사실만이 의미를 가진다는 뜻이다. 따라서 복잡한 일은 단순한 방법으로 해결할 수 있다.

즐거움과 고통은 내가 무엇을 가지고 있는가로 결정되는 게 아니라,
무엇을 열심히 느꼈는가로 결정된다.

-하버드 대학 헨리 호프먼 Henry hoffman 교수

Chapter 22

즐거움은
내 손에 달렸다

 스물두 번째 성공 습관
즐거운 마음 가지기

즐거움이란 무엇인가? 사실 즐거움과 행복은 모두 자신의 생각과 태도, 선택에 달렸다. 부정적인 생각을 긍정적인 생각으로 바꿀 수 있다면 언제든지 즐거움을 느낄 수 있을 것이다.

즐거워지기 위해 다음과 같은 방법을 사용할 수 있다.

- **아침에 처음 만나는 이웃에게 웃으며 인사해라** | 아침에 이웃을 만났을 때 따뜻한 미소로 인사하면 똑같은 미소로 돌아올 것이다. 그러면 하루를 즐거운 마음으로 시작할 수 있다.

- **주말에 일주일 동안 불쾌했던 일들을 기록하고 쓰레기통에 버려라** | 마음속으로 분노와 불평으로 가득한 사람은 즐거워질 수 없다. 주말마다 일주일 동안 불쾌했던 일들을 기록하고 구겨서 쓰레기통에 버려보자. 그래야 좋은 기억만 간직한 채 새로운 한 주를 시작할 수 있다.

- **매일 친구와 전화통화를 하거나 채팅을 해라** | 즐겁게 살기 위해서는 사람들과 우정을 쌓고 좋은 관계를 유지해야 한다. 매일 친구와 전화통화를 하거나 채팅을 하며 일상을 나누고 긴밀한 관계를 형성하면 저절로 즐거워질 것이다.

- **생활용품에 스마일 스티커를 붙이고 매사에 감사하는 마음을 가져라** | 불평불만

이 많으면 무슨 일을 해도 뜻대로 풀리지 않고 즐겁지 않다. 스마일 스티커를 사서 컵이나 거울 등에 붙이고 매사에 감사하는 마음을 가져보자. 오래 계속하면 웃을 일이 많아질 것이다.

- **매일 재미있는 이야기나 유머집을 읽어라 |** 재미있는 이야기나 유머는 짧은 시간 안에 웃음을 유발하고 부정적인 감정을 사라지게 해준다. 따라서 매일 재미있는 이야기나 유머집을 읽다 보면 저절로 기분이 좋아질 것이다.
- **나에게 선물을 해라 |** 열심히 산 자신에게 상으로 선물을 해보자. 색다른 즐거움도 느낄 수 있고, 자신에 대한 기대치도 증가할 것이다.

 # 행복한 삶을 위해서는
즐거운 마음으로 살아야 한다

행복은 정의할 수 있는 것이 아니며, 소소한 일에서 행복을 느끼는 사람들도 있다. 이처럼 행복은 우리가 생각하기에 달렸다. 하버드 대학에서는 행복한 삶을 위해서는 긍정적인 생각을 해야 한다고 강조한다.

1967년 여름, 미국 다이빙 선수 조니 에릭슨 타다Joni Eareckson Tada는 다이빙을 하던 중 불의의 사고로 목뼈 이하의 신체를 쓸 수 없는 심각한 장애를 안게 되었다. 사고로 선수 생활을 하지 못하게 된 조니는 큰 충격을 받았다. 평생 휠체어에 앉아 살게 된 조니는 살아야 할 이유를 상실한 채 절망에 빠졌다.

몇 개월 뒤, 그녀는 인생의 의미와 가치에 대해 깊이 생각하며 용기를 북돋아주는 책들을 찾아 읽었다. 사실 중증마비 환자인 그녀가 페이지를 넘기며 책을 읽는 것은 쉬운 일이 아니었다. 하지만 포기하지 않고 책을 읽은 결과 긍정적인 생각이 싹트기 시작했다. 책을 통해 다른 사람들의 인생을 간접 경험하며 세상에는 자기보다 불행한 사람이 많다는 사실을 알게 되었다. 그리고 이런 비극적인 상황에서도 자기만의 길을 개척하고 성공을 이룬 사람들도 많았다.

조니는 중학교 때부터 좋아하던 그림을 그리고 싶다는 생각에 입으로 붓을 잡는 연습부터 시작했다. 그림을 완성하기까지 고통스러운 시간을 보내야 하는 조니를 보며 가족들은 그녀를 말렸다.

"조니, 너무 애쓸 필요 없어. 네 인생은 우리가 책임질게."

하지만 조니는 누군가에게 의존하지 않고 스스로 힘으로 서고 싶었다. 그녀는 그림 실력을 쌓기 위해 화가들에게 가르침을 청하고, 방에 틀어박혀 아무도 만나지 않은 채 그림에 몰두하기도 했다. 몇 년 후, 조니는 자신이 그린 풍경화로 전시회를 열어 전문가들의 인정을 받았다.

조니의 이야기가 알려지자 많은 사람이 감동받았다. 그때 그녀의 인생을 글로 써보라는 제안을 받은 조니는 뛸 듯이 기뻤지만, 자신의 생각을 글로 표현하는 일은 생각보다 어려웠다. 그때부터 문학 공부를 시작한 조니는 본격적으로 작가의 길을 걷게 되었다.

1976년 그녀의 자서전 『조니Joni』가 출판되었고 수십만 독자를 감동시켰다. 그로부터 2년 뒤 두 번째 저서 『한 걸음 더A Step Further』에서는 장애인의 삶에 대해 이야기했다. 조니의 이야기는 영화로 상영되었고 그녀가 직접 주인공 역을 맡아서 열연했다. 조니는 장애로 고통 받고 있는 사람들과 절망하고 실패한 사람들에게 큰 희망이 되었고, 수많은 사람에게 힘을 주었다.

조니의 책을 읽은 사람들은 운명에 굴복하지 않고 여전히 삶을 사랑하는 그녀의 긍정적인 태도에 감명 받았다. 이처럼 가치 있는 삶을 원한다면 고난과 시련을 이겨내야 하며, 즐거운 인생을 원한다면 자신을 받아들일 수 있어야 한다.

하버드 대학에서는 학생들에게 이렇게 가르친다.

"진정한 즐거움은 돈이나 집, 차와 같은 물질이 아니라 마음속에서 나온다."

세상에 완벽한 인생은 없으며, 저마다 자기만의 아픔과 결함을 가지고 살아간다. 나 혼자 불행하다는 생각에서 벗어나야 한다. 중요한 것은 불행을 바라보는 태도다. 운명을 원망하거나 자신을 원망할 필요는 없다. 현재 자신이 가지고 있는 것들을 돌아보면 자신이 얼마나 부자인지 깨달을 수 있을 것이다. 긍정적인 사람은 언제나 미래를 생각하며 즐거움이든 고통이든 모두 받아들일 수 있다고 생각한다.

Lesson Point

신은 누구에게나 공평하다. 사람들에게 행복과 고통을 골고루 똑같이 나누어 주었다. 하지만 고통에 신음하며 좌절하고 열등감에 빠져 세월을 낭비하는 사람이 있는 반면, 고통을 정면으로 마주하고 주어진 삶에 감사하며 즐겁게 사는 사람도 있다. 어떻게 살 것인지는 모두 우리 마음에 달렸다.

Lesson 03 나눔 속에 진정한 기쁨이 있다

주는 사람은 받는 사람보다 훨씬 더 즐겁다. 다른 사람에게 사랑을 주는 사람은 사랑을 받고 좋아하는 사람을 보며 더 큰 기쁨을 느낀다. 다른 사람에게 도움을 주는 사람도 마찬가지다.

묘지기는 몇 년 동안 매주 잘 모르는 여인에게서 편지를 받았는데, 수표를 함께 동봉하니 아들의 묘지에 꽃을 놓아달라는 내용이었다. 그런데 어느 날, 편지의 주인공이 묘지기를 찾아왔다. 차 한 대가 공동묘지 입구에 서더니 기사가 내려 묘지기에게 말했다.

"부인이 차에서 기다리시는데 함께 가주시겠어요? 부인은 병환이 깊어 거동이 불편해서 그러니 이해해 주세요."

차에서 내리지 못하는 젊은 부인은 기품이 있었지만 안색이 창백하여 핏기가 하나도 없었다. 그녀는 꽃다발을 한 아름 안고 있었다.

"사실은 제가 몇 년 전부터 매주 편지를 보냈어요."

“아, 꽃을 놓아달라는 그 편지 말인가요?”

“네, 아들에게요.”

“제가 잊지 않고 꽃을 놓아두었습니다.”

“오늘은 직접 와보고 싶었어요.” 부인은 부드러운 말투로 계속 말했다.

“병원에서 제가 살날이 몇 주밖에 안 남았다는 얘기를 들었어요. 하지만 이렇게 무의미하게 사느니 차라리 죽는 게 나을 것 같아요. 마지막으로 아들에게 직접 꽃을 주고 싶어서 찾아왔어요.”

묘지인은 깜짝 놀랐지만 이내 씁쓸한 표정을 지으며 단호히 말했다.

“몇 년 동안 부인이 보내온 돈으로 꽃을 사면서 항상 아깝다는 생각을 했습니다.”

“아깝다고요?”

“묘지에 꽃을 며칠씩 두면 보는 사람도 향기를 맡아줄 사람도 없이 시들어 버리니 얼마나 아까워요!”

“정말 그렇게 생각하세요?”

“네, 부인. 너무 언짢게 생각하진 마세요. 저는 병원과 고아원을 자주 가는데 그곳에 있는 사람들은 모두 꽃을 좋아해요. 살아서 직접 꽃을 볼 수도, 향기를 맡을 수 있으니까요. 하지만 묘지에는 살아 있는 게 아무것도 없으니 아까울 수밖에요.”

묘지기의 말에 잠시 생각에 잠긴 부인은 조용히 기도를 하고는 아무 말 없이 자리를 떠났다. 묘지기는 부인의 입장은 고려하지 않고 너무 솔직하게 이야기한 자신을 책망했다.

그런데 몇 달 후, 부인은 직접 차를 운전해서 다시 공동묘지를 찾아왔다. 부인은 미소를 지으며 묘지기에게 말했다.

“그때 당신이 한 말이 맞았어요. 살아서 꽃을 볼 수 있다는 것은 정말 즐거운 일이에요. 저 역시 꽃을 보니 기분이 좋아지더라고요! 덕분에 병도 호전되었어요. 병원에서는 기적이라고 했지만 저는 이유를 알아요. 그때 당신의 말을 듣고 살아 있다는 게 죽은 것보다 훨씬 낫다는 생각이 들었어요. 살아야 할 의미를 찾고 나니 다시 삶에 대한 애정이 솟아났어요!"

하버드 대학에서는 학생들에게 이렇게 가르친다.

"주는 사람은 받는 사람보다 훨씬 더 즐겁다. 즐거움과 행복은 서로 통한다. 다른 사람에게 사랑을 주면 그 사람도 사랑으로 돌려줄 것이다. 사랑은 또 다른 사랑을 낳고 선행은 또 다른 선행을 낳는다."

메아리가 뭔지 모르는 꼬마가 있었다. 꼬마는 넓은 광야에 서서 큰 소리로 외쳤다.

"야! 야!"

그러자 근처에 있는 산 쪽에서 똑같은 소리가 들렸다. 깜짝 놀란 꼬마가 "넌 누구니?"라고 소리치자 또 어디선가 목소리가 들려왔다. 꼬마가 또 다시 큰 소리로 소리쳤다.

"이 바보야!"

그러자 바로 목소리가 되돌아왔다.

"이 바보야!"

화가 난 꼬마는 목소리가 들려왔던 산을 향해 욕을 퍼부었지만, 잠시 후에 자신도 욕을 들어야 했다. 꼬마는 씩씩거리며 집으로 돌아와 엄마에게 광야에서 있었던 일을 말했다.

"네가 먼저 잘못해서 그런 거야. 처음부터 공손하게 물어봤으면 상대방도 공손하게 대답했을 텐데."

그러자 꼬마가 대답했다.

"내일은 그렇게 해볼게요."

"꼭 그렇게 해보렴. 남녀노소를 막론하고 네가 친절하게 대하면 상대방도 네게 친절하게 대할 것이고, 네가 버릇없이 굴면 상대방도 버릇없이 굴게 되어 있단다."

지혜로운 꼬마의 엄마는 상황에 맞춰 아이에게 사람을 대하는 법을 가르쳤다. 꼬마의 엄마가 한 말처럼 내가 먼저 친절을 베풀면 상대방도 친절로 보답할 것이다. 중요한 것은 친절을 베푸는 사람도 그 과정에서 즐거움을 느낄 수 있다는 사실이다.

Lesson Point

주고받는 것은 정반대의 행동이지만 둘 다 사람들에게 즐거움을 선사한다. 하지만 받는 행위가 물질적 만족감에서 오는 단순한 즐거움이라면, 주는 행위는 정신적 만족감에서 오는 고차원적인 즐거움이다.

Lesson 04 인생에서 고통이 차지하는 정도는 얼마나 될까?

사람들은 언제나 해탈을 꿈꾸거나 행복을 원한다. 그것은 우리가 갖가지 이유로 자신이 불행해졌다고 생각하며 늘 고통 속에 살고 있기 때문이다.

인생에서 고통이 차지하는 정도는 얼마나 될까? 현대사회를 살아가는 사람들은 항상 불평불만을 달고 산다. 하지만 잠시 가던 길을 멈추고 인생을 돌아보자.

'나는 과연 고통 받으며 살고 있는가? 내가 만든 고통 속에서 몸부림치고 있는 건 아닌가?'

몇 년 전에 실수로 사람을 다치게 하여 감옥에서 죗값을 치르고 출소한 여자가 있었다. 하지만 여자는 여전히 괴로워하며 교회에 나가 자신의 고통을 덜어달라고 하느님께 기도했다. 하루는 슬픔에 잠긴 여자를 보고 목사가 무슨 일이냐고 물었다. 여자는 눈물을 흘리며 말했다.

"제 인생은 왜 이렇게 불행하죠? 몇 년 전 그 일을 아직도 잊지 못하고 괴로워하는 제가 너무 불쌍해요."

여자의 이야기를 모두 들은 목사가 말했다.

"당신은 지금 자신이 만든 감옥에 갇혀 있군요."

"뭐라고요? 그게 무슨 말이에요?"

"당신은 이미 죗값을 치르고 출소를 했는데도 매일 스스로 감옥에 들어가 나오려 하지 않고 있어요. 당신은 과거에 겪은 안 좋은 일을 매일 생각하고 있지 않나요? 그건 정말 어리석은 짓이에요. 실수를 저지르고 나서 똑같은 일을 반복하는 거랑 뭐가 달라요?"

사실 사람들이 고통스러운 이유는 그것에 집착하기 때문이다. 집착하면 할수록 고통의 늪에 점점 빠져들고 스스로 감옥에 가두고 만다. 그리고 즐거울 때도 감옥에 앉아 괴로워하고, 힘들 때는 더 큰 슬픔에 빠져든다. 심지어 자신의 고통을 반복해서 생각하며 스스로를 괴롭힌다. 자신을 괴롭힐수록 마음속에 즐거움이 들어올 자리는 점점 줄어들 수밖에 없다.

아무런 걱정도 고통도 없는 상태가 되면 무엇에도 집착하지 않게 되는데, 그때 자유로움과 해탈이 찾아온다. 그러면 마음이 하고 싶은 대로 할 수 있고 더 이상 '나는 이 일을 생각해야 해, 나는 이 일을 생각하지 말아야 해, 이것도 해야 하고, 저것도 해야 하는데.' 등의 고민도 하지 않게 될 것이다. 그리고 마음이 편안하고 자유로워진다. 하지만 이런 자유와 해탈은 억지로 노력한다고 다다를 수 있는 경지가 아니다. 시간이 흐르면 자신이 집착하던 것이 사실은 그렇게 대단한 일이 아니라는 생각이 자연스럽게 들게 될 것이다.

해탈의 경지에 이르면 마음속에 있는 모든 것을 내려놓게 되며 마음도 머리도 가벼워진다. 그리고 어떤 상황에서도 평상심을 유지하며 쉽게 동요되지 않는다.

이렇게 가장 자연스럽고 평상심을 유지할 수 있는 해탈의 경지에 이르면 자신이 그런 상태에 있다는 것조차 알지 못한다. 평소 아무것도 의식하지 않거나, 어떤 특정 사건에 주목하지 않는 상태가 되면 해탈을 느낄 수 있다.

Lesson 05 환경은 바꿀 수 없어도 자신은 바꿀 수 있다

멀리 떨어진 고산에서부터 내려온 강물이 마을과 숲을 지나 사막에 도착했다. '지금까지 어려운 고비를 다 넘겼으니 사막도 지나갈 수 있을 거야!' 그렇게 생각하고 사막을 지나가는데 물이 자꾸 모래 속으로 스며들었다. 몇 번이나 시도해봐도 모래에 물을 빼앗기지 않고 건널 방법은 없었다. 강물은 크게 실망하여 혼잣말로 중얼거렸다.

"내 운명은 여기까진가 보군. 전설 속에 나오는 거대한 바다는 갈 수 없겠어."

그때 사방에서 이런 목소리가 들려왔다.

"미풍이 사막을 건널 수 있다면 강물도 건널 수 있어."

목소리의 주인공은 사막이었다. 그러나 강물은 사막의 말을 믿지 못했다.

"미풍은 사막을 건널 수 있지만 나는 불가능해."

사막은 계속 강물을 설득했다.

"네가 원래의 모습을 유지하려고 하기 때문에 사막을 건널 수 없는 거야. 미풍은 너를 데리고 사막을 날아갈 수 있어. 바로 네가 원하는 목적지까지 말이야. 다만 지금의 모습을 버리고 수증기가 되어 미풍 속으로 들어가야 해. 미풍은 수증기를 포함한 채 사막을 날아가. 그리고 적당한 장소에 도착하면 수증기를 비로 바꿔서 내리지. 그러면 비가 다시 강물이 되어 흘러가는 거야."

"그래도 나는 여전히 강물인거야?"

"그렇다고 할 수도 있고, 아니라고 할 수도 있어. 네가 강물이든 수증기든 본질은 똑같아. 지금 네가 계속 강물로만 살아온 이유는 네 본질을 알지 못했기 때문이야."

그때 강물은 자신이 강물이 되기 전에 미풍과 함께 내륙을 날아 산으로 가서 비가 되어 내리던 수증기였던 기억이 떠올랐다. 그리고 용기를 내어 미풍의 두 팔에 안겨 사막을 날아 그토록 원하던 바다로 갔다.

어쩌면 우리의 인생도 강물과 같다. 수많은 고비를 넘어 난관을 돌파해야 할 때에 이르면 모든 지혜와 용기를 끌어 모아야 한다.

하버드 대학에서는 학생들에게 이렇게 가르친다.

"환경을 바꿀 수 없다면 자신을 바꿔라."

환경을 바꿀 수 없다면 자신을 바꿔라. 변화를 이해하고 시대의 조류를 이해하면 살 길을 찾을 수 있다. 생각을 전환하는 법을 배우면 인생의 장애물을 수월하게 넘을 수 있다.

오늘의 눈물을 어제의 걱정으로 낭비하지 마라

-하버드 대학 졸업생, 미국 6대 대통령 존 애덤스 John Adams

Chapter 23

지금의
행복을
즐겨라

 스물세 번째 성공 습관
현재의 행복 즐기기

'지금'이란 우리가 현재 하고 있는 일, 현재 있는 위치, 같이 있는 사람들을 의미한다. '지금 이 순간을 살아라'라는 말은 현재 하고 있는 일, 현재 있는 위치, 같이 있는 사람들에게 집중하고 최선을 다해 받아들이고 경험하라는 뜻이다.

'지금' 충실한 삶을 살기 위해서는 다음과 같은 방법을 사용할 수 있다.

- **가사가 쉬운 팝송을 들어라 |** 머리가 복잡할 때는 가사가 쉬운 팝송을 반복해서 들어 보자. 조용히 귀 기울여 가사의 의미를 생각해보면 가수의 감정까지 느낄 수 있다. 그리고 무심한 듯 자연스럽게 흘러가는 세월의 아름다움도 느낄 수 있다.

- **돋보기로 빗을 관찰해라 |** 평범한 생활용품에 관심을 가져본 적이 있는가? 돋보기로 빗이나 거울 등의 생활용품을 관찰해 보자. 수십 배로 확대된 렌즈로 세상을 보면 의외의 즐거움을 발견할 수 있을 것이다.

- **'To do list'에 오늘 해야 할 일을 작성하고 저녁에 확인해라 |** 매일 아침 'To do list'에 해야 할 일을 작성하고 저녁에 와서 확인한다. 다 끝내지 못한 일이 있으면 마무리하고 휴식을 취한다.

- **일주일, 한 달, 일 년 계획을 모두 적어 눈에 잘 보이는 곳에 붙여라** | 사람들은 매일 바쁘게 돌아가는 업무와 일상 속에서 자기도 모르게 현실을 잊고 산다. 지금부터라도 일주일, 한 달, 일 년 계획을 세우고 하루하루를 충실히 살아보자.

- **하고 싶은 일의 의미를 적어보고 무의미한 일은 과감히 삭제해라** | 복잡한 세상에서 우리가 할 수 있는 일은 아주 많지만, 그중에는 불필요한 일들도 있다. 인생은 짧기 때문에 자신이 하고 싶은 일, 해야 하는 일을 구분해 보고 무의미한 일은 과감히 삭제한다.

- **시계를 보며 조용히 5분을 보내라** | 시계를 보고 있으면 시계 바늘이 조금씩 움직일 때마다 심장박동이 빨라지는 게 느껴질 것이다. 그것이 바로 시간이다. 바쁜 일상에서 무심코 지나가는 시간에도 시계 바늘은 조금씩 움직이고 있다. 그러니 시간을 소중히 생각해라.

자유로운 마음으로
새로운 인생을 살아라

어느 날, 아리따운 여자가 실연의 상처를 입고 남자친구를 처음 만났던 공원에 찾아와 대성통곡을 했다. 그녀의 상심한 모습을 보고 많은 사람이 위로의 말을 건넸다. 하지만 사람들이 위로해줄수록 그녀는 더 서럽게 울었다. 여자는 왜 남자친구가 더 이상 자신을 사랑하지 않는지 이해할 수 없었다.

그때 지나가던 노인이 슬프게 우는 여자를 발견하고 왜 우는지 물었다. 그러고는 아무런 위로의 말도 없이 덤덤하게 말했다.

"너는 그저 당신을 사랑하지 않는 사람을 잃었을 뿐이지만, 그는 자신을 사랑하는 사람을 잃었어. 너보다 그 사람의 손실이 훨씬 더 큰데 왜 원망하는 거지? 슬퍼해야 할 사람은 그 남자야!"

여자는 그 말에 고개를 끄덕였지만 여전히 슬픔은 가시지 않았다.

"앞으로 저는 어떻게 해야 해요?"

"오늘은 사랑에 실패했지만 내일은 다시 내일의 삶이 있어. 새로운 기회가 생길 거야. 이렇게 계속 울고만 있으면 어떻게 새로운 인연을 만날 수 있겠어?”

노인의 말에 여자는 크게 깨닫고 눈물을 닦았다.

우리는 현재에 살고 내일을 향해 나아간다. 그리고 한 번 지나간 과거는 절대 돌이킬 수 없다. 그러니 과거의 상처와 아픔에 빠져 있을 필요는 없다.

과거를 잊지 않고 다른 사람들에게 자신의 고통을 반복해서 이야기한다면 그 고통에서 벗어나지 못할 뿐 아니라 주변 사람들까지 고통스럽게 만들 것이다.

‘봄에는 꽃이 피고 가을에는 달이 뜬다. 여름에는 시원한 바람이 불고 겨울에는 눈이 내린다. 불필요한 걱정을 하지 않으면 계절마다 즐거운 시간을 보낼 수 있다.’

이처럼 잊어버린다는 것은 해탈하는 것이다. 또한 마음을 정화하는 것이고 상처를 치료하는 것이다. 과거의 불필요한 일들을 떨쳐내고 잊어버릴 수 있을 때 새로운 미래, 새로운 인생을 맞이할 수 있다.

── Lesson Point ──

살다 보면 자질구레한 일들과 내 뜻대로 풀리지 않는 일 투성이지만 모든 것을 일일이 기억할 필요는 없다. 잊어버림에 대해 이해한다면 자유롭고 풍요로운 인생을 살게 될 것이다.

 # 삶의 모든 '가정'을 없애라

올슨 콜은 회사에서 실수를 많이 하는 바람에 중요한 업무를 맡지 못하게 되자 큰 상심에 빠졌다. 그래서 친한 친구를 만나기로 했는데도 평소처럼 기분이 좋지 않았다. 콜의 친구는 유능한 정신과 의사였다. 그는 콜을 보자마자 기분이 안 좋은 것을 알아챘다.

"무슨 일 있어? 무슨 일 때문에 이렇게 기분이 안 좋아?"

콜은 직장에서 있었던 일을 들려주었다.

"나랑 함께 진찰을 받아보는 게 좋겠어. 네 상태가 어떤지 내가 확인해 볼게."

친구는 박스에서 카세트테이프를 꺼내 녹음기에 집어넣었다.

"이 테이프에는 세 사람의 이야기가 들어 있어. 그들이 누군지는 중요하지 않아. 조용히 그들의 이야기를 듣고 그들을 지배하고 있는 단어를 한 번 찾아봐."

콜은 친구의 말대로 녹음기에서 흘러나오는 사람들의 이야기를 주의 깊게 들었다. 첫 번째는 사업을 했다가 실패한 남자의 이야기였다. 두 번째는 홀어머니를 보살피기 위해 평생 결혼을 못한 여자의 이야기였다. 세 번째는 사춘기 아들이 말썽을 일으켜 경찰에 잡혀갔는데 그것이 다 자기 탓이라고 생각하는 어머니의 이야기였다.

세 명은 공통적으로 '만약 ~하기만 하면'이라는 단어를 자주 사용했다. 의사 친구가 말했다.

"병원에서 일하면 수많은 환자의 이야기를 들을 수 있어. 그들은 내가 그만하라고 할 때까지 쉬지 않고 말해. 때로는 지금처럼 녹음테이프를 들려주고 나서 이렇게 말하지. 앞으로는 '만약 ~하기만 하면'이란 말을 쓰지 않으면 문제가 해결될 거예요! 라고 말이야. 네 문제에 대입해서 말해볼까? 너는 목표를 이루지 못했어. 왜지? 그건 실수를 했기 때문이야. 하지만 사람들은 누구나 실수를 하고, 실수를 통해 많은 교훈을 배우지. 그런데 너는 네가 한 실수를 매우 안타까워하고, 후회할 뿐 그 안에서 어떠한 교훈도 배우지 않고 있어."

그러자 콜이 따졌다.

"네가 어떻게 알지?"

"그건 네가 계속 '과거형'으로 말하며 미래에 대한 이야기는 전혀 하기 않기 때문이야. 사람들은 누구나 자신이 과거에 저지른 잘못을 반복해서 말하는 나쁜 버릇이 있어. 그것은 어떤 이야기든 과거의 좌절과 아픔을 이야기할 때만큼은 자신이 주인공이 되기 때문이야. 바로 자신이 모든 사건의 중심에 서게 되는 거지."

하버드 대학에서는 학생들에게 이렇게 가르쳤다.

"우리는 하루빨리 과거의 그늘에서 벗어나야 한다. 사람은 누구나 실수를 한다. 실수를 바로잡으려고 노력한다면 설령 실수를 완벽히 만회할 수는 없어도 양심을 회복할 수는 있다. 하지만 헛된 감상에 빠져 적절한 노력을 기울이지 않는다면 결국 모든 것을 잃게 될 것이다!"

양심의 가책은 실수에 대한 반성으로, 인성의 긍정적인 부분이자 감정의 부정적인 부분이다. 그러니 실수를 했다면 반성을 통해 신속히 행동으로 실천하고 부정적인 면을 긍정적인 면으로 바꿔야 한다.

Lesson Point

모든 추억을 버릴 수는 없지만 추억의 노예가 되어서도 안 된다. 우리가 지나온 길에서 느꼈던 희로애락은 마음 한편에 묻어두고, 나머지 넓은 마음을 현재의 순간들로 채워보자!

하버드 심리학 수업

인과율은 소크라테스 인과율이라고도 한다. 인과율은 모든 일의 결과는 하나 또는 여러 개의 원인을 가진다는 의미다. 따라서 오늘은 어제의 결과이자, 내일의 원인인 셈이다.

 오늘은 내일보다
휠씬 길다

과거, 현재, 미래에 관해 사람들은 '지금 이 순간을 살고 오늘을 소중히 생각해라'라는 이치를 깨달았지만, 실제로 그렇게 생각하는 사람은 거의 없다. 그저 자신이 세운 '위대한 계획' 중에서 몇 개나 달성했는지에만 관심이 있다. 현재를 소중히 하고 실질적인 일에 집중하는 것이 중요함을 깨달아야 한다.

어느 날, 한 철학자는 황량한 사막을 지나던 중 오래된 옛 성터를 발견하고 잠시 쉬어가기로 했다. 그는 자연스럽게 넓은 석상 위에 앉아 성벽이 있던 자리를 바라보며 지나간 역사를 돌아보며 감탄했다. 그때 어디선가 목소리가 들려왔다.

"뭘 그리 감탄하는 거죠?"

철학자는 사방을 둘러봤지만 아무도 보이지 않았다. 그런데 성터를 둘러보던 중 그것이 석상에서 나온 소리라는 것을 알아챘다. 유심히 관찰해

보니 그 석상은 '두 얼굴' 석상이었다. 호기심이 생긴 철학자가 석상에게 물었다.

"너는 왜 두 얼굴을 가지고 있지?"

"한쪽 얼굴은 과거를 보여주고 다른 얼굴은 미래를 보여주기 때문이에요."

"과거는 현재의 발자취라서 누구도 머물고 싶어 하지 않고, 미래는 현재의 연장이라서 지금 얻을 수 있는 게 없어. 현재를 볼 수 없는데 과거와 미래를 훤히 들여다본들 무슨 소용이야?"

철학자의 말을 들은 석상은 갑자기 눈물을 흘리며 말했다.

"그 말을 듣고 나니 이제야 제가 이런 곳에 버려진 이유를 알 것 같네요. 아주 오래 전, 제가 성에 있을 때는 과거와 미래를 볼 수 있다는 사실에 거만하게 굴며 현재를 보는 일에는 소홀히 했어요. 그런데 성이 적들에게 점령당하고 아름다운 도시가 폐허가 되자 저는 처참히 버려졌어요."

위의 이야기에서 강조하고 있는 '현실을 소중하게 생각하라'는 이치는 모두 알고 있지만, 그것을 실천하는 사람은 거의 없다.

사실, 음미하고 소화되지 않은 진리만큼 무서운 게 없다! 진리를 알기만 하고 자신의 것으로 만들지 못했다면, 사람들에게 선택이 필요한 순간에 아무런 도움을 주지 못한다.

염라대왕은 지옥으로 오는 사람들의 수가 급격히 줄어들자 저승사자들을 불러 회의를 했다. 저승사자들은 각자 사람들을 지옥으로 유혹할 수 있는 방법에 대한 의견을 내놓았다. 첫 번째 저승사자가 말했다.

"사람들에게 이렇게 말하면 어떨까요? '양심을 버려! 사실 천국은 존재하지 않아!'"

염라대왕은 고개를 저었다. 두 번째 저승사자가 말했다.

"그럼 이렇게 말하는 건 어떨까요? '네가 하고 싶은 대로 해! 사실 지옥은 존재하지 않아!'"

염라대왕은 또 고개를 저었다. 그때 옆에 있던 꼬마 저승사자가 말했다.

"저라면 '오늘 할 일을 내일로 미뤄!'라고 말하겠어요."

그때서야 염라대왕은 고개를 끄덕였다.

우스갯소리지만 우리가 반성해볼 만한 이야기다. 사람들은 왜 이렇게 단순한 유혹에 잘 넘어가는 걸까? 생각해 보자. 모든 사람이 "됐어. 내일 다시 하지 뭐."라는 생각으로 오늘 해야 할 일을 미루기만 한다면, 아무것도 하지 않는 사람들은 미라로 변하고 말 것이다.

오늘은 내일보다 훨씬 길다. 이 말의 의미를 이해하고 실제로 행동으로 옮기는 사람만이 진정한 인생의 가치를 깨달을 수 있다!

 # 나의 하루를 소중하게 생각하라

암 선고를 받은 스티브 잡스는 남들보다 살아갈 날이 많지 않았지만, 짧은 생애에 수많은 업적을 세울 수 있었던 것은 바로 하루를 소중하게 생각했기 때문이다.

"저는 열일곱 살 때 '오늘이 내 생의 마지막 날이라고 해도 오늘 하려고 했던 일을 하겠는가?'라는 문구를 보고 깊은 감명을 받았어요. 그때부터 33년간 매일 아침 거울을 보며 제게 그 질문을 던지고 있어요."

어느 날, 잡스는 대학에 강의를 하러 갔다가 아름다운 금발의 여인에게 마음을 빼앗겼다. 강의가 끝나고 두 사람은 자연스럽게 대화를 나누고 전화번호를 교환했다. 그리고 함께 저녁식사를 하기로 약속한 날, 잡스는 갑자기 비즈니스 회의가 잡혀 그녀를 두고 회사로 들어가야 했다. 그때 차를 타고 시동을 걸기 전에 잡스는 매일 하던 그 질문을 자신에게 다시 던져보았다.

'오늘이 내 생의 마지막 날이라면 비즈니스 회의에 참석하겠는가, 아니면 그녀와 데이트를 하겠는가?'

답은 의외로 빨리 나왔다. 잡스는 다시 차에서 내려 여자가 있는 곳으로 돌아갔다.

"우리는 그이후로도 헤어지지 않았어요."

잡스는 지난날을 회상하며 그렇게 말했다. 그때 그 여자는 잡스의 부인인 로렌 파월 잡스Laurene Powell Jobs다.

"내가 곧 죽을 거라고 생각하면 인생의 중요한 결정을 할 때 훨씬 수월해져요. 일에 대한 기대와 명성, 실패에 대한 두려움도 죽음 앞에서는 작은 고민에 불과하기 때문이에요."

소중한 오늘을 함부로 낭비해서는 안 된다. 오늘을 지배할 수 있는 사람이 꿈을 이룰 수 있다. 성공한 사람들의 비결은 마찬가지다. 과거에 미련 두지 말고, 현재에 충실하고 오늘의 일을 내일로 미루지 않는 것이다.

나의 하루를 소중하게 생각하고, 오늘은 어제의 일로 후회하지 말고, 내일을 위해 오늘을 낭비하지도 말자. 매일 새롭게 시작한다는 마음을 가져 보자.

Lesson Point

현실에 불평하지 말고 지나간 과거에 사로잡히지 말아야 한다. 과거의 일을 반복해서 떠벌리고 지난날 어떻게 살아왔는지에 집착하는 사람은 오늘의 경험을 소홀히 생각할 수 있다. 과거를 추억하는 데 너무 많은 시간을 할애한다면 정상적인 삶에 영향을 미칠 것이다. 지금부터라도 추억에서 벗어나 현재 매 순간에 최선을 다해 보자.

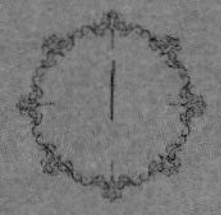

사랑은 황금열쇠다.
황금열쇠만 있으면 모든 마음의 문을 열 수 있다.

-하버드 대학 오리슨 스웨트 마든Orison Swett Marden 교수

Chapter 24

사랑을 나누면 세상이 아름다워진다

스물네 번째 성공 습관
사랑하기

사랑은 인간의 본능이자 힘의 원천이다. 여기에서 말하는 사랑은 연인 사이, 친구 사이의 사랑처럼 좁은 의미의 사랑이 아니라, 넓은 의미의 사랑인 '박애博愛'를 가리킨다. 자신을 사랑하고 타인을 사랑하는 사람은 가슴 깊은 곳에서 무한한 힘이 샘솟는다. 이 힘은 우리 몸의 각 세포로 전달되어 아주 중요한 작용을 한다.

이기심과 이별하고 큰 사랑을 베풀기 위해서는 다음과 같은 방법을 사용할 수 있다.

- **부모님 발을 씻겨 드려라** | 부모님의 발을 씻겨 드린 적이 있는가? 큰 사랑의 마음은 부모님을 존경하고 사랑하는 데서 시작한다. 부모님 생일선물로 발을 씻겨 드려 보자. 작은 사랑의 실천으로 큰 감동을 전할 수 있다.
- **강아지나 새끼 고양이를 키워라** | 반려동물을 키우면 마음속 깊은 곳에 숨어 있던 감정이 깨어난다. 귀여운 강아지나 새끼 고양이를 세심하게 보살피고 먹이를 주는 과정에서 가슴이 점점 따뜻해지는 게 느껴질 것이다. 시간이 흐르면 반려동물에 대한 사랑이 주변 사람들에게까지 확장된다.
- **한 달에 한 번 가지고 있는 물건을 정리하고 기부해라** | 이기적인 마음을 없애기

위한 가장 좋은 방법은 이타적인 행동을 하는 것이다. 예를 들면 타인에게 관심을 가지고 도움이 필요한 곳에 기부를 하는 것이다. 한 달에 한 번 가지고 있는 물건을 정리해 필요한 곳에 기부를 하는 것도 좋은 방법이다.

- **자발적으로 헌혈에 참여해라** | 지금 이 순간에도 1초에 3명이 헌혈을 필요로 하고 있다. 적은 양의 헌혈로도 한 사람의 목숨을 살릴 수 있다. 그러니 혈액이 필요한 사람에게 헌혈을 통해 도움을 줄 수 있다면 큰 기쁨을 느끼게 될 것이다.

- **동료를 생일파티에 초대해라** | 이기적인 사람은 소유욕이 강해서 모든 것을 혼자 독점하려 한다. 생일을 계기로 동료를 초대해 보자. 축하를 받으며 사람들과 함께 어울리는 과정에서 서서히 사랑의 중요성을 깨닫게 될 것이다.

- **고무줄을 튕겨라** | 심리학의 조작적 조건 형성Operant conditioning을 기본으로 부정적 강화Negative reinforcement를 수단으로 진행하는 일종의 훈련 방법이다. 이기적인 사람에게 이기적인 생각이나 행동을 스스로 인식하도록 하는 것이다. 손목에 고무줄을 두르고 튕겨서 고통을 느끼게 해보자. 그러면 통증을 느끼는 과정에서 이기심이 안 좋은 것이라는 사실을 깨닫게 될 것이다.

혼자 살 수 있는 사람은 없다

친구 사이의 신도 두 명이 함께 아토스Athos 산으로 성지순례를 떠났다. 각자 배낭을 짊어진 두 사람은 오랜 여행으로 다리도 아프고 여독도 쌓였지만 아토스 산에서 성자를 만나기 전까지는 절대 돌아갈 생각이 없었다.

두 사람이 앞서거니 뒤서거니 하며 길을 떠난 지 2주 정도 지났을 때 드디어 백발이 성성한 성자를 만났다. 성자는 먼 길도 마다치 않고 힘들게 걸어온 두 사람에게 감동했다.

"아토스 산에서 내가 있는 곳까지는 열흘이나 걸리는데 이렇게 찾아와 줘서 감동했네. 하지만 나는 곧 자네들과 헤어져야 하네. 헤어지기 전에 내가 소원을 들어주지. 둘 중에 첫 번째로 말하는 사람의 소원은 반드시 이루어질 거야. 그리고 두 번째 사람은 첫 번째 사람이 빈 소원의 두 배로 이루어줄 생각이네."

성자의 말에 첫 번째 신도는 생각했다.

'여기까지 온 보람이 있군! 빌고 싶은 소원은 있지만 절대 먼저 말할 수 없어. 처음 소원을 비는 사람이 무조건 손해잖아. 절대 그럴 수 없지!'

두 번째 신도도 생각했다.

'난 절대 처음으로 소원을 빌지 않을 거야. 저 친구가 나보다 두 배나 더 가져가는 꼴을 두고 볼 수는 없어!'

두 사람은 서로 먼저 소원을 빌라고 양보하다가 둘 중 한 사람이 화를 내며 말했다.

"자세는 정말 눈치가 없구먼. 왜 이렇게 내 말을 안 듣나? 자네가 계속 그렇게 버티면 자네 집 강아지 다리를 분질러 버리겠네!"

그 말을 들은 신도는 안색까지 바꾸며 소리쳤다.

"형님이 이렇게 인정사정 보지 않는다면, 저 역시 의리를 지킬 필요가 없겠네요!"

그는 독한 마음을 품고 성자에게 이렇게 소원을 빌었다.

"제 한쪽 눈을 파 주세요."

그러자 바로 그자의 한쪽 눈이 없어졌고, 함께 온 다른 신도는 두 눈이 모두 없어지고 말았다! 성자는 두 신도에게 정말 뜻깊은 선물을 주려고 했다. 하지만 이기적인 마음은 '친구'를 '원수'로, 성자의 '축복'을 '저주'로 바꿔버렸다.

심리학에서 이기심은 자기 이익을 극단적으로 추구하는 심리다. 이기적인 사람은 타인과 사회의 이익에 관심이 없고 오로지 자신의 이익에만 집착한다.

이기심은 본능적인 욕구와 비슷하게 마음속 깊은 곳에 위치한다. 사람은 신체적인 욕구, 물질적인 욕구, 정신적인 욕구, 사회적인 욕구 등 다양한 욕구를 가지고 있다. 욕구는 사람의 행동을 유발시키는 원초적인 원동력이지만 사회규범, 도덕윤리, 법률법규 등의 제약을 받는다. 이기적인 사람은 사회적, 역사적 요구에 관계없이 자신의 이익을 충족시키는 일만 중요하게 생각한다. 이기심은 개인의 기본적인 욕구들 틈 속에 숨어서 심층적인 심리 활동을 한다.

이기심이 깊은 곳에 숨어 있는 이유는 사람들이 이기심의 존재를 눈치채지 못하게 하기 위해서다. 실제로 이기적인 사람은 자신이 이기적인 행동을 한다고 생각하지 못하며, 반대로 다른 사람의 이익을 가로챘을 때 심리적인 안정을 느낀다. 따라서 이런 이기심을 사회 병적인 심리현상이라고 부른다.

이기심은 극단적인 개인주의를 초래하며, 사회의 추악한 면을 까발려서 분위기를 흐리고 각종 부정적인 심리를 야기한다. 따라서 반드시 이런 병적인 심리 현상을 극복해야 한다.

Lesson Point

다른 사람을 도와주려 하지 않는 사람은 그 역시 다른 사람의 도움을 받지 못할 것이다. 서로가 밀접하게 연결된 사회에서 혼자 살 수 있는 사람은 없으며, 때로는 남을 돕는 일이 곧 나를 돕는 일이 되기도 한다. 이기적인 사람은 결국 자신의 이기심으로 인해 큰 피해를 보게 될 것이다.

하버드 심리학 수업

이기심은 본능적인 욕망의 표현이다. 이기심은 정확한 계량기가 없는 상황에서 죽을 나누어주는 행위에서도 드러난다. 죽을 여러 사람에게 공평하게 나누어 주려고 다양한 방법을 사용해 봐도 결국에는 죽을 나누어 주는 사람이 가장 많은 양의 죽을 차지하게 되기 때문이다.

항상 감사하는 삶을 살아라

미국 클린턴 대통령은 매년 11월 넷째 주 목요일을 추수감사절로 제정한다고 선포했다. 이렇게 미국에서는 추수감사절을 법률로 정해놓았다. 지금은 미국을 제외한 다른 나라에서도 추수감사절을 보낸다.

추수감사절은 감사를 나누는 날이자, 가슴속의 사랑을 표현하는 날이다. 우리는 매일 부모, 형제, 친구, 이웃으로부터 관심과 사랑을 받으며 살아간다. 이렇게 자신이 받은 관심과 사랑을 다른 사람에게 나누어 줄 수 있을 때 '감사'가 된다.

영국의 천체물리학자 스티븐 호킹Stephen Hawking은 늘 편안한 시선과 웃는 얼굴을 보여주었다. 호킹이 세계적인 사랑과 존경을 받는 이유는 놀라운 지혜와 지식을 갖추었을 뿐 아니라 그가 진정한 인생의 '투사'이기 때문이다.

하루는 연설을 마친 그에게 젊은 여기자가 물었다.

"병마가 당신을 30년간이나 휠체어에 묶어 놓았는데 운명이란 녀석에게 너무 많이 빼앗겼다고 생각하지 않으세요?"

호킹은 미소를 지어 보이고는 손가락을 이용해 타자를 두드렸다. 그러자 대형 모니터에 그의 말이 전해졌다.

'제 손가락은 여전히 움직일 수 있고, 제 두뇌는 여전히 생각할 수 있습니다. 저는 평생 추구하고 싶은 꿈이 있고, 저를 사랑해주고, 제가 사랑하는 가족과 친구들이 있습니다. 그리고 저는 아직도 감사하는 마음을 가지고 있습니다.'

스티븐 호킹처럼 감사하는 마음을 가진 사람은 언제나 사물의 아름다운 면에 관심을 가지기 때문에 큰 성공을 거둘 것이다. 감사하는 마음은 명예와 사회적인 지위는 물론이고 전 세계인의 사랑까지도 안겨다 줄 수 있다.

인생은 내 뜻대로만 흘러가는 게 아니다. 감사할 줄 모르는 사람은 만족을 모르고, 만족을 모르는 사람은 불평불만이 많아질 것이다. 우리의 삶이 부정적인 방향으로 흘러가면 창조적인 힘을 상실할 것이고, 긍정적인 방향으로 흘러가면 더 풍성하고 아름다운 미래로 나아갈 것이다.

코닥Kodak 카메라를 발명한 조지 이스트먼George Eastman은 아주 가난한 어린 시절을 보냈다. 아버지는 7살 때 돌아가고 어머니는 가족의 생계를 책임지기 위해 매일 고된 노동에 시달리며 피곤한 삶을 이어갔다. 이스트먼은 고생하는 어머니를 보면서 어른이 되면 반드시 어머니를 호강시켜 주겠다고 맹세했다. 그리고 15살 때부터 일을 시작한 그는 월급을 통째로 어머니에게 주었다.

1898년, 이스트먼은 작고 귀여운 휴대용 카메라를 발명했다. 그는 카메라 이름을 짓던 중 어렸을 때 어머니 품속에서 옛날이야기를 듣던 풍경을 떠올리며 어머니 이름의 첫 번째 알파벳인 'K'를 집어넣기로 했다. 그렇게 'K'를 앞뒤로 넣어 만든 'Kodak'이란 이름이 완성되었다.

그는 비록 가난한 집에서 자랐지만 어머니에게 많은 사랑을 받으며 행복한 어린 시절을 보냈다. 이스트먼은 그런 어머니에게 감사하는 마음을 카메라에 담았고, 따듯한 마음이 깃든 브랜드를 탄생시켰다.

감사하는 마음이 없다면 세상은 황폐해질 것이다! 감사는 주변에 긍정적인 에너지를 전파한다. 감사하는 마음이 강하면 긍정적인 에너지 진동이 우주까지 뻗어나가고 같은 진동 주파수를 가진 사물을 끌어들인다. 따라서 세상에 감사하는 마음이 커질수록 더 많은 이익을 얻을 수 있다. 감사하는 삶을 살면 무엇을 기대하든 우주가 보답해 줄 것이다.

Lesson Point

내가 먼저 웃으면 상대방도 웃음으로 보답할 것이고, 내가 먼저 울면 상대방도 울음으로 보답할 것이다. 감사하는 마음만 있으면 평생 이익을 얻을 것이다. 감사하는 삶을 살면 내가 가진 모든 것을 최고로 생각하게 될 것이고, 성공과 실패에 연연하지 않게 된다. 그리고 불행과 고난은 자취를 감추고 즐겁고 행복한 감정만 남아 최고의 경지에 이를 것이다.

하버드 심리학 수업

항상 감사의 마음을 가진 사람은 필요한 순간 언제나 사람들의 도움을 받을 수 있다. 심리학적으로는 안타이오스Antaios 효과가 이러한 사실을 증명한다. 안타이오스 효과는 상응하는 조건에서 멀어지면 능력을 상실하는 현상이다. 따라서 혼자 떨어져 있지 않고 무리를 형성하는 것을 배우게 된다는 주장이다.

 즐거움은 나누면
더 큰 즐거움으로 돌아온다

다른 사람과 협력하고 나눌 줄 아는 사람은 천국에 갈 것이고, 그렇지 못한 사람은 지옥에 떨어질 것이다. 이기적인 사람은 늘 자신의 이익을 더 많이 가져오려 하고, 나눌 줄 아는 사람은 공동의 이익을 더 많이 가져오려 한다. 열정을 나누면 더 큰 열정을 얻게 되고, 즐거움을 나누면 더 큰 즐거움을 얻을 것이다.

어느 날, 굶주림에 지친 두 사람 앞에 천사가 나타나 낚싯대 하나와 살아 있는 물고기가 가득 든 어망을 선물했다. 한 사람은 물고기 어망을 원했고, 또 다른 사람은 낚싯대를 원했다. 두 사람은 각자 원하는 것을 가지고 길을 떠났다. 물고기를 선택한 사람은 매운탕을 끓여서 맛있게 먹었지만 며칠이 지나자 물고기는 금세 동이 났고 결국 굶어 죽었다. 낚싯대를 선택한 사람은 굶주림을 참고 바다를 향해 길을 떠났다. 하지만 눈앞에 파란 바다를 발견했을 때 그는 이미 손 하나도 까딱할 힘이 남아 있지 않았고, 곧 온몸에 힘이 빠진 채 쓰러져 죽고 말았다.

굶주림에 지친 또 다른 두 사람도 천사에게 낚싯대와 어망을 선물 받았다. 그들은 물건을 나눠 갖지 않고 함께 바다로 가기로 다짐했다. 두 사람은 긴 여정 동안 어망에 든 고기를 꺼내 먹으며 드디어 바다에 도착했다. 그때부터 그들은 고기잡이를 업으로 삼았다. 몇 년이 지나 두 사람은 집을 지었고 자기만의 어선도 가지게 되었다. 그리고 가정을 꾸려 행복하게 살았다.

생전에 착한 일을 많이 한 신도는 하느님을 보자 천국과 지옥이 얼마나 다른지 물었다. 그러자 하느님은 천사를 시켜 천국과 지옥을 구경할 수 있게 해줬다. 천당에 갔더니 큰 식탁에 진수성찬이 차려져 있었다. 그리고 식탁에 앉은 사람들은 모두 3미터나 되는 젓가락을 들고 맞은편에 앉은 사람에게 서로 먹여주고 있었는데 아주 행복해 보였다. 다음으로 천사는 지옥으로 안내했다. 그런데 지옥에도 천국에서 본 것과 똑같은 식탁에 진수성찬이 차려져 있었다. 신도는 '천국이랑 지옥이랑 다른 게 없네!'라고 생각했다. 그런데 천사가 그의 생각을 읽기라도 하듯 이렇게 말했다.

"서두르지 말고 계속 보세요."

잠시 후 식사 시간이 되자 피골이 상접한 사람들이 식탁 앞에 앉았다. 그런데 사람들은 3미터짜리 젓가락을 들고 밥을 먹지 못했다. 긴 젓가락을 자기 입으로 가져올 방법을 찾지 못했기 때문이다. 그렇게 지옥에 있는 사람들은 굶주림을 견디지 못하고 고통의 비명을 질러댔다.

하버드 대학에서 공부한 빌 게이츠는 이렇게 말했다.

"나눔은 영리한 생존 방식이다. 우리가 이기적인 행동을 하지 않고 다른 사람을 위해 베푼다면 그것은 곧 자신을 돕는 길이다. 협력이 중시되는 우리는 많이 나눌수록 더 많이 가지게 될 것이다. 천국과 지옥은 종이 한 장 차이고, 바로 내 마음에 달렸다. 감사하는 마음을 가진 사람은 행복과 사랑을 서로 나눌 줄 알고 양호한 인간관계를 형성할 수 있다. 그러면 천국이 바로 눈앞에 펼쳐질 것이다.

나눔을 배워서 행복을 나누고, 명예와 명성을 나누고, 이해와 도움을 나누면 모두에게 이득이 된다. 서로 나눌 수 있으면 즐거움이 배가 되고 명성이 더 커지며 우정이 더 광범위해진다.

Lesson Point

어떤 일을 통해 행복을 느낀다면 나눔의 마음을 기억하자. 마음이 답답하고 우울할 때는 믿고 의지하는 친구에게 고민을 털어 놔 보자. 다시 삶의 즐거움을 되찾고 행복해질 수 있을 것이다.

하버드 심리학 수업

내가 상대방에게 미소를 보내면 상대방도 내게 미소를 보낼 것이며, 심지어 포옹까지 함께 할 수도 있다. 그러니 상대방이 내게 해주었으면 하는 대로 내가 먼저 상대방에게 해주어야 한다.

 좋은 이웃을
만들어라

어느 날, 네덜란드 화초 상인이 아프리카에서 진귀한 명품 화초를 들여와 자신의 꽃밭에 심었다. 앞으로 돈을 벌 날만 기다리던 상인은 명품 화초를 애지중지하며 키웠다. 주변의 지인들이 조금만 나눠달라는 부탁에도 씨앗 한 알조차 밖으로 돌리지 않았다. 3년 뒤, 화초가 수만 그루로 늘어나면 팔아서 큰돈을 벌 계획이었다.

첫해 봄에는 꽃이 피었다. 꽃밭이 울긋불긋해지니 명품 화초의 아름다움이 더 빛을 발하는 듯 했다. 두 번째 봄에는 화초가 5천 그루로 늘어났지만 첫해만큼 꽃이 만개하지 않았고 꽃봉오리도 더 작아졌다. 그리고 세 번째 봄에는 처음 상인이 바라던 대로 화초가 수만 그루로 늘어났다. 하지만 그는 울상을 지을 수밖에 없었다. 꽃봉오리가 훨씬 더 작아지고 꽃의 색깔도 잡색이 많이 섞여서 아프리카에서 보았던 우아함은 전혀 찾아볼 수 없게 되었기 때문이다. 물론 큰돈도 벌지 못했다.

상인은 아프리카에서 보았던 방식 그대로 애지중지하며 키운 화초가 나날이 퇴화한 이유가 궁금했다. 그는 궁금증을 해결하기 위해 식물학자를 불러 자문을 구하기로 했다. 식물학자는 그의 꽃밭을 둘러보고 물었다.

"이웃한 땅에는 뭐가 있나요?"

"그곳도 꽃밭이에요."

"이웃 꽃밭에도 같은 화초를 심었나요?"

상인은 고개를 저으며 말했다.

"이 화초는 네덜란드 전국에서 저만 가지고 있어요. 이웃 꽃밭에는 튤립, 장미, 금잔화 등의 일반 화초를 키워요."

식물학자는 깊은 한숨을 뱉으며 말했다.

"명품 화초가 왜 퇴화했는지 이제 알겠군요. 당신 꽃밭의 명품 화초가 바람을 타고 꽃가루를 이웃 꽃밭으로 옮겼기 때문이에요. 그러니 당신 화초의 품질이 나날이 떨어질 수밖에요."

상인은 식물학자에게 해결 방법이 있냐고 물었다.

"바람을 막을 수는 없지 않아요? 하지만 한 가지 방법이 있긴 하죠. 바로 이웃 꽃밭에 당신의 화초를 나눠 심으면 돼요."

상인은 식물학자의 말대로 화초를 이웃에게 나눠주었다. 그리고 이듬해 봄에 만개한 꽃을 보니 과연 명품의 품위를 유지했다. 화려한 꽃 색깔과 큼지막한 꽃봉오리는 우아함 그 자체였다. 상인은 화초를 팔아 큰돈을 벌었다.

이야기에서 상인의 이기심은 그에게 큰돈을 벌 기회를 빼앗아 갔다. 주변을 둘러보면 다른 사람에게 도움을 주고 싶어 하지 않으며 오로지 자신을 위해 사는 사람들이 많다. 하지만 그들은 자신 또한 필요할 때 남들의 도움을 받지 못할 것이다.

서로가 밀접하게 연결된 사회에서는 남을 도와주는 것이 곧 나를 돕는 것이다. 세상에 혼자서 살 수 있는 사람은 없기 때문이다. 다른 사람에게 도움의 손길을 뻗을 줄 아는 사람은 다른 사람의 도움도 받을 수 있으며, 그렇지 않은 사람들보다 더 큰 행복을 누릴 것이다.

인생은 지름길이 없다

개정2판 1쇄 인쇄 2026년 03월 19일
개정2판 1쇄 발행 2026년 03월 25일

지은이 | 스웨이
옮긴이 | 김정자
펴낸이 | 최윤하
펴낸곳 | 정민미디어
주 소 | (151-834) 서울시 관악구 행운동 1666-45, 3층
전 화 | 02-888-0991
팩 스 | 02-871-0995
이메일 | pceo@daum.net
편 집 | 미토스
표지디자인 | 김윤남
본문디자인 | 디자인 [연;우]

ⓒ 정민미디어

ISBN 979-11-24022-11-5 (03320)